U0000733

本宮

這些后妃不簡單・細說宮廷

張志君著

目錄

大唐皇宮內的「魏徵」

——唐太宗賢后長孫氏

◎馬高二丈主該女貴不可言 豆蔻之年知和睦家中上下

◎寬異母兄嚴親哥哥，堪為後世法 重長公主薄己女兒，不愧好媳婦

◎穿朝服拜皇帝，智救魏徵 拒佛道拒亂法，不救自己

西元六三六年六月，唐朝首都長安，東宮顯德殿，一代英主李世民淚流滿面。他手持一本字跡娟秀的小冊子對左右侍臣說：「此書足可垂於後代，補朕之闕。今不復聞善言，是內失一良佐也！以是朕特傷之！」

是什麼人寫的書能引起唐太宗的如此重視？是什麼人的去世竟勾起李世民滿懷哀傷？識者答曰，是一個複姓長孫的女子。這個女子不是別人，就是唐太宗少年結髮、伉儷情深的文德順聖皇后長孫氏。

妻子亡故，丈夫悼之，這於平常人家本不足為奇。「十年生死兩茫茫，不思量，自難忘。千里孤墳，無處話淒涼。縱使相逢應不識，塵滿面，鬢如霜。夜來幽夢忽還鄉，小軒窗，正梳妝。相顧無言，惟有淚千行。料得年年腸斷處，明月夜，短松岡。」——蘇東坡筆下就描繪過這樣的丈夫，但那畢竟是夢，是文學作品。以太宗皇帝萬乘之尊，對妻子的去世如此兒女情長，而且以為是「內失一良佐」，看來，這位長孫皇后必有過人之處。

馬高二丈主該女貴不可言
豆蔻之年知和睦家中上下

隋煬帝大業十二年（六一六年）十二月，隋都洛陽永興里的一座府邸中，一個筮者應主人之請，正在宣讀卜辭。辭曰：

「至哉！牝馬，地類，行地無疆，在易為『歸妹』，婦人之兆也。女處尊位，履中居順也！此女貴不可言！」

這晦澀難懂的卜辭，乃是就一件意外之事占卜的結果。這件意外之事和長孫氏有關。

原來，西元六一三年，年僅十三歲的長孫氏，奉舅父舅母之命，嫁給了比自己大兩歲的隋朝山西、河東撫慰使李淵的二兒子李世民。

西元六一五年八月，隋煬帝北巡，突厥始畢可汗率數十萬騎截擊，隋朝的義成公主（始畢可汗之妻）遣使告變。隋煬帝倉皇馳入雁門，被突厥騎兵追及，並圍困於此地，上下一片恐慌。隋煬帝派人向各地送去了勤王詔書，召各地募兵馳援。當時，隋煬帝窮奢極欲的面目還沒有完全表露出來，因此各地應募者甚多。說來人們也許不信，連後來的一代英主唐太宗李世民也在應募者的行列中，只是當時的李世民充其量不過是個貴家公子。

當時，李世民剛剛與長孫氏結婚不到兩年，小夫妻雖非燕爾新婚，倒也難分難捨。為了排遣妻子一個人在家的鬱悶心情，李世民將長孫氏送回永興里。

據《舊唐書》記載，長孫氏「有異母兄安業，好酒無賴。獻公之薨也，後及無忌並幼，安業斥還舅氏」。這裡的「獻公」是長孫皇后的父親——時任隋朝右驍衛將軍的長孫晟。此段話的意思不難理解，即是說在長孫氏的父親病逝後，長孫氏和兄長長孫無忌被同父異母的哥哥長孫安業趕了出去，投奔了舅舅。長孫晟病逝於西元六〇九年。由此可推測，長孫氏婚後的歸寧地應是其舅父高士廉家。

話說，高士廉的妾室張氏夜裡起來出外淨手（如廁），回來後一副神祕莫測的樣子。她悄悄地對丈夫說：「我剛才遇見一樁奇事兒！」

睡意正濃的高士廉不經意地問：「什麼奇事？」

「我看見咱們寶貝外甥女的屋外站著一匹高頭大馬……」

「馬有什麼可奇怪的！」高士廉漫不經心地說：「我還以為是別的稀罕物呢，那肯定是外甥女回來時護送她的人騎回來的，快睡覺吧，你！」

「哎呀，不是，不是！」張氏見丈夫自作聰明，急得叫了起來：「那不是一匹普通的馬！」

「唔？」

「那匹馬高兩丈有餘，而且鞍勒俱備，誰家能有那麼高的良駿啊？」

「你說的可是真的？」

「不信你可以去看嘛！」

躺在床上的高士廉此時睡意全消，他是個不甘寂寞的人。雖然當時沒有一官半職，但通過與外甥女婿李世民的幾次接觸，他已敏銳地發現在這個不滿二十歲的年輕人身上，可能會實現他的全部夢想，而要想靠攏李世民，就要先替他製造各種輿論。於是，他叫來一個筮者，對他如此這般地「耳提面命」了一番。筮者充分發揮了自己的占卜才能，結果就有了前面的卜辭。

說來也真巧，自長孫氏嫁到李家，李世民與他的父親李淵步步往高處走。李淵先是由一員散官被任命為山西、河東撫慰使，接著是李世民應募解救隋煬帝成功，再接著李淵又被任命為權傾一方的太原留守。這是不是「沾」了長孫氏的光？誰也不清楚。

長孫氏嫁到李家以後沒幾年，她的公爹李淵廢隋恭帝楊侑而自立為帝，國號為唐，是為唐高祖。高祖武德元年（六一八年）六月，長孫氏的丈夫李世民受封為秦王，長孫氏也自然而然地被冊封為秦王妃。

當了王妃後的長孫氏並不怎麼快活——她發現自己的大伯哥李建成和小叔子李元吉對丈夫李世民十分敵視，甚至不顧及一點手足之情；她的兩個庶婆母張氏、尹氏——原來的隋煬帝離宮夫人——與李建成、李元吉沆瀣一氣，屢次想要暗算秦王。

一開始，長孫氏「孝事高祖，恭順妃嬪，盡力彌縫」。

可無奈她的丈夫實在太能幹了——西元六一八年四月，破段達；十月，大破薛仁杲；六一九年閏二月，收降王世充手下大將秦叔寶、程知節（咬金）；十月，敗劉武周；六二〇年四月，大破劉武周。在南征北戰的過程中，他還網羅了一大批人才，武如秦叔寶、李勣，文如房玄齡、杜如晦。丈夫戰功日豐、威望日盛，身邊的智囊團也越來越大。因此，不管長孫氏如何彌縫，感覺地位受到威脅的大伯哥還是一心想置她的丈夫於死地。

西元六二一年七月，李世民建不世之功，俘獲唐王朝兩個最主要的敵人竇建德、王世充，並獻俘長安。舉國為之歡呼。李建成、李元吉兄弟二人覺得不能再等，於是，硬拉李世民去太子府赴宴，說是弟兄幾個好好聚聚，順便為他慶功。

李世民不虞有他，加上還有叔父淮安王李神通在場，於是就放膽前往。酒席之間，李建成、李元吉殷勤勸酒。酒意正濃時，趁李世民不注意，李元吉用一種特製的轉底酒壺，將毒酒注入李世民的杯中。李世民此時已有幾分醉意，不假思索，拿起杯來一飲而盡。酒一下肚，他便覺大事不妙，因為那五臟六腑就像燒著了似的，火辣辣地疼。此時身邊自己的侍衛不多，所以李世民雖對李建成和李元吉恨得咬牙切齒，卻也不敢與他們公然翻臉。多虧李神通與李世民的關係甚好，他捨命將李世民背出，才使李建成等人的陰謀沒能得逞。

得知了丈夫遇險的經過，再看看丈夫那憔悴的面容，長孫氏的心裡十分不好受。

「這是為了什麼啊！」她心裡想：「親哥哥竟要毒死自己的親弟弟，難道就沒有辦法彌合他們兄弟之間的裂痕了嗎？」

所以，在丈夫養傷期間，長孫氏屢次三番地勸誡丈夫，希望他不要以眼還眼、以牙還牙；兄弟之間應以和為貴，忍為高。李世民雖然不完全贊同妻子的看法，但自知妻子也是為了他好，因此，也就勉強同意了。

傷好以後，唐高祖李淵封李世民為天策上將軍，准其開府置官屬。李世民開館招延文學之士以示與世無爭，先後網羅了杜如晦、房玄齡、虞世南、褚亮、姚思廉、李玄道、蔡允恭、薛收、李守素、陸德明、孔穎達、蓋文達、許敬宗等十八人為文學館學士，並命丹青聖手閻立本為之畫像，稱《秦府十八學士圖》。時論頗為稱許之。

長孫氏見丈夫不再熱衷於殺殺砍砍，心裡十分高興，以為從此天下就會太平了。孰料變起肘腋。太子李建成與齊王李元吉見李世民越來越得人心，又見他開館招延文學之士，似乎是冷淡了武將，遂乘機斥重金對秦叔寶、尉遲敬德等秦府大將進行收買。遭到拒絕後，建成又借突厥犯邊之機，奏請李淵派齊王元吉督諸軍北征，並要求秦府勇將同行。李淵准其所奏。喪心病狂的李建成想借機控制李世民兵馬的同時，在昆明池伏擊秦王。提前得知消息的李世民為求自保，只好先下手為強，來個反伏擊。

在與長孫無忌等人商定了反擊策略之後，李世民回到內室，告訴長孫氏，他決定對太子和齊王動手。

「真的沒有緩和的餘地了嗎？」長孫氏仍懷著一絲幻想問道。

「一點也沒有了！」李世民也有幾分沉痛，「後天，齊王北征，不僅要調走我秦府的精兵猛將，而且據常何密報，太子和齊王還要對我下毒手。我已經一再忍讓了，再退讓下去恐怕只有死路一條了！」

「既然如此，」長孫氏深思了片刻，說：「何不稟知父皇？那樣也可師出有名！」

「你說得有道理！」李世民聽了妻子的話，突然有了一個不錯的主意。「對！就這麼辦！」他自言自語道。

西元六二六年六月三日，秦王李世民祕密進宮，向高祖李淵痛陳了李建成、李元吉兩人的罪行。其中最能打動李淵的是「淫亂後宮」一條。李世民奏報說，宮中的張婕妤、尹德妃與太子及齊王關係曖昧，宮外有很多難聽的傳聞。

這條罪狀一下子打動了李淵。他雖然對三個兒子不想偏著誰向著誰，但聽說親生兒子偷自己的小老婆，不由大怒。轉念一想，李淵又害怕這是二兒子捏造出來的謊言。於是，待李世民說完，他未做任何形式的表態，只是傳旨，令他們兄弟三人次日進宮對質。

玄武門乃是文武群臣上下朝的必經之路。其守將常何，本是李建成的心腹，但卻早已被李世民收買。李建成、李元吉兄弟二人自恃宮外有常何把守策應，宮內有張婕妤、尹德妃呼應周旋，有恃無恐。是以，當張婕妤聽到風聲，遣人向他們密報，說秦王將有異謀，請他們暫緩入宮時，他們竟滿不在乎，結果中了李世民之計。

李淵下給他們兄弟三人的詔書，說是接見他們的地點在臨河殿。但到了臨河殿，李建成、李元吉卻發現殿中空無一人。方知情形不對的二人急忙撥轉馬頭往回跑，迎面遇上了李世民。平日裡號稱是神箭手的李元吉也不知怎麼的，彎弓搭箭，連射三箭都沒有射中，反倒被李世民一箭射下馬來。李建成慌亂中避入一條小路，被尉遲敬德殺死。

話分兩頭。且說太子府、齊王府的將士聽說自己的主子被秦王圍困，立即出兵兩萬猛攻秦王府。秦王府當時只有長孫氏和一班文臣，武將只有侯君集、張公謹等，上下人心浮動。長孫氏此時顯示出了王妃的風度：為鼓勵士氣，她親自為臨時組織起來的王府家丁們授甲，並「親慰勉之」，左右無不效命，頂住了幾次兇猛的攻擊。直到秦王李世民入宮奏明李淵，討來皇帝詔書趕回時，長孫氏才鬆了一口氣。

寬異母兄嚴親哥哥，堪為後世法
重長公主薄己女兒，不愧好媳婦

唐高祖武德九年（六二六年）六月，秦王李世民被其父李淵立為皇太子，長孫氏被冊封為皇太子妃。同年八月，李淵傳位於李世民，長孫氏晉封皇后。

當了皇后的長孫氏，與之前並無二致。如果硬要尋出些不同，那麼熟悉她的人都會說，長孫氏比以前更加注重品德的修養了，可謂「心裡裝著丈夫的事業，唯獨沒有她自己」。

史稱她「性尤儉約，凡所服御，取給而已」。

唐太宗李世民有一次退朝以後，與長孫皇后談論起賞罰之事，長孫皇后說道：「牝雞之晨，惟家之索！妾以婦人，豈敢豫聞政事？」（《舊唐書．后妃傳》）太宗堅持和她說，長孫皇后竟然不再回答。

終長孫皇后一生，她對朝政的干預只有兩次，而這兩次朝政均與家事有關。

一次發生在太宗登基初年。

那一年，太宗論功行賞，大封原秦王府舊部——以秦叔寶為左武衛大將軍、程知節（咬金）為右武衛大將軍、尉遲敬德為右武侯大將軍、高士廉為侍中、房玄齡為中書令、蕭瑀為左僕射、杜如晦為兵部尚書、封德彝為右僕射……。

這件事傳入後宮，長孫皇后對之沒有任何異議，但當聽說自己的親哥哥長孫無忌也被皇上封為高官（吏部尚書）時，她卻不再沉默了。

一天退朝後，長孫皇后借為丈夫侍膳之機，委婉地問丈夫：「聽說陛下欲封無忌？」

「是的！」李世民答道：「依皇后看，朕該給無忌一個什麼樣的官職才好？」

「越小越好！」長孫皇后一片真誠地說：「妾既託身紫宮，尊貴已極，實不願兄弟子侄布列朝廷。漢之呂、霍，可為切骨之誡！特願聖朝勿以妾兄為宰執！如此，則妾身不勝感激之至矣！」

太宗皇帝雖感動於妻子的一片苦心，卻也不想因此埋沒了人才，薄待了故友，遂安慰道：「朕與無忌係布衣之交，何況玄武門之變，無忌又立下不世之功。朕賞他一個吏部尚書，還嫌太薄了，豈能越小越好？」

見說不動丈夫，長孫皇后決定來個釜底抽薪。幾天以後，她派人將長孫無忌宣進宮中，很誠懇地對哥哥說：「聽說皇上已封兄長為左武侯大將軍、吏部尚書、右僕射，不知可有此事？」

「回皇后，」長孫無忌躬身答道：「確有此事。」

「我今天請兄長來，就是想請你急流勇退，勿受高官。這樣，對你，對我，對我們長孫家族都有好處！不知兄長是否同意我這一看法？」

長孫無忌原本也不是一個貪戀高位的人，但考慮到係皇上封他，而不是他自己鑽營所得，所以，頗想受之。現在聽自己的這位皇后妹妹說不願他居高位，他想了想，也就同意了。

次日上朝，他苦求遜職。太宗皇帝無奈，只好改任他為開府儀同三司（虛銜）。

對自己最親的人，長孫皇后鐵面無私，而對曾經傷害過她的人，長孫皇后卻網開一面。這個讓長孫皇后以德報怨的不是別人，正是前文提到的將他們兄妹逐出家門的同父異母兄長長孫安業。這個長孫安業，還真是無恥到了一種境界。若於常人，恐怕聽到李世民登基、長孫氏冊封皇后的消息就得有多遠逃多遠，他竟然恬不知恥地尋上門來，以國舅爺自居。長孫無忌對這個同父異母的哥哥十分反感，勸妹妹不要答理他，但長孫皇后卻不念舊惡，請太宗皇帝任命長孫安業為監門將軍。

不久，長孫安業參與了一次謀反活動。按照大唐律，謀反屬十惡不赦之罪，是要殺頭的。李世民因受長孫無忌的影響，對安業素無好感，因此，決定公事公辦。

長孫皇后聽說了這件事，叩頭流涕對丈夫說：「安業之罪，萬死不赦！然不慈於妾，天下知之。今置以極刑，人必謂妾恃寵以復其兄，無乃為聖朝之累乎？」——意思是說安業謀反，罪該萬死，但不明真相的人一定會以為長孫皇后要公報私仇，從而給大唐皇室帶來不好的名聲。

唐太宗見妻子行此大禮，不忍駁了妻子，遂將長孫安業免死，長流嶺南。

長孫皇后對「朝政」的另外一次干預發生在唐太宗貞觀六年（六三二年）。

那一年，由李世民做主，選長安人長孫沖為駙馬，將女兒長樂公主聘出。長樂公主係長孫皇后所生，又是長女，所以，自小就深得父母，尤其是父親太宗皇帝的喜愛。為了讓寶貝女兒吃穿不愁，李世民令主管其事的官員妥善辦理此事。

「啟奏陛下，不久以前，永嘉長公主（高祖李淵之女，李世民之妹）再嫁，皇家資送嫁妝五千萬，長樂公主是否……」

「加一倍！加一倍！」李世民不耐煩地打斷說。

主管其事的官員張了張嘴，想說點什麼，但見皇上滿臉不容商量的表情，他也只好把話嚥回到肚裡。

此事不知怎麼竟被魏徵所知，這位被李世民稱為「人鑑」的直臣，上書諫阻李世民說：「昔漢明帝時，將封皇子，（漢明）帝曰：『朕子安得同於先帝子乎？』然謂長公主者，良以尊於公主也！情雖有差，義無等別。若令公主之禮有過長主，理恐不可，願陛下思之！」──那意思是說，東漢明帝劉莊要授封地給自己的兒子，有人勸他分封皇子要超過皇弟（皇上的弟弟），明帝不幹，反駁說：「我的兒子怎麼能和先帝的兒子比！」現在公主是皇女，皇上給皇女送的嫁妝超過給皇妹的，這不符合先王之制！

李世民覽罷魏徵的奏章，滿臉不悅，什麼也沒有說，就宣布退朝了。

退朝以後，李世民把魏徵的諫章拿回後宮給長孫皇后看。長孫皇后看罷，感慨萬千地對丈夫說：「以前經常聽陛下說起魏徵之賢，我那時還不怎麼理解，現在看了他這封諫表，才明白魏徵能『以義制主之情』。魏徵真是我們大唐的社稷之臣啊！」

「皇后此言無乃過矣！」李世民覺得魏徵管事兒都管到他家了，已有些不快，於是辯駁道。

「不然！」長孫皇后一本正經地說：「妾與陛下是結髮夫妻，而且屈蒙禮待，情意深重，即使如此，每要說一件事還要看看陛下的臉色，不敢輕易冒犯陛下的龍威，何況做臣子的，情疏禮隔，所以韓非子專著《說難》，東方朔認為規勸君主不容易。古語云『忠言逆於耳而利於行』，無論是治國還是齊家，都應接納忠言。如此，才能國泰民安，願陛下詳之！」

見妻子這番話說得有情有理，李世民只好以國事為先，下令將長樂公主的嫁妝縮減為永嘉長公主的一半。

第二天，長孫皇后派使者給魏徵送去五百匹帛，並傳口諭說：「先生為國，敢於犯顏直諫，不愧為國之諍臣。送上帛五百匹，以啟後來者！」

穿朝服拜皇帝，智救魏徵
拒佛道拒亂法，不救自己

「君臣相得」乃是中國封建政治中人們所期待的一種理想境界。倘要想為這幅烏托邦圖畫找到在人間的投影的話，大部分人恐怕首先會想到唐太宗李世民和他的臣子魏徵。

的確，李、魏二人，一個以虛懷納諫著稱，一個以敢於犯顏直諫知名，他們這種相得益彰的關係，不知羨煞了多少求賢若渴或思君堯舜的古人。然而，透過被人們有意或無意罩上的朦朧面紗，我們卻不難發現，太宗皇帝與他的諍臣之間的關係也並非一直那麼和諧，他們之間時不時也會出現大的裂痕。多虧有了長孫氏這位賢良的皇后，才成就了這一君一臣的千古美名。

就在解決長樂公主陪送嫁妝一事不久，有一天退朝後，李世民怒容滿面，邊脫朝服邊自言自語道：「總有一天朕要殺了這個鄉巴佬兒！」

侍立在一旁的長孫皇后見丈夫發這麼大的火，不知出了什麼事，忙小心翼翼地問道：「是哪個鄉巴佬兒惹得陛下發這麼大的火啊？」

「還不就是那個魏徵！」李世民氣哼哼地說：「他自以為是諍臣，而且處處以諍臣自居，整天在朕耳邊絮絮叨叨，說長道短。幾天前，朕閒來無事，在御花園中遛鳥。當時，外番新進貢來一隻鷂鷹，煞是通靈氣，朕正架在肩膀上賞玩，叵耐魏徵這廝竟在這個時候進宮來奏事。朕怕他又要饒舌，就把那隻鷂鷹藏在了袖子裡。那魏徵明明看見了，偏裝什麼也不知，說了一件事又接著奏報另外一件事，賴了好幾個時辰才走。等他走了朕一看，那隻鷂鷹竟活活被悶死在朕的衣袖之中，可惜了那隻鷂鷹！朕現在想來還有些心疼！」

「就為這事，陛下就發這麼大的火？」長孫皇后反問道。

「當然不僅僅是這件事！」李世民自覺與面前這位一向端莊謹肅的皇后談鷹論鳥有些小家子氣，話鋒一轉，接著說：「前段時間，由於兵源短缺，宰相封德彝請求下旨徵用不到參軍年齡的少男入伍。詔書到達門下省時，魏徵這廝竟拒不簽字。朕連催了幾次，他不但置之不理，而且還口出狂言，對朕無禮！」

「有這等事？」長孫皇后不以為然地問：「他怎麼說？」

「他說『竭澤而漁』，就無魚可捕了！還責問朕將不到參軍年齡的男子都徵來當兵，以後還到哪裡去找兵員？更可氣的是，他還以朕之矛，攻朕之盾，用朕不久以前發布的十八歲以上男子方可應徵入伍的詔書，來攻擊朕新的旨意。這不是成心想要朕出醜嗎？」

「就這些？」長孫皇后平靜地問。

「還有，」唐太宗翻起那些陳穀子爛芝麻之事來，「貞觀四年，朕因東都久經戰火，宮室損毀嚴重，詔令有司修繕一下洛陽宮。給事中張玄素上書，說：『目下戰爭剛結束，全國尚未恢復元氣，陛下置國事於不顧，卻要重修洛陽宮，誠可謂危矣！倘若不停止，必會重蹈隋煬、夏桀、商紂的下場。』魏徵那廝，也敲邊鼓，說什麼阿房宮！難道朕是秦始皇嗎？」

「就這些？」長孫皇后愈發平靜地問。

「就算是這些吧！」李世民怒氣未消地說：「我讓他給氣糊塗了，有些事想不起來了！」

「陛下請稍候，」長孫皇后畢恭畢敬地說道：「臣妾去去就來。」

不一會兒的工夫，長孫皇后換了一個人似地走了進來。只見她，戴著與袞冕之旒十分相像的大小華十二樹首飾，上身著畫有五彩野鳥之文的褘衣，下著深青色的裙子，足著青襪青鞋——整個兒一個朝會時率六宮妃嬪朝拜皇上的打扮。

李世民感到十分詫異，忙問：「皇后如何突然著此盛裝？」

「我是特來向陛下表示祝賀的！」

「何賀之有？」

「臣妾嘗聞，只有主上聖明，臣子才能正直不阿。又聞古人對那些正直的臣子有忠臣和良臣之分——忠臣往往身處季世，主暗君昏，為蒼生社稷計，他們往往不惜拋頭顱，灑熱血，犯顏直諫。殷之比干，漢之朱雲是也。而良臣則不同，他們常身當治世，主明君賢。他們也常常犯顏直諫，惹得主上不快，但由於皇上英明，他們都能保全首領（生命）於當時，聞達顯赫於後人。東漢時的強項令董宣，義斬光武帝劉秀長姊湖陽公主的親信家奴，並拒不向公主道歉，光武皇帝美之。後趙主石勒欲營建鄴宮，廷尉續咸上書勸諫，勒大怒，曰：『不斬此老臣，朕宮不得成也！』敕御史收之。他的中書令徐光進諫曰：『陛下天資聰睿，超邁唐虞，現在卻不想聽臣下的良言，難道是想做夏桀、商紂之君嗎？續咸的話可用則用之，不可用也應容之，奈何以直言而斬一大臣？』石勒斂怒改容，向續咸道歉說：『前面說的話只不過是與你開開玩笑，我現在就下令停之，以成全我的這位正直大臣的氣節美名！』這些都載諸青史，傳諸後世，陛下自然比臣妾明白。現在陛下已經得到魏徵這樣的正直臣子，是以臣妾要正衣冠而賀之！」說了這長長的一大串話以後，長孫皇后話鋒突然一轉，「將」了丈夫一軍：「只是不知陛下是想讓魏徵做一個忠臣呢，還是想讓他做一個良臣？」

「當然是良臣了，當然是良臣了！」李世民幡然頓悟——儘管他打心眼兒裡不喜歡魏徵「廷折辱之」，但妻子剛才的一番話卻深深地打動了他。皇帝雖是當世的君主，但卻還有史官記載言行，長孫皇后的那句「載諸青史，傳諸後世」正中要害。自登基以來，掃平「三十六路狼煙，七十二路反塵」，使突厥臣服，四海歸心，李世民常以堯舜自許，豈願成為夏桀、商紂一類的人物！因此，他決定屈己從公。李世民的這種納諫剖析起來，仍是本於「社稷為重，君輕之」的儒家思想，不應把它看得太高，倒是對長孫皇后在促成李世民從諫如流的過程中所起的作用，我們必須予以新的認識。當然，這是題外話了。

且說長孫皇后聽了李世民的話後鄭重再拜說：「如此，則臣妾為天下幸，亦為魏徵幸！」

不久，唐太宗李世民將魏徵從祕書監提拔到侍中，由參與朝政變為參議朝政。

唐太宗貞觀八年（六三四年）夏季，長孫皇后隨丈夫離開長安，前往位於陝西麟遊縣西的九成宮。他們是去避暑的，誰料暑沒避完，皇后卻染上了時疾。

當時，西北少數民族吐谷渾屢屢擾邊，太宗皇帝正調派大將段志宏等為行軍總管，籌畫統邊兵及契丹、黨項之眾兩路出擊。這一年的七月，「山東、河南、淮、海之間大水」，所以長孫皇后一直瞞著丈夫，沒有讓他知道自己得病的實情。

見母親的病來勢兇猛，太子李承乾進宮密奏說：「現在百醫百藥幾乎試遍，但娘的身體仍不見全安，兒臣竊以為是否有鬼神暗中作祟？自古巫、醫有別，醫生治不了的，巫者或可治之。因此，兒臣想去奏明父皇，請他老人家下令大赦天下，然後廣度世人為僧、為道，以為娘親祈福！」

「皇兒，」長孫皇后抓住太子的手，吃力地說：「你的孝心娘清楚，但度人為僧為道以及大赦天下就不必了！」見太子欲要開口爭辯，長孫皇后擺了擺手，用微弱的聲音說：「古人說：『死生有命，富貴在天！』生老病死，非人力所能及。如果說修行做好事可以延長壽命，那我向來只做好事不做壞事；如果做好事也沒有用，那還有什麼福可求呢？赦免囚徒乃是國家的大事，允許佛道二教的存在，不過是為了保存一種外來的宗教罷了！記得高祖武德九年，太史令傅奕曾上書高祖說：『天下僧尼，數盈十萬。此類人等，不忠不孝削髮而揖君親，遊手遊食易服以逃租賦。』因此，高祖禁之。現在，我若度人為僧為尼，豈不破壞了祖宗的家法，而且也是皇上所不願做的。怎能因為我一個女人家而破壞國家的法度呢？」

承乾太子不敢直接奏明太宗，而把這事告訴了宰相，宰相再報告給皇上。李世民聽了，和全體朝臣一樣，十分感傷。朝廷大臣都請求寬減或赦免囚徒以為皇后祈福，太宗同意了。長孫皇后據理力爭，終於沒有混亂朝廷的法度。

皇后的病更重了。

在處理完吐谷渾王諾曷缽遣使入朝一事，並封諾曷缽為河源郡王以後，太宗皇帝前往皇后所在的立政殿。

幾天不見，妻子更瘦了。

李世民傷心地拉住了妻子的手，似有千言萬語要說，但卻一句也說不出口。

還是長孫皇后打破了這令人心碎的沉寂，她在這生命的最後時刻也有許多話要說，但說出來的首先還是國家大事：「陛下，聽人說，陛下不久前將左僕射（宰相）房玄齡遣歸回家，不知可有此事？」待丈夫點了點頭以後，她接著說：「玄齡事陛下最久，小心謹慎。攻伐征討、治國安民的奇謀妙計，他大都與聞，又能守口如瓶，不居功自傲，這樣的人實在是大唐的股肱之臣啊！臣妾不知陛下因何將其遣歸？倘無大故，願勿棄之！」

談完了國事，長孫氏略微喘息了一下，平靜地對丈夫說起自己的後事：「臣妾此次恐將不久於人世，死生修短，其柄在天，陛下萬勿因之怪罪御醫。臣妾的本家宗族，因了外戚的緣故，都做了高官，既非德舉，易履危機。陛下倘若念在結髮夫妻的情分上，千萬不要對他們委以重任，只叫他們以外戚的身分奉朝請就行了！」說到這裡，長孫皇后又喘息了一會兒，接著說：「臣妾生既無濟於時，死後萬不可厚葬！」見丈夫張嘴要說什麼，長孫皇后不容丈夫插嘴，說：「古人云：『葬者，藏也，欲人之不見也。』自古聖賢都崇尚薄葬，只有那些無道之人才大起山陵（墳墓），費盡天下百姓的民脂民膏！這只不過給有識者增加一點笑料而已！因此，臣妾請求，死後因山而葬，也不用修高高的墳，不要用雙層的棺槨，所需的器物（陪葬用）都以木瓦為之。倘能如此，臣妾必當含笑九泉！」

聽了這番感人肺腑的話，向以「鐵血帝王」自許的太宗皇帝也忍不住流下兩行熱淚。為了不使妻子難受，他轉過身去，偷偷地把眼淚擦乾，強作歡顏，輕輕地點了點頭，算是對愛妻的所有請求的回答。

貞觀十年（六三六年）六月，時年三十六歲的長孫皇后病逝於立政殿，同年十一月下葬。

她死後，太宗皇帝追謚她為文德皇后，把她安葬在昭陵（今陝西醴泉縣東北五十里處）。為了表示對愛妻的緬懷，李世民親自撰寫了一篇情深意長的祭文，命人把它鐫刻在文德皇后陵墓旁邊的石碑上。太宗又命人在宮中修建起一座樓，處理政務之餘，他常一個人登樓西望，遙望愛妻的陵墓。

真是：

空磧無邊，萬裡陽關道路。

馬蕭蕭，人去也，隴雲愁。

唐高宗上元元年（六七四年）八月，長孫氏又被追謚為文德順聖皇后。有人把她比作太宗皇帝宮中的「魏徵」。從能直言匡君這個角度，我們縱觀長孫氏的一生，覺得這個說法是恰如其分的。

唯一加冕稱帝的皇后

——唐高宗皇后武則天

◎可憐媚娘武氏女
獨臥青燈古佛旁

◎「引虎驅狼」王皇后失算
反目成仇武媚娘「報恩」

◎殺情敵殺兒子登權力之巔
任酷吏寵面首展女王氣魄

唐太宗貞觀二十二年（六四八年）七月，長安城中黃霧彌漫，數日不散，一向不輕信鬼神之事的太宗皇帝也有些犯嘀咕。他召來了太史丞李淳風，打算和這個人稱神算子的占卜專家聊聊。

君臣二人的談話由眼前的黃霧開始，不一會兒就擴展到了前不久「出土」的一本讖言書。那本書上有這樣一句話：「唐中弱，女代王。」太宗問：「李愛卿，朕最近披覽過一本宮廷祕讖，上云本朝三世之後將有一女子稱王天下，此說不知有何根據？」

「臣仰觀天象，俯察曆數，覺得此說雖出於讖言，但似乎也不可不信。而且，據臣推算，此女已在宮中，四十年後，當稱王天下，殺戮宗室！」素有直言美名的李淳風一點也不避諱地說。

「既然於天象有徵，可否以法化解，比如殺可疑者？」

「不可！古語有云：『順天者昌，逆天者亡。』既於天有徵，只能盡人事而聽天命了！」

一向習慣於逆耳之言的太宗皇帝沒有發火，但這個四十年後就會取代李唐稱王天下的女人自此成了他內心深處拔不掉的一顆毒刺，久久地折磨著他。

她是誰呢？

可憐媚娘武氏女
獨臥青燈古佛旁

西元六五〇年五月，太宗皇帝的週年忌日，長安的感業寺裡，只見候駕的人群裡一位美尼，不施粉黛的面容憔悴中盡是楚楚可憐，深邃動人的眸子流轉中自帶著孤傲和倔強。與周圍格格不入的她很是耀眼——她的確與眾不同，因為在場的人等待的是皇帝高宗，而她，等待的卻是自己的情郎李治。

如她所願，自己的情郎對自己並沒有忘情。在煩瑣的祭祀禮儀之後，情郎便急匆匆地趕來與她私會。兩人相見，真個是「執手相看淚眼，竟無語凝噎」。

她是誰？她便是唐太宗時從地方官累遷至工部尚書的武士彠之女武媚娘。武媚娘十四歲時就因貌美被太宗召進宮中，並封為五品才人。因此，細論起來，她與情郎高宗皇帝李治還差了一輩兒呢！差了一輩兒的兩人怎會變成難得一見的苦命鴛鴦呢？

有人說武媚娘與李治是在太宗皇帝生病侍疾時日久生情的，也有人說是因為太宗在日，武氏曾大言不慚地說她可以降服烈馬，因而引起性格懦弱的李治注意，然後兩人勾搭成奸的。有人將武媚娘比作隋文帝的寵姬宣華夫人（後者也曾受到過太子的調戲），但個人覺得宣華夫人較武媚娘差的卻不是一點半點。且不說宣華夫人有沒有武媚娘這麼深的心機，單就說魄力和手段武媚娘已經甩了她好幾條街遠。所以最終武媚娘成功地搭上了李治這條大船。

事實上，太宗死後，李治並沒有因為和武媚娘的私情而將其留在宮中，相信他也沒勇氣在此時為武媚娘冒天下之大不韙。所以，可憐的媚娘同後宮其他佳麗一樣，奉太宗遺旨出家感業寺，從此古佛青燈，黯然獨臥。在吃齋念佛這段日子裡，武媚娘想了許多。她有充裕的時間用來回憶，回憶那些如煙的往事……

武媚娘突然想起了母親給自己講的故事：在她尚在襁褓之中時，人稱鑑古知今的星相學家袁天綱路過太原，母親楊氏以重金請他為幾個子女看相。因係庶出（楊氏之上，武士彠還有一個元配夫人相里氏），武媚娘自然輪不上頭一個被看。袁天綱見了相里氏所生的武元慶、武元爽，不以為然，認為他倆最多只能官至三品。媚娘的同母姊姊接著出來，袁天綱見了，也不以為然，而且還認為武媚娘的這個大姊有剋夫之相。最後，當媚娘被人用小被包著出現時，袁天綱大驚，他說，此子「龍瞳鳳頸，極貴驗也。若為女，當作天子」。（詳見《新唐書．方技傳》）

「當作天子？」想到這裡，武媚娘不由得一陣自嘲地苦笑。她沮喪地看了看自己的一身緇衣，不禁冒出一句粗話：「當老姑子吧！」話雖這麼說，但天生不服輸的她，卻並不想在現實中安分守己，像其他「緇衣美人」那樣，一卷經書、半盞油燈地了卻殘生。她突然決定為自己的未來放手一搏，而現在需要她做的唯一一件事就是等待時機。她知道，當今皇上就是曾與她有過露水情緣的太子李治。俗話說「一夜夫妻百日恩」，要想脫盡苦中苦，成為人上人，她只能寄希望於這個冤家了。

……………

果然，機會來了。

當高宗皇帝李治拉著她的手問出「你還好嗎」那一刻，武媚娘知道，成敗在此一舉。於是，她滿懷深情地望著李治，幽幽地說道：「皇上，您還沒有忘記我，我好……」一個「好」字未完，淚水就如斷了線的珠子，一顆顆滾過那俊美的面頰。

最難消受美人淚。本來就舊情不捨的李治，見了此情此景，若不是礙著眼前的一大班侍從，早就將武媚娘攬在懷裡了。其實，李治根本不必著急，因為有人比他還急。

「引虎驅狼」王皇后失算 反目成仇武媚娘「報恩」

在武媚娘之前，高宗李治還寵愛過另外一個美人蕭淑妃。這蕭淑妃生得花容月貌，曾一度奪走了李治對元配夫人王皇后的愛。懷恨在心的王皇后正苦於沒有對策，見到李治對武媚娘一副魂不守舍的神情，她立即有借武媚娘這隻「虎」來驅蕭淑妃這隻「狼」的念頭。因此，幾天以後，王皇后就出現在感業寺，並召來武媚娘：「你知道我召你做什麼嗎？」

「回皇后，貧尼不知。」

「我要接你回宮，讓你去侍奉當今皇上。」

「這……」武媚娘簡直不敢相信自己的耳朵。

「你可願意？」

「皇后垂憐，讓貧尼還有機會侍奉御前。貧尼定當竭盡全力，以報皇后再造之恩。」

「理解本宮的一片苦心就好。你這段時間把頭髮留好，到時候我自會派人來接你。」

王皇后走後，武媚娘陷入沉思：「今天是怎麼了？為什麼一個女人會安排另外一個女人去分享她丈夫對她的愛呢？」思之再三，武媚娘得出一個結論，產生這種怪念頭的女人不是腦子有病，就是別有所圖，看王皇后的樣子不像是頭腦不正常。「那麼，她一定是想利用我去為她奪回皇上的愛了！利用我？我還想利用她呢，走著瞧吧！」想到這裡，武媚娘揚了揚拳頭。

幾個月過去了。大約是在這一年的歲尾，在王皇后的親自安排下，高宗皇帝終於又見到了朝思暮想的武媚娘。

「打扮得簡直像個娼妓！」王皇后見到武媚娘後心裡想。

「真美！與朕的媚娘相比，六宮粉黛頓失顏色！」高宗暗暗歎道。

現在的高宗皇帝對身旁的王皇后真是既感激又討厭——要是沒有她夾在中間做「電燈泡」，他早已把這個如花似玉的「小尼姑」抱在懷裡了。好不容易盼走了王氏，武媚娘一頭投入高宗皇帝的懷裡，兩人酒也顧不上喝了，立即揮退宮女，關起門來，成其好事。

在武媚娘的曲意逢迎之下，高宗皇帝很快就成了她的俘虜。

蕭淑妃很快就失寵了。本該高興的王皇后卻一點也高興不起來，因為她很快就意識到，武媚娘是遠比蕭淑妃更厲害的敵人。這種「引虎驅狼」的制敵之法，最終只是將自己置於更險的境地。面對武媚娘，王皇后恐怕也只能哀歎「機關用盡不如君」了。

入宮後的第二年，武媚娘為高宗皇帝產下一個公主。高宗皇帝大喜過望，立即冊封武媚娘為昭儀。昭儀在唐後宮嬪妃制中屬於正二品，僅次於皇后和四妃（惠、淑、德、賢），由此也可窺見高宗皇帝對武媚娘的恩寵之盛。對武媚娘滿腔的恨意使王皇后和蕭淑妃這兩個宿敵很快摒棄前嫌走到了一起，這兩個智商不高的女人頂多也就是在高宗面前說說武媚娘的壞話，高宗每次都是一笑置之。高宗不放心上自然有別人放在心上，這人就是工於心計的武媚娘：「你們自己找死，就別怪媚娘我無情無義！」

唐高宗永徽五年（六五四年），後宮發生了一件誰也想不到的事：武昭儀所生的小公主突然被人扼死。

誰這樣喪盡天良，竟要荼毒一個尚在襁褓之中的嬰兒！而且還是皇上最為寵愛的小公主！怒不可遏的高宗皇帝下令追查。最後，似乎所有的疑點都集中到了皇后王氏身上：

侍候小公主的宮女報告，說皇后曾進過公主寢宮。宮門口守門太監稟報，說皇后匆匆而來，又匆匆而歸，而且囑咐他們不許向武昭儀透露她來過的事情……

剛剛閉過氣去，此時突然醒來的武昭儀，捶胸頓足地哭了起來：「我的女兒，可憐你才剛來到人世就遭奸人如此毒手！為娘我保護不周，實在無顏面對你的父皇啊……」

「你們這些賤婢，」高宗皇帝把一腔怒火都發洩在侍候小公主的宮女們身上，「難道是死人嗎？為什麼連個嬰兒都照顧不好？來人，把她們都給我推出去斬了！」

「陛下，您這是幹什麼？」剛剛還要死要活的武昭儀膝行而前，抱住高宗皇帝的大腿說，「宮女何罪之有？」說完，她又抽抽搭搭地哭了起來。

「我的好女兒啊，看來你是得屈死了，殺你的人，誰也惹不起啊！」

「來人，傳皇后！」

剛剛聽說此事的王皇后應召趕來，眼前的景象嚇得她六神無主。她極力想申明自己是清白的，是遭人陷害，但又不能不承認陷害她的人手段之高明，因為她確實到過小公主的寢宮，而且也確實叮囑守門太監不許通報武昭儀說皇后曾經來過。這本來是一件維護她自己臉面的事（皇后拜訪昭儀，卻連面都見不到，傳出去會被人笑話），卻差點要了她的命。

那麼，算計王皇后的人是誰呢？一般人做夢都不會想到是武媚娘，這簡直像是一部三流偵探小說裡的情節，哪有為了打擊情敵竟不惜扼死自己親生女兒的母親呢？可是事實情況卻偏偏如此。《新唐書．后妃傳》載：「昭儀潛斃兒衾下，伺帝至，陽為歡顏，發衾視兒。」

借助這件凶案，武媚娘使出渾身解數，纏住高宗，目的只有一個：廢掉皇后王氏，由她武媚娘繼主中宮。

殺情敵殺兒子登權力之巔
任酷吏寵面首展女王氣魄

唐高宗永徽六年十二月，唐王朝宮廷永巷（專門關押宮內犯有過錯的各色人等，俗稱冷宮）內一間不見天日的冷屋裡傳來一陣啜泣。屋外，一個男子的聲音響起：

「皇后、淑妃，你們還活著嗎？」

「妾等已經被廢，不再是皇后和淑妃了！」一個女子抽泣著說：「我們還活著，但已離死不遠了。這間屋子終年不見天日，陛下若還體念舊情，那就行行好，把我們移到能見到陽光的地方去吧！」

「淑妃，淑妃，你還好嗎？」

「賤妾被囚冷宮，尚有何好可言。妾在此滿身腥臭，呼吸艱難，陛下若還念在恩愛一場的份上，請賜賤妾沐浴後自盡吧！」

「朕若不將你們赦出，枉為九五之尊！」

對話戛然而止。充滿幽怨的兩個女子——被廢的皇后王氏和淑妃蕭氏以及那位舊情難捨的男子——現任皇帝高宗李治，他們做夢也沒有想到隔牆有耳。

高宗皇帝一離開，剛剛晉封皇后不久的武媚娘立即派心腹太監將王、蕭二人從冷宮中牽出。可憐王后、蕭妃還天真地以為皇帝重振朝綱，下令放她們出來呢！當她們聽到武媚娘熟悉的聲音時，才知道大事不好了。

「賤婢，爾等本係罪人，不思面壁悔過，反倒狐媚陛下，請他放你們出來。這個人情我來做。」武媚娘臉上帶著陰陰的笑，「你們怎麼不向我磕頭謝恩啊？」

見兩人怒目而視，武媚娘突然把臉一沉，喝道：「扒下蟒婢（即王皇后，「蟒」係武媚娘惡意加給王氏的新姓氏，下文提到的「梟婢」指蕭淑妃，情況與此相同）的衣服，讓她裡裡外外地見見天日；把梟婢丟到水裡，讓她沐浴！」

蹲在水中的蕭淑妃怒視武媚娘：「武媚娘，臭尼姑！你記住，此恨必報！現在你可以將我殺死，但我要告訴你，還有來生。來生我願變貓，你變為耗子，我要親口咬斷你的喉嚨！」

「咬斷本宮的喉嚨？那還得看你有沒有這個本事！」武媚娘聲色俱厲地叫道，「來呀，把兩個賤婢的手腳都給我斬掉，把蟒婢的手接到梟婢的腳上，梟婢的腳安到蟒婢的手上，你們可不要捨不得這兩個大美人！」（這段血淋淋的歷史在《新唐書．后妃傳》中也曾有過十分詳細的記載。）

將王皇后、蕭淑妃的手足反接以後，武媚娘又叫人抬來兩個碩大無比的酒甕，命人將王、蕭二人投入甕中：「讓兩個賤人骨髓皆醉，看她們還怎麼託生向我報仇。」

一代皇后和淑妃就這樣慘死在一個女人的手裡。她們沒有必死的原因，但卻只能含冤而終，只因為她們的對手是武媚娘。為了達到奪權掌權的目的，武媚娘甚至可以親手殺掉自己的親生骨肉（不僅是女兒，而且還有兒子），區區兩個情敵，又算得了什麼！

除掉了王皇后和蕭淑妃之後，武媚娘又逼使王皇后的養子、太子李忠遜位，於顯慶元年（六五六年）改立自己的長子李弘為太子。

被母親一手推上太子之位的李弘怎麼也沒想到會因一件小事觸怒母親而葬送了自己的政治前途，甚至是生命。咸亨二年（六七一年），武媚娘突接心腹密報，說太子為幽居深宮的兩個公主（義陽公主、宣城公主——均係蕭淑妃所生）向高宗皇帝求情——請求將她們嫁出宮去，不禁勃然大怒。

「這個逆子，竟敢替梟婢的兩個賤貨求情？」武媚娘恨恨地想道：「老娘成全你這份仁愛之心！我要先把那兩個賤貨嫁給身分低賤之人，然後，派你這個逆子做特使，到陰曹地府去向梟婢通風報信！」

說到做到，武媚娘不久就把蕭淑妃所生的兩個女兒下嫁給身分低賤之人，然後，一杯毒酒，使李弘暴死在合璧宮。（關於李弘的死因，史學界有兩種說法：一是「母后鴆殺」，依據是《新唐書》和《唐會要》；二是死於肺結核，多為現代史學家推測。）

繼李弘之後，武媚娘的另一個兒子——史稱「章懷太子」的李賢又因明崇儼（武媚娘寵愛的一個道士）之死而被武媚娘廢為庶人，賜死。

靠殺情敵、殺兒子等殘忍的手段清除障礙，武媚娘終於確立了自己的統治地位。

弘道元年（六八三年）十二月，久病在床的高宗皇帝一命嗚呼。武媚娘挾持的李顯（原名李哲，武媚娘第三子）繼位，是為中宗。武媚娘順理成章地成了皇太后。

一朝權在手，便把令來行。臨朝稱制後不久，在除去裴炎、徐敬業、駱賓王等一班政敵以後，武媚娘耐不住寂寞，以花甲之年開始養起男寵。

在正史中作為武媚娘面首（男寵）首次出現的是僧人懷義（即馮小寶，後改名懷義，武則天賜姓薛）。而事實上，在懷義之前，武媚娘曾經下詔求「賢」，因而引動一班無恥男臣紛紛請求自試。

這班平時以清高自詡的男臣，為邀寵醜態百出。

西元六八五年，武媚娘突然接到一首詩。詩的作者是當時享有盛名的宋之問。

「宋之問？」武媚娘心裡暗暗稱奇，「他詩寫得不錯，專寫一首呈給我，還不准別人拆看，難道是想告發誰嗎？」漫不經心地拆開，略看了一遍，武媚娘都有些臉紅了！宋之問的這首詩可真夠直白的了，尤其是結尾四句：

明河可望不可親，願得乘槎一問津。
更將織女支機石，還訪成都賣卜人。

明擺著想要「問津」「明河」——想進入武媚娘的男寵之列。

「這個混蛋！」武媚娘罵道：「自以為有點歪才就可以做老娘的入幕之賓了？妄想！」

武媚娘為什麼會將宋之問拒之門外呢？有一次退朝以後，她召見崔融說的幾句話揭開了這個謎底。她說：「我並不是不知道宋之問有才，但他卻有口過。」口過，即口臭。武媚娘是嫌棄宋之問有口臭。

此事傳揚開去，不明真相的人還以為武媚娘不喜肉麻，有一個刻薄之徒馮小寶（僧人懷義）卻不這麼看。這馮小寶係陝西戶縣人氏。此人天生異稟，經常口吐狂言。別人斥責他狂妄，但他卻不以為恥。馮小寶因與千金公主的奴婢私通而被千金公主發現，並將其「推薦」入宮侍奉武媚娘，深得武媚娘的寵愛。為讓馮小寶入宮方便，武媚娘「使祝發，為浮屠，拜白馬寺主。詔與太平公主婿薛紹通昭穆，紹父事之」。（《新唐書．后妃傳》）連武媚娘最信任的兩個侄兒武三思、武承嗣也不得不看武媚娘的臉色，對他「尊事惟謹」。

除了馮小寶以外，武媚娘還有許多「後宮佳麗」，比較有名的有：太醫沈南璆以及張昌宗、張易之兄弟等。在武媚娘稱制的年號中有一個年號為如意。據說這個年號也與武媚娘的男寵有關——據筆記小說記載，西元六九二年，薛懷義死後，武媚娘又得到一個小白臉。此人姓薛名敖曹，二人初次相會，就使武媚娘（時已七十二歲）心神如意，於是薛敖曹被封為如意君，西元六九二年的年號也由天授改為如意。

西元六九〇年武媚娘取其子李旦而代之，正式登上了皇帝寶座，成為中國歷史上絕無僅有的女皇帝。以一女人而君臨天下，在以男性為中心的社會確實不容易。為了加強統治，防止別人造反，對反對她的人，或她認為有可能反對她的人，她一律用嚴刑峻法來對待。

西元六九一年，在武媚娘最信任的左臺御史中丞來俊臣所設立的推事院裡，一場「貓捉老鼠」的遊戲已接近尾聲：

「請問周兄，有一個被告，態度非常頑固，不肯承認謀反，用什麼辦法對付他最好？」來俊臣問。

「簡單得很，」那個被稱作周兄的人回答：「把他裝到大甕裡，四周燃起炭火，他就必招無疑！」

「唔，是個好主意。來呀，快照周大人說的準備。」來俊臣喝道。

不一會兒，有人來報，甕與火均已準備妥當。「好，好極了！」來俊臣詭笑道：「周兄，有人告你謀反，我奉命查辦，沒說的，按您的辦法，請君入甕吧！」

見事不妙，「周兄」——他的名字叫周興，只好乖乖就範，承認謀反，後被流放嶺南，死於貶所。

從這場「貓捉老鼠」的遊戲中，人們可以窺見武媚娘統治時期酷吏的可怕，因為這場鬧劇中的「老鼠」，原本也是個殘忍的「貓」——周興曾擔任過武周的尚書左丞，也是有名的酷吏。酷吏到了酷吏的手裡尚且瑟瑟發抖，足見這種酷吏政治有多麼可怕！

據史料記載，前面提到的「貓」——來俊臣曾經把酷吏政治中最根本的一條製造冤獄上升到「理論高度」，並著有《羅織經》一書。這本書大概可算得上是一本「千古奇書」了。此書向人們展示了武媚娘統治下製造冤獄的七個程式：

一、先確定對象。

二、由小嘍羅們從四面八方向有關單位或當權人物發出告密信件或檢舉信件。

三、等候有關單位或當權人物把這些信件交下調查。

四、根據交下來的信件，把被告密者逮捕。

五、審訊時施用酷刑，取得理想的口供——倘若拒絕招認而死於酷刑之下，則誣以畏罪自殺。

六、審訊時叫被告們在口供中互相指認，並擴大向社會牽引。人數多寡和範圍大小，由當權人物或酷吏決定。

七、把被告口供整理編撰，使之互相吻合，毫無破綻。

於是，所有程式宣告完成。

善於舞弄權術的武媚娘踩著政敵一步步上位，當了二十八年皇后、七年皇太后，還有十五年名正言順的大周帝國皇帝。值得一提的是其開創的武周之治，對大唐的貞觀之治和開元盛世起到了承前啟後的樞紐作用。西元七〇五年，年已八十二歲的武媚娘死於洛陽上陽宮。這位歷史上空前絕後的女政治家也不能免俗地化為一抔黃土，伴隨著她的是高高矗立的無字碑——一切功過是非留待後人評說！

對丈夫頤指氣使的皇后

——唐中宗皇后韋氏

◎一朝見天日誓不相禁忌
二人雙陸請武三思上榻

◎圖新鮮，微行市里觀燒燈
瞎胡鬧，暗縱宮女與人通

◎養惡女縱面首謀害親夫
桑條韋武媚娘殊途同歸

西元七一〇年，是唐中宗景龍四年，唐少帝李重茂唐隆元年，也是唐睿宗景雲元年。從走馬燈般變幻的皇帝和皇帝年號中，人們不難窺見當時政壇形勢的奇異詭譎。

本年六月，先後兩次登基，在位時間不到六年的唐中宗李顯被人在餅中投毒害死。

本年六月，中宗之侄、臨淄王李隆基結禁軍豪士，與其姑母太平公主等起兵入宮，將中宗皇后韋氏殺死，並將其梟首示眾於長安東市。

作為皇室政治鬥爭犧牲品的后妃們，一旦失敗，被斬、被餓死、被縊死的比比皆是，但死後被梟首——將頭砍下來懸掛在高杆上——示眾的卻寥若晨星，甚至可以說是絕無僅有。

中宗皇后韋氏為什麼會受到如此嚴厲的處治呢？她是一個什麼樣的女人？走過一條什麼樣的人生之旅？

一朝見天日誓不相禁忌
二人雙陸請武三思上榻

在唐王朝的二十二任皇帝中，唐中宗李顯可能是最不幸的一個了。在他短暫的政治生涯中，他先遭親娘坑，後遭老婆害。

西元六八三年十二月，在位三十五年卻無甚政績可言的唐王朝第三任皇帝高宗李治病死，其子李顯受裴炎等人的輔佐繼皇帝位，是為中宗。

一朝權在手，中宗就忘乎所以，娶了媳婦忘了老娘。他先是把韋氏的父親韋玄貞從一個小小的普州參軍提拔為豫州刺史，後來又要擢升他為侍中（宰相職）。顧命大臣裴炎覺得中宗此舉太過荒唐，就勸諫說：「陛下初登大寶，當以收攬萬民之心為務。攬萬民之心莫過於孔夫子所說『賢賢』一道，如此才能長治久安啊！」

裴炎所說的「賢賢」是古代政治家所追求的一種用人的理想方式，亦即以賢為賢，任人唯賢。唐中宗雖然讀書不多，但這個典故他還是懂的。

「你是說朕用人唯親了？」中宗帶有幾分不悅地說。

「臣不敢！臣受先帝遺詔，輔佐陛下，當盡知無不言的人臣之禮。想韋玄貞雖為皇后之父，但畢竟剛剛從參軍擢升為刺史，現在驟然再將其提拔到二品大員的侍中之位，恐會遭來物議！」

「什麼物議？」中宗怒不可遏地說：「天下是朕的，朕即天下，你要是把我惹煩了，說不定我一高興，把這天下也送給韋家，你管得著嗎？」

這種話雖然是在氣頭上所說，但畢竟是太不給裴炎留面子了。見話不投機，裴炎只好告退，求教於中宗之母——皇太后武則天。

「什麼？」武后一聽就炸了，「要把天下送給韋家？反了，真是反了！他眼裡還有沒有列祖列宗？還有沒有我這個母后？」

一直並不怎麼喜歡李顯的武則天見兒子登上皇位之後如此地不長進，十分生氣，於是決定行廢立之事。

武氏一生，一共為丈夫高宗李治生下四男一女。其時，長子李弘已被她用毒酒鴆死，次子李賢被她流放到巴州。李顯是她的第三個兒子。除了李顯以外，武氏還有一個親生兒子李旦。對這四個兒子，武則天都不怎麼滿意，但「兩差相較取其輕」，李顯太不爭氣，武后決定改立四子李旦。

於是，武后「乃命裴炎、程務挺等帶兵入宮，廢中宗為廬陵王，幽禁於別所」，然後改立豫王李旦為皇帝。李旦是為唐睿宗，改元文明。政事無論大小，悉決於武后，李旦不過是一個傀儡而已。這是西元六八四年二月間的事。這一年的四月，為防李顯死灰復燃，武后下令將李顯、韋氏夫婦二人及其子女遷往均州，後又遠遷至房州。

「可恨裴炎那廝，」李顯在夜深無人的時候常常恨恨地對韋氏說：「我說的一句氣話，他竟當成罪證去稟告母后，虧他還是先帝託孤的顧命大臣！我看他將來一定像褚遂良那樣不得好死！」

「你又來了！」韋氏不耐煩地說——別看李顯當過皇帝，但在家裡，韋氏地位卻在他之上，他本人不過是個「妻管嚴」而已——「我們現在是保命要緊。俗話說：『留得青山在，不怕沒柴燒』，多一個朋友多一條路，多一個仇人多一堵牆。你在家裡罵罵裴炎還行，在外面可千萬不能這樣做，要知道那裴炎可是母后面前的紅人啊！」

「但這口氣我實在是嚥不下！」李顯恨恨地說。

「嚥不下也得嚥！要忍，要忍！」韋氏嚴厲地對丈夫說。

對妻子的話一向言聽計從的李顯不再說什麼了，此事遂告一段落。然而五個月以後發生的另外一件事卻攪亂了他們平靜的生活。

唐王朝開國元勳李勣（本名徐世勣，因避李世民廟諱及被賜以國姓，改名李）之孫柳州司馬徐敬業、徐敬猷，以及原長安主簿駱賓王等人以挽救廬陵王李顯為名，起兵於揚州。敬業自稱匡復府上將，領揚州大都督，開府庫、赦囚徒，旬日間聚眾十萬餘人。駱賓王更是施展其文學才能，作了一篇有名的討武檄文，這就是那篇千古傳誦的〈為徐敬業討武曌檄〉。文曰：

偽臨朝武氏者，人非溫順，地實寒微。昔充太宗下陳，嘗以更衣入侍。洎乎晚節，穢亂春宮。密隱先帝之私，陰圖後庭之嬖。入門見嫉，蛾眉不肯讓人；掩袖工讒，狐媚偏能惑主。踐元後於翬翟，陷吾君於聚麀。加以虺蜴為心，豺狼成性，近狎邪僻。殘害忠良，殺姊屠兄，弒君鴆母。神人之所共嫉，天地之所不容。猶複包藏禍心，窺竊神器。君之愛子，幽之於別宮；賊之宗盟，委之以重任。嗚呼，霍子孟之不作，朱虛侯之已亡。燕啄皇孫，知漢祚之將盡；龍漦帝后，識夏庭之遽衰。敬業皇唐舊臣，公侯塚子。奉先君之成業，荷本朝之厚恩。宋微子之興悲，良有以也；桓君山之流涕，豈徒然哉！是用氣憤風雲，志安社稷。因天下之失望，順宇內之推心，爰舉義旗，誓清妖孽。南連百越，北盡三河，鐵騎成群，玉軸相接，海陵紅粟，倉儲之積靡窮；江浦黃旗，匡複之功何遠？班聲動而北風起，劍氣沖而南斗平。喑嗚則山嶽崩頹，叱吒則風雲變色。以此制敵，何敵不摧？以此圖功，何功不克？公等或家傳漢爵，或地協周親，或膺重寄於爪牙，或受顧命於宣室，言猶在耳，忠豈忘心？一抔之土未幹，六尺之孤何托？倘能轉禍為福，送往事居，共立勤王之勳，無廢舊君之命，凡諸爵賞，同指山河。若其眷戀窮城，徘徊歧路，坐昧先幾之兆，必貽後至之誅。請看今日之域中，竟是誰家之天下？移檄州郡，鹹使知聞。

這篇檄文行文流暢，極富煽動性，連武則天都嘖嘖稱讚。只可惜徐敬業及其手下的人並無軍事才能，所以起事不足兩月，即告失敗。

這下可苦了李顯和韋氏夫婦。

因為他們打的是挽救廬陵王的旗號，而且用的年號也是李顯在位時的嗣聖。被軟禁在房州的李顯怕得要命，他很清楚老娘武則天的脾氣，害怕她一發怒，自己也小命不保。

所以李顯「每聞制使至，則惶恐欲自殺」。也難怪李顯會怕成這個樣子，就在他和妻子韋氏被貶出京城以前，母親武則天已賜死了李顯的二哥李賢。二哥之死再加上以前被毒死的大哥李弘，前車之鑑使身為老三的李顯不能不害怕步了兩位兄長的後塵。在這關鍵的時刻，韋氏顯示出「忍」字功夫。她屢次三番地對丈夫說：「禍兮，福之所倚；福兮，禍之所伏。福禍之事，何常之有，夫君萬勿如此短視！不到最後關頭，決不輕言死亡之事！」

「可是我真的害怕啊！」

「怕，也要活下去！否極泰來，說不定會有我們出頭的那一天呢！」

在韋氏的鼓勵和勸說之下，李顯終於沒有自絕於世。

死不容易，活著也不輕鬆。李顯、韋氏夫婦當時是以准犯人的身分被安置在房州的，因此，李顯雖有廬陵王的封號，實際上卻還不如一般小民。韋氏當時已生下了一男三女，即後來的懿德太子李重潤和永泰、永壽、長寧三公主。到了最小的女兒，亦即後來的安樂公主在房州出生時，李顯家中竟窮得連塊完整的布都找不出來。沒法子，李顯只好脫下自己的衣服將女兒裹住，並替女兒取乳名為「裹兒」。

這樣艱苦的生活中，支撐著李顯活下去的精神支柱，一個是小女兒乖巧、善體人意，再有一個就是妻子韋氏的種種賢德——韋氏後來的確很壞，但在當時她卻稱得上賢慧，有史為證——據史料記載，為防武則天派人在飯菜中下毒，韋氏不惜以曾榮任皇后之尊，親自下廚，操持一家幾口的飲食，漸漸地手也粗了，皮膚也裂了。李顯看了，十分感動。他不止一次地對妻子說：「一朝見天日，誓不相禁忌！」意思是說：「倘若我李某一旦有了出頭之日，韋氏你願意幹什麼就幹什麼，哪怕是把天捅破了，我也決不攔著！」

李顯的這個許諾可能是太過孟浪，倘作為夫妻間的情話那倒也無傷大雅，但若是作為一個政治家，這樣對人（即使是他的妻子）許願，將來或者是自己，或者是所愛之人一定會為此付出沉重的代價。這就是古人所謂「愛之適足以害之」的深刻內涵。

西元六九八年三月，著名賢相狄仁傑「姑侄之與母子孰親」的千古一問，打消了武則天打算傳位於其侄武承嗣、武三思的念頭。李顯被武則天派人從貶所接回東都。

接受了上次教訓的李顯，謹小慎微地處理每一件事，漸漸博得了母親武則天的歡心。轉眼到了這一年的九月，李顯被復立為皇太子。

八年以後的西元七〇五年正月，狄仁傑推薦的賢相張柬之等率羽林軍五百餘人入宮，殺武則天寵幸的張易之、張昌宗兄弟，逼武后傳位於太子，李顯復立為中宗。

再次當了皇帝的李顯，復位後第一件事就是復立韋氏為皇后。每逢臨朝，韋后必施帷帳坐殿上，干預朝政。大臣桓彥範上書，以為「自古帝王，未有與婦人共政而不破國亡身者」，李顯不理，又追贈韋后父韋玄貞為上洛王。另一大臣賈虛己上書，以為高宗贈武后父為太原王，殷鑑不遠，需防其漸，李顯仍然不聽。

見丈夫如此地放縱自己，韋后的膽子越來越大。

通過武則天時的蘭臺令史（宮中女官名）上官婉兒，韋后竟與武則天的侄兒武三思勾搭上了。武三思時年不過四十餘歲，長得一表人才，談吐風趣。他本是上官婉兒的老情人，為了保持自己在政治上的既得利益，被上官婉兒推薦給了韋后。

雖然是半老徐娘，但三十如狼，四十如虎，韋后當時心情順遂，正是情慾的巔峰時期。除了丈夫以外，她常要尋些「零食」吃，而武三思是她「偷吃」的最佳人選。初試之後，兩人都有相見恨晚之感。為了保持經常的接觸，「足智多謀」的上官婉兒為他們出了一計，以玩雙陸為名，可日夜聚首，不令外界起疑。韋、武兩人想了想連稱妙計。

原來，這雙陸是古代的一種博戲，據專家考證，係從一種名叫「握槊」的遊戲演變而來。《魏書・術藝傳》云：「此（握槊）蓋胡戲，近入中國。云胡王有弟一人遇罪，將殺之，弟從獄中為此戲以上之，意言孤則易死也。」此戲盛行於南北朝及隋唐時期，因局如棋盤，左右各有六路而得名。馬作椎形，黑白各十五枚，二人相博，骰子擲彩行馬，黑馬從右到左，白馬反之，先出完者獲勝。以雙陸（握槊）為名召面首入宮行苟且之事乃是一些荒唐后妃們的「保留節目」。南北朝時北齊武成帝高湛的皇后胡氏，就是借這個方法與面首和士開私通的。

與胡后相比，韋后的臉皮更厚，膽子也更大。她不僅敢於勾引武三思上床，而且還敢拉上丈夫李顯，三個人同升御床胡搞。

雙陸本係二人遊戲，韋后為增加與情夫胡搞時的樂趣，又特意對之進行了「改革」：增加一人為他們點籌、擲骰子，並把這個「光榮任務」交給自己的丈夫。對妻子一向言聽計從的中宗皇帝一點也不以為忤，欣然從命，甚至常常連早朝也不上，親自為韋、武二人擲骰子。三人在宮內廝混，搞得「醜聲日聞於外」（《舊唐書．后妃傳》）。中宗皇帝賠了夫人又丟權，韋后可倒是隨心所欲地想做什麼就做什麼。

圖新鮮，微行市里觀燒燈
瞎胡鬧，暗縱宮女與人通

韋后是一個很愛熱鬧的人，雖然貴為皇后，但她卻仍很「懷念」在均州、房州的民間生活。當然，這種懷念只不過是像吃膩了大魚大肉的闊佬富婆們時不時地弄點鄉野小菜嘗嘗一樣，目的是為了換換口味，圖個新鮮。因此，宮中雖然一呼百諾，且有武三思這樣的「妙人兒」服務，但韋后還是想到宮外走走。

到宮外走走？談何容易！古人有「一入侯門深似海，終生再無伊消息」的說法，何況皇宮之「深」遠深於侯門。君若不信，試舉稍後於韋氏的白居易〈上陽白髮人〉為證。白詩云：「上陽人，上陽人，紅顏暗老白髮新。綠衣監使守宮門，一閉上陽多少春。玄宗末歲初選入，入時十六今六十。同時採擇百餘人，零落年深殘此身。憶昔吞悲別親族，扶入車中不教哭。皆云入內便承恩，臉似芙蓉胸似玉。未容君王得見面，已被楊妃遙側目。妒令潛配上陽宮，一生遂向空房宿。宿空房，秋夜長，夜長無寐天不明。耿耿殘燈背壁影，蕭蕭暗雨打窗聲。春日遲，日遲獨坐天難暮。」

因此，韋后雖然權勢熏天，要想公開出入宮禁也要費一番口舌。韋氏不想費這個口舌，又想出宮去遊玩，左右的人替她出了個主意——微服出宮。

「好主意！」韋氏叫好。接著，她又發揮了自己的「聰明才智」，使這一妙計得以完善。

西元七一〇年是中宗復辟後的第四年，這一年的元宵節格外熱鬧。

唐朝時的元宵節又叫上元節，乃是春節以後的第一個重要節日。這個後來以吃元宵為主要內容的節日在唐代則以另外一種娛樂形式為主要標誌，這種形式就是觀燈。南宋詩人辛棄疾的〈青玉案〉讚曰：

> 東風夜放花千樹，更吹落、星如雨。寶馬雕車香滿路。鳳簫聲動，玉壺光轉，一夜魚龍舞。
> 蛾兒雪柳黃金縷，笑語盈盈暗香去。眾裡尋他千百度。驀然回首，那人卻在，燈火闌珊處。

除了詞中上闋描繪的上元節盛況外，我們從下闋也可看出觀燈者中尤以女性居多，這就是詞中所謂的「寶馬雕車香滿路」。這些平日裡難得出門的女子一個個「笑語盈盈」，有說有笑地走過去，留下陣陣暗香。

但見御街兩旁廊下奇術異能、歌舞百戲爭奇鬥豔。韋后在一大群護衛的簇擁下，做一貴婦人打扮，她旁邊是化了妝的唐中宗。中宗皇帝本來要與左驍衛大將軍楊矩商議送金城公主遠嫁吐蕃的事，但拗不過韋后的軟磨硬泡，只好與老婆一起荒唐。《舊唐書．后妃傳》在談及此事時寫道：「四年正月望夜，帝與后微行市里，以觀燒燈。」

此次出宮雖是微行，但世上沒有不透風的牆，紙終究包不住火，還是有好幾個朝臣上書，隱約其辭地指責韋后導君邪路。

「真是狗拿耗子，多管閒事！」韋后聽說有人反對她出宮遊玩，氣哼哼地說：「老娘在宮裡待悶了出去走走你們反對，把老娘惹急了，我把宮裡的宮女放出去千八百的，看你們還說什麼！」說做就做，韋后果然「又放宮女數千，夜遊縱觀，因與外人陰通，逃逸不還」。

養惡女縱面首謀害親夫
桑條韋武媚娘殊途同歸

唐中宗景龍二年（七〇八年）春，韋后所居宮中的宮女為了討好韋后，妄稱韋后的衣箱中有五色雲出——這是一個很詭異的信號。「五色雲」即古人所說的「天子氣」，韋后雖然貴為皇后，但畢竟還不是皇帝，「五色雲」謠言的出現，說明她已有意問鼎九五之尊的皇帝寶座，取丈夫而代之。身為皇帝的李顯一點也沒有察覺妻子的這個陰謀，反而以為是大吉之兆，特命「畫工圖之」，並「出示於朝，大赦天下」。

見丈夫如此昏庸，韋后的政治野心像她的情慾一樣迅速膨脹。不久，在她的授意下，一個名叫迦葉志忠（姓迦葉，名志忠）的知太史事（官名）上表，公開為韋后上臺大造輿論。這道表章中有這樣一段話：

> 昔高祖未受命時，天下歌《桃李子》；太宗未受命時，天下歌《秦王破陣樂》；高宗未受命時，天下歌《側堂堂》；天后未受命時，天下歌《武媚娘》；伏惟應天皇帝（即中宗）未受命時，天下歌《英王石州》；順天皇後（即韋后）未受命時，天下歌《桑條韋》也。女行六合之內，齊首蹀足，應四時八節之會，歌舞同歡，豈與夫《簫韶》九成，百獸率舞同年而語哉？！伏惟皇后降帝女之精，合為國母，主蠶桑以安天下。后妃之德，於斯為盛！

對迦葉志忠這麼露骨的表白，中宗李顯竟然仍「悅而許之」，並在韋后的授意下，賜給他「莊一區，雜彩七百段」。

見諂媚韋后就可以受益，補闕趙延禧上表，認為桑條將代十八子主天下。韋后又假丈夫之手把趙延禧提拔為諫議大夫。

唐中宗景龍三年（七〇九年）冬，李顯要親至南郊祭天。國子祭酒祝欽明、司業郭山惲等人又拍韋后的馬屁，建議皇后隨皇帝助祭。

武則天取高宗而代之的舊戲看來又要重演。韋后心裡真是得意非凡，就連面首，她也想換一換了。這時有三個男人成了她的入幕之賓：一個是國子祭酒葉靜能，一個是散騎常侍馬秦客，一個是光祿少卿楊均。其中葉靜能能文，馬秦客通醫術，楊均擅長烹調手藝，他們三人能滿足韋后衣食住行各方面的要求。比起只會玩雙陸的武三思來，韋后當然更喜歡他們。

有一件事頗能說明韋后對三個新歡的喜歡程度。說來也真巧，葉靜能、馬秦客、楊均三個人的母親竟在唐中宗景龍三年相繼去世。在封建社會，講求以孝治天下，兒子逢母喪，要棄官回家為娘親服孝，即所謂「丁母憂」；除非皇帝有特旨，不准當兒子的棄官——這叫「奪情」，亦即忠孝不能兩全時，以國事為重之意。葉、馬、楊三人旬日之間竟都被韋后「奪情」——奪走母子的親情，去滿足可惡的私情。結果，三個人沒有一個棄官回家為母親守孝的，而是日夜承歡於韋后身邊。

上梁不正下梁歪，母親胡搞，女兒也就亂來。中宗以前，唐代前幾任皇帝向無為公主開府置官吏的先例。李顯的姑祖母、高祖李淵之女平陽公主曾領一支娘子軍助父反隋，都未享受到開府置官的殊榮，但韋后卻為自己所生的兩個女兒——長寧公主、安樂公主開府置官吏。

在母親的縱容之下，長寧、安樂二公主，尤其是安樂公主「恃寵驕恣、賣官鬻獄、勢傾朝廷」。

為了改變魏晉南北朝時期選官制度的腐敗狀況，隋王朝在統一中國之後，就廢除了九品中正制度，創立了科舉制。唐承隋制，在唐代，官僚制度大致是走禮部選才、吏部任官的路子。也就是說，科舉考試合格以後，合格者只是取得了做官的資格，每個錄取者究竟可做什麼官，什麼時候授予官職，則由吏部決定。

安樂公主是這種合理制度的破壞者。她第一次把皇上的直接干預引入官僚銓敘之中，「發明」了「斜封敕」——即預先將所有空官缺標價出賣，中標者交足了錢，就可以拿一張空白委任狀。官吏制度的破壞，斷絕了一大批有志於仕途、不走邪門歪道的士子們上進之路，也為以權牟錢、以錢謀權者們打開了方便之門。當時有人作詩嘲曰：「三十年前此夜中，一般燈燭一般風。不知人世能幾許，猶著麻衣待至今。」那些好不容易買來一官半職的人們，一旦官位到手，就大刮地皮，真個是「朝露貪名利，夕陽憂子孫。掛冠顧翠，懸車惜朱輪，金章腰不勝，傴僂入君門」。

唐中宗景龍元年，皇太子李重俊因不忿於韋后、安樂公主以及武三思等人的欺侮，與親信李思冲、獨孤禕之，說動握有兵權的左羽林大將軍李多祚，矯詔發羽林兵三百人。他們詐稱武三思與上官婉兒謀反，聲言先殺武三思、上官婉兒，然後進宮救駕。此次起事，一開始進展十分順利，驕橫不馴的武三思、武崇訓父子束手就戮，但在入宮捕殺上官婉兒時，卻遭到了玄武門宿衛的抵抗。中宗皇帝、韋后、安樂公主等在上官婉兒的教唆下登上城樓，向起事的三百羽林軍喊話，離間他們與太子的關係，加上韋后死黨、兵部尚書宗楚客又率合城兵馬從後面包抄，太子等人遂告失敗。逃入終南山中的李重俊不久亦為左右所殺，中宗皇帝的東宮出現了空白。

韋后本來除了替中宗皇帝生下四個女兒以外，還生有一子李重潤，但在中宗復辟以前，官封郡王的李重潤，卻因與妹妹永泰公主的丈夫武延基議論朝政，指責武則天的男寵張易之、張昌宗兄弟，並揚言有朝一日要根除二張，而被武后命人活活打死。

除了李重潤以外中宗再無嫡子，這時，裹兒——安樂公主動開了腦筋。她之前靠賣「斜封官」已經撈了上千萬（每員官位售價三十萬），經她手「授予」的官有什麼「員外、同正、判、試、攝、檢校、知」等，凡數千人，持錢待沽者據說還有不少。安樂公主還窮奢極欲，府第擬於宮掖，精巧過之。她還屢次三番地磨著老爹把大內的昆明池賞賜給她，中宗皇帝沒有答應，她就奪民田建定昆池，累石像華山，引水像天池，欲以勝昆明，故名定昆。據說她有一條裙子，值錢一億，裙子的妙處在於其上繡滿了花卉鳥獸，但卻小如粟粒，正視旁視，日中影中，各為一色。她又大縱僮奴掠百姓子女為奴婢，有不從者即殺之。

但她還不滿足，一心一意想做奶奶武則天那樣的女強人。自太子死後，她幾次軟磨硬泡地乞求老爸封她為皇太女，並搬出母親韋后為自己助威。

「皇太女？」中宗皇帝把頭搖得像個撥浪鼓似的，「不行，不行，這樣別人會說閒話的。」

「父皇，」安樂公主不以為然地把小嘴一撇說：「您是皇上，怕什麼別人閒話！況且父皇是天之驕子，您發下令來，誰敢不聽！」

「那也不能不顧祖宗家法啊！」

「什麼祖宗家法？」安樂公主不知深淺地反駁說：「奶奶建立大周，自立為帝，依的是什麼家法？」

「這孩子，你這孩子！」中宗似被觸到了痛處，剛要發作，韋后忙勸解道：「裹兒還小，皇上也不必太認真！」看了女兒一眼，韋后話裡有話地接著說：「以後再議，以後再議！」

見老婆出面，中宗就沒再說什麼，漸漸地也就把這件事給忘了。

西元七一〇年四月，定州人郎岌上書中宗，言韋后、宗楚客將為逆亂，韋后矯詔杖殺郎岌。同年五月，許州司兵參軍燕欽融上書，言韋后淫亂，干預國政，安樂公主、宗楚客等妄圖危害宗社。此次，韋后仍故技重施，矯旨殺之，但卻引起了中宗皇帝的警惕，因為事前中宗曾親自召見燕欽融，盡得韋后等人的隱私。李顯藉叱罵行刑的衛士之機，敲山震虎地警告手下要認清誰才是真正的皇帝。

此話傳到了韋后的耳裡，引起了她的恐慌。她先去找「智多星」上官婉兒，上官婉兒也拿不出什麼主意。

「完了，完了！」韋后自言自語道：「看來下一步就要廢立中宮了，我該怎麼辦啊？」

「皇后莫慌，讓我們來想想辦法。」三個入幕之賓異口同聲道。

韋后心想：「想辦法？你們除了能陪老娘以外，還能想什麼辦法！」

「待微臣草擬一道表章，上於皇上，向他解釋清楚殺燕欽融係不得已而為之！」號稱能文的國子祭酒葉靜能說。

「不行，不行，皇上已看了郎岌和燕欽融二廝的表章，鐵了心要和我們作對，根本不會聽我們的解釋，更談不上看你的表章了！」

沉默……

見另外兩個面首悶在那裡不說話，韋后忍不住罵道：「你們倆平常總說願為老娘赴湯蹈火，在所不辭，現在到了用兵之際怎麼反倒徐庶進曹營——一言不發了呢？」

「臣有一計，」通醫術的馬秦客吞吞吐吐地說：「可保皇后一勞永逸，但……」

「別吞吞吐吐的，有話快說，這都什麼時候了？你還這樣！」韋後嗔道。

「臣可以調一些毒藥，請楊少卿拿出看家本領，做一些皇上愛吃之物，然後摻藥於其中，服侍皇上吃了，他也就再也不會為難皇后了。只是不知皇后可捨得？」說到這裡馬秦客輕佻地一笑，接著又問了一句：「亦不知我們這位陛下平素裡最喜歡進些什麼食物？」

「你這不長進的東西，」韋后風情萬種地說：「有你們三個服侍老娘，我還要個老頭子幹什麼！」頓了頓，她對楊均說道：「你去好好地做一碗湯餅，我們這位萬歲爺，說來你們也許不信，平素裡最喜歡吃的就是湯餅了。做好了之後，我讓裹兒給他送去，不怕他不吃！」

「此計甚妙，我們分頭行動吧！」

唐中宗景龍四年四月六日，韋后趁中宗在神龍殿批閱奏章之機，命小女兒安樂公主送去早就準備好了的湯餅。中宗皇帝不虞有他，端起熱氣騰騰、香味撲鼻的湯餅就吃，結果不到一頓飯的工夫，便覺腹如刀絞，當場喪命。

當時的人們將中宗的死「歸罪於秦客及安樂公主」。韋后自知脫不了干係，因此她「懼，祕不發喪，引所親入禁中謀自安之策」。

經過一番計議，她對當時的朝政作了如下安排：

以刑部尚書裴談、工部尚書張錫知政事——充任臨時宰相，留守東都；命左金吾大將軍趙承恩及宦者左監門衛大將軍薛崇簡率兵五百，前往筠川，防備譙王李重福。韋后自己與其兄韋溫（時任太子少保），立溫王李重茂為皇太子，召諸府兵五萬屯京城左右營。這些準備工作做好了之後，她才公開為中宗皇帝發喪。

扶立太子登基以後，韋后尊自己為皇太后，臨朝攝政。她以兄韋溫總知內外兵馬，守援宮掖；令駙馬韋捷、韋濯分掌左右屯營；令安樂公主的丈夫武延秀以及韋溫的侄子韋播、外甥高崇等人共典左右羽林軍及飛騎萬騎。

這些安排可謂煞費苦心，使她自己既抓住了政權，又抓住了軍權，活脫脫的一幕呂后專權篡漢歷史的重演。

然而，韋后卻不是呂后。她的那些親信子侄們也無當年諸呂們的本事，但卻先學會了擺排場、端架子，尤其是分管飛騎萬騎（羽林軍的一支，係精銳騎兵，並非真正的一萬名騎兵）的韋播、韋璿為了樹威，上任伊始，就「先鞭萬騎數人」——先把手下士兵找出來幾個抽了一頓馬鞭子。這種不分青紅皂白地鞭人立威的做法引起萬騎士兵的反感，「眾皆怨，不為之用」，而韋播等人卻以為敲山震住了虎，殊不知，他們已將韋氏家族送上了「火山口」。

最終引發「火山」，將韋氏家族送上西天的是相王李旦之子，即時任臨淄王的李隆基。

李隆基，這位創造了開元盛世局面的玄宗皇帝，確是一個不可多得的幹才。他先利用人心怨韋的形勢，在京城散播「將有革命之事」——此處的「革命」與今天的含義不同，含有改朝換代的意思，然後廣結豪傑。他先後與衛尉卿薛崇、苑總監鍾紹京、尚衣奉御王崇曄、前朝邑尉劉幽求、利仁府折衝麻嗣宗等人結成生死之交。

六月丁未末，飛騎萬騎統領的果毅校尉葛福順、陳元禮，以及兵部侍郎崔日用連袂去李隆基處密報，說韋氏集團將不利於相王，此舉堅定了李隆基剷除諸韋的決心。

丁未日之夜，星斗滿天，李隆基的臨淄王府，起事在祕密地進行。有人對李隆基說：「茲事體大，要否先稟告相王？」

李隆基答曰：「吾等舉兵討逆，為的是匡復唐室，為的是社稷國家，此事是否成功還難預料，事成我們歸功於父王；倘有差池，吾等以身殉國，決不應牽累老父！是以本王決定，今日之事暫不稟報父王，不知諸君以為如何？」

大家見李隆基父子情深，也就不好再說什麼。換好夜行衣靠，他們分幾路出發。李隆基親率劉幽求、葛福順等人自玄武門至左羽林軍，仗劍先斬韋后的兩個本家侄子韋璿、韋播以及中郎將高崇於寢帳，然後斬關而入，直指韋后所居住的太極殿。

剛與馬秦客、楊均等人狂歡過的韋后聞報大驚，倉皇遁入飛騎營——她以為飛騎營不會出賣她呢！殊不知，韋播等人早把飛騎營的官兵給得罪遍了。韋后等人喘息未定，突見一片刀光劍影，原來是積怨已久的士兵來討還公道、痛打落水狗來了。馬秦客、楊均還要求饒，只見為首的兵士手起劍落，斬殺了這兩個小白臉。韋后嚇得花容失色、粉面無光。葛福順等人哪裡管她這些，手起刀落，一刀斬下韋后的人頭。

元凶伏法，李隆基心中大快。他命手下人停止殺戮，但在亂軍之中命令傳到時，韋氏家族的重要成員和親信如安樂公主、武延秀、韋溫、韋捷、韋嬰、宗楚客、宗晉卿、紀處訥、馬秦客、葉靜能、楊均、趙履溫、王哲、李守貞等均已被亂刃分身。韋氏、武氏宗族上至老翁，下至孩童，均被斬盡殺絕。

六月戊申日，再造唐室的臨淄王做出了兩項驚人之舉：一是與姑姑太平公主合謀，將韋后扶立的少帝李重茂趕下臺，而將老父相王李旦迎入宮中即皇帝位，是為睿宗；二是命人將韋后及安樂公主的人頭，掛於長安東市示眾。

在國不可一日無君的封建時代，前一個舉動是英明的，後一個舉動頗有些驚世駭俗。殺人不過頭點地，韋后為什麼會落得如此淒慘的下場呢？有識者分析曰：「一是因為她謀害親夫，李隆基雖然對他的那位三伯父李顯向無好感，但因其父李旦是以中宗的合法繼承人登上帝位的，所以必須重重處罰韋后以為中宗報仇；二是因為韋后和安樂公主曾經將前太子李重俊殺死後梟首示眾，而李重俊與李隆基等人私交甚篤，一報還一報，李隆基等人決定以其人之道還治其人之身。」

可歎韋后含辛茹苦，相夫撫子，在其一生的前期倒不失為一個賢妻良母，孰料一闊之後，竟大反初衷，亦步亦趨地想要學習她的婆母武媚娘成為第二個女皇，結果應了那句老話「機關算盡太聰明，反誤了卿卿性命」。好端端的皇后不做，偏要做天子，桑條韋最終落了個與婆母殊途同歸，被徹底趕出政治舞臺的下場。

集三千寵愛於一身的妃子

——唐玄宗貴妃楊玉環

◎生於四川長於河南
先嫁兒子後嫁老子

◎姊妹弟兄皆裂土
可憐光彩生門戶

◎十二年間兩被遣
六十里驛三尺綾

唐玄宗開元二十五年（七三七年）十二月，唐朝京城長安，一向最受玄宗李隆基寵愛的武惠妃不幸病逝，拋下了兩個兒子——壽王李瑁、盛王李琦和一個傷心欲絕的丈夫——李隆基。四十歲就撒手人寰的武惠妃可能做夢也不會想到，在她去世九年以後，她的丈夫會愛上另外一個女人，而這個女人又是她的親生兒子壽王李瑁的妻子。中國老百姓口口相傳的俗文學史中有「髒唐爛漢」的說法，驗之於李隆基，誠不虛也！

這個在武惠妃死後進入宮中，使得「六宮粉黛無顏色」的女人，便是中國歷史上人們所熟知的又一個尤物——大名鼎鼎的楊貴妃。

由於有了一大批包括作詩聖手白居易在內的文人騷士的吟誦，楊貴妃遂成為一個半史半文的人物。對中國古代文化稍有浸潤的人，他的心中都會有一個自己的楊貴妃，正像有多少個西方觀眾，就有多少個哈姆雷特一樣。

然而，我們這裡講的卻不是文學，而是歷史。

歷史上的楊貴妃究竟是個什麼樣的人呢？

生於四川長於河南 先嫁兒子後嫁老子

寫楊貴妃，不能不提到白居易。在中國歷史和中國文學史上，最先以其生花妙筆描摹楊貴妃者，大概非白居易莫屬。有些研究楊貴妃的專家更是將白氏所作的〈長恨歌〉當成詩史，一句一句地索隱，甚至從中考證出楊貴妃並沒有死於馬嵬坡，而是東渡扶桑，終老於日本。這種將文學與史學糾纏混雜在一起的做法並不可取。讓我們先從研讀〈長恨歌〉入手。

「楊家有女初長成」這話不假，但「養在深閨人未識」就已是誇張了，到了「天生麗質難自棄，一朝選在君王側」則更不準確。後晉司空、同中書門下平章事劉昫等人所撰的《舊唐書・后妃傳》這部本應是信史的作品竟也犯了同樣的錯誤。他們都將楊玉環的童年、少年、青年時代略而不敘，讓人在考察嫁給李隆基之前的楊玉環時如在五里霧中。

每個人都有自己的童年、少年、青年時代，楊玉環也毫不例外。與大多數同齡人相比，楊玉環是不幸的。她很早就死了父母，成了孤兒。

西元七一九年，即唐玄宗李隆基登基稱帝後的第七年，在唐政府所轄的蜀州，州司戶楊玄琰的夫人產下一女後不幸身亡。

楊府上下既悲又喜，楊玄琰本人更是百感交集：「年近不惑，先失愛妻！幾十年的苦苦奮鬥，不過掙來個小小的司戶，這人生的路為什麼如此坎坷多艱？」

也難怪楊玄琰有此一歎，其父楊令本還做過金州刺史，而自詡「雛鳳清於老鳳聲」的他苦熬苦爭卻只做了個小小的司戶。司戶是個什麼樣的官職呢？據《唐書．百官志》記載，它不過是幫助州郡主官分管民戶的小小佐吏。北魏時就已有這個官職，不過那時稱之為戶曹掾，到北齊時稱戶曹參軍，唐朝時正式啟用司戶其名——「在府曰戶曹參軍，在州曰司戶參軍，在縣曰司戶」。

失妻之痛，加之官運蹉跎，楊玄琰不久也抑鬱身亡。

一出生就連剋雙慈，楊家人覺得這個乳名玉環的女孩有些不祥，因而周圍的親戚沒人願意收留她。

幸好玉環的叔父，正在河南府任士曹參軍的楊玄璬不忍侄女幼年失怙，遣人將小玉環接到了河南府他的住所，才使得她免遭許多苦楚。

從蜀州到河南，不僅使楊玉環再次享受到了親情的溫暖，也使她的命運出現了轉機。

唐玄宗開元二十三年（七三五年）十二月，由當時還健在的武惠妃做主，壽王李瑁迎娶楊玉環為妻。

李瑁是李隆基與武惠妃所生。武惠妃，這個在楊玉環以前大名鼎鼎的女人，是唐王朝另一個名氣更大的女人武則天之侄女（其父名武攸止，係武則天的堂兄，爵封恒安王）。她在唐玄宗的正妻王皇后於開元十二年（七二四年）秋七月己卯日被廢以後，一直深受玄宗皇帝的寵愛，因此雖無皇后之名，但卻處處享皇后之實。只是她命中注定妨子，得玄宗寵幸以來，武惠妃先後懷孕產下二兒——夏悼王、懷哀王（皆無名）與一女——上仙公主，但都死在襁褓之中，連名字都沒顧得上取。

壽王李瑁是武惠妃所生的第三個兒子，也是武惠妃最為疼愛的一個。

當時，有一種習俗，大富大貴之家的孩子據說易遭鬼神之忌，在家不易養活，須將他們放到較為貧賤的家庭才有長大成人的希望。武惠妃雖然深處宮中，亦不能免俗。由於愛子心切，待壽王李瑁剛一出生，她就叫人將兒子抱出宮去，放到寧王李憲的府邸撫養，直到將要娶妻了，母子二人才好好地團聚了一次。

「聽說楊家這孩子體態豐腴，有傾國傾城之姿。」武惠妃滿臉慈祥地對兒子說：「瑁兒，你可要對人家好！」

「請母親放心，」李瑁滿臉忠厚的樣子，「只要孩兒在，就一定不讓她受委屈！」

大婚以後，楊玉環成了壽王妃，這一年她十七歲，壽王李瑁十八歲，這對小夫妻過起了平靜的居家生活。其時，正逢開元盛世，天下升平已久，全國「戶七百八十六萬一千二百三十六，口四千五百四十三萬一千二百六十五」，達到中國封建社會的空前繁盛時期。楊玉環在壽王府中學會了歌舞，又精通了音律——這兩樣都是當時長安上層社會最為時髦的摩登玩意兒。其間雖然曾因嫡親婆母武惠妃的死，使他們平靜的生活添上幾絲哀怨，但不久一切又都趨於平靜。

轉眼到了唐玄宗開元二十八年（七四〇年），一件意想不到的事情發生了。

這一年的夏曆三月三日乃是當時民間的女兒節（又稱上巳節）。這一天，居住在城裡的人，無論是身無幾文的窮苦小民，還是腰纏萬貫的富豪，無論是老態龍鍾的老人，還是黃髮垂髫的童稚，無不離開居所，前往郊外踏青修禊以避除不祥。當然，在踏青的人群中，最多的還是那些平日裡難得有機會出門逛逛的婦女，杜工部所謂「三月三日天氣新，長安水邊多麗人」說的就是這個盛會。

這一年的三月三日，唐玄宗李隆基也一時興起，換了便服，帶了幾個貼身內侍，來到長安城外的曲江之畔。自從武惠妃病逝以後，玄宗「悼惜久之」，已經有很長時間沒有出宮遊玩了，多虧知內侍省事高力士的一再勸說，他才靜下心來遊玩。

走著玩著，玩著走著，突然，玄宗皇帝頓覺眼前一亮，在一群脂粉堆裡，他發現了一個絕妙佳人。此人真個是有「沉魚落雁之容，閉月羞花之貌」。

玄宗皇帝看得眼都直了。隨行的高力士是何等機敏的人，見狀立即叫過一個小太監，低聲命令他即刻查明那個女子是誰。

那小太監雖然年紀不大，辦事卻很機靈，不大的工夫就把一切都打聽清楚了。

「什麼？是壽王妃？」高力士雖然早就知道那女子是誰，但為了點醒皇上，仍然故意高聲叫了出來。

哪知玄宗皇帝渾如未聞，仍是一副如癡似呆的貪婪表情。

高力士在心裡歎息了一聲，暗道：「皇上，世上的好女人成千上萬，宮中的佳麗成萬上千，你為什麼誰都看不上眼，而偏偏要看上自己的兒媳婦呢？她可是武惠妃親生的壽王的妃子啊！」

皇上終究是皇上！力士不過是個太監而已。回到宮中後，玄宗皇帝茶飯不思，這可急壞了高力士。

其時的朝中，為一時賢相的姚崇、宋璟、張嘉貞、張說、李元紘、杜暹、韓休、張九齡等人死的死，亡的亡，貶的貶（最後一位賢相，以剛直著稱的張九齡於開元二十四年被罷免），正逢口蜜腹劍的奸相李林甫弄權。李林甫一貫是諂上壓下的主兒，他曾有一段流傳千古的「名言」：「今明主在上，群臣將順之不暇，烏用多言！諸君不見立仗馬（陳列在宮門之外作為儀仗用）乎？食三品料，一鳴輒斥去。悔之何及！」

對於玄宗皇帝對兒媳的單相思，身為宰相的李林甫不但不能有所規勸，反倒殫精竭慮地助紂為虐。

由於幾千年形成的倫理規範的束縛，即使身為天之驕子，玄宗皇帝也不敢公然娶兒媳為妻。怎麼辦呢？

李林甫自有辦法。

他可是熟悉歷朝歷代典故的，隨口就為皇上出了一條「妙計」——先度壽王妃楊氏為女道士！

「這行嗎？」玄宗皇帝既想吃「河豚」，又害怕被「毒」著似地問。

「臣子們沒有誰敢阻攔此事，」李林甫滿有把握地說：「因為臣所想出來的這個辦法於古有證！」

「證從何來？」

「有則天順聖皇后為證。」李林甫是個懂得該說什麼樣話的人，他更懂得有些話只可意會不可言傳，只能點到為止。

這句話若是換了別人說，恐怕早就連腦袋都保不住了，因為它牽涉到唐王朝的一樁極大的隱私。原來，在許多人心目中，一向很威嚴的武則天曾先後侍奉過唐太宗李世民和唐高宗李治父子兩人。她之所以成為高宗則天順聖皇后也是走了「曲線」——先是出家為尼，自絕於滾滾紅塵，然後再重返人間，父妾為子婦。

武則天一生做了許多好事，也做了許多壞事，唯有出家為尼、曲線出嫁這件事最為一般的正統史學家所詬病，因此，在當時人們對之常是諱莫如深的。

李林甫舊事重提，當然不是為了揭李氏皇族祖上的瘡疤，他只是想以此告訴李隆基，按李氏皇族的家風，差了一輩兒的人也可以結成夫妻，不過要做一番官樣文章給世人看。

唐玄宗李隆基很清楚李林甫的心思，卻還是有所顧忌，思來想去，自己確實也想不出有比李林甫所提建議更好的辦法。

大方針定了，接著就是具體執行的問題了。

西元七四〇年十月，由唐玄宗李隆基授意，壽王李瑁的妃子楊玉環自請出家為女道士，法號太真。

為了滿足自己的慾求，李隆基和他的爺爺李治一樣，都把不同輩分的女人送到寺院。二李（李治、李隆基）所不同的是，李隆基在耐性上遠不如乃祖李治。武則天是出家將近三年的時候才被李治接回宮去的，而李隆基竟連四個月都等不了，就把楊太真悄悄接進宮去，令其重返紅塵，與自己結成夫妻。

進宮之日，六十一歲的丈夫見二十二歲的妻子與那日曲江河畔所見到的又別有一番風韻，真個是「回眸一笑百媚生，六宮粉黛無顏色」，越看越愛。

天寶四年（七四五年），唐玄宗為壽王李瑁迎娶韋昭訓的女兒為妻，冊封楊玉環為貴妃，「宮中呼為『娘子』，禮數實同皇后。」別人需要走幾年，甚至一輩子也達不到的目標，楊太真一步就達到了，她能不高興嗎？

姊妹弟兄皆裂土　可憐光彩生門戶

楊玉環入宮的前期，乃是她一生中最為春風得意的時期。

大約在西元七四六年七月左右的長安，五坊小兒爭誦一首民歌，歌曰：「生男勿喜女勿悲，君今看女作門楣。」

這首民歌與自居易〈長恨歌〉中的「姊妹弟兄皆裂土，可憐光彩生門戶。遂令天下父母心，不重生男重生女」有異曲同工之妙，說的都是楊玉環得皇帝之寵，而替楊姓家族帶來了種種好處。

這些好處包括：

追封已經故世的楊玄琰（楊玉環之父）為太尉、齊國公，母為涼國夫人。

封楊玉環的叔父楊玄珪為光祿卿，再從兄（同一祖父的堂兄）楊銛為鴻臚卿、楊琦為侍御史，族兄楊釗為金吾兵曹參軍。

封楊玉環的大姊為韓國夫人、三姊為虢國夫人、八姊為秦國夫人（此排序係連兄弟都算在內，實際上楊玉環一共只有姊妹四人）。

唐玄宗賞賜給楊氏家族的這些好處中，最讓人感到莫名其妙的有兩點：

一是曾將楊玉環撫養長大，對她有撫育之恩的原河南府士曹參軍楊玄璬不知何故沒有享受到加官晉爵的殊榮。前面提到的楊玄珪則是個神龍見首不見尾的人物，這兩個人又曾同在《舊唐書·后妃傳》楊貴妃條目下出現，想必不會是同一個人。

再有就是那個被封為金吾兵曹參軍的楊釗。楊釗這個名字，對於大多數讀者可能會很陌生，但若提起他的另外一個名字楊國忠，想必瞭解唐代歷史的人都很熟悉。楊釗就是楊國忠，楊國忠乃是楊釗發跡之後的名字。

也許有人會問，發跡就發跡唄，改什麼名字啊？其實，楊釗這個人天性兩面三刀，不光他的名字是後改的，甚至連他的姓也是後改的。所以我們說玄宗給楊氏家族加官晉爵，卻推恩於一個非楊姓家族的人，此舉有些不可思議吧！

楊釗不姓楊，他原本姓張，乃是武則天的面首張易之的兒子。西元七〇五年正月，武則天八十二歲那年，宰相張柬之率領文武群臣入內宮殺死了武則天的內寵張易之、張昌宗兄弟。張易之的妻子改嫁楊家，楊釗（張釗）隨母親到了楊家，由姓張改姓楊。

在楊玉環的家族中，除了韓國、虢國、秦國三夫人以外，受皇帝長寵不衰的就是這個由姓張改姓楊的楊釗楊國忠了，這真是一件說不清所以然的事。

與楊玉環同時代的大詩人杜甫有詩記敘楊玉環的姊妹兄弟們的權勢和威福，詩中寫道：

就中雲幕椒房親，賜名大國虢與秦。
紫駝之峰出翠釜，水晶之盤行素鱗。
犀箸厭飫久未下，鸞刀縷切空紛綸。
黃門飛鞚不動塵，御廚絡繹送八珍。
簫鼓哀吟感鬼神，賓從雜遝實要津。

後來鞍馬何逡巡，當軒下馬入錦茵。
揚花雪落覆白蘋，青鳥飛去銜紅巾。
炙手可熱勢絕倫，慎莫近前丞相嗔。

這首詩的紀實性描寫，意在言外地告訴我們這樣一個事實：楊家的幾個主要成員因為得到了皇帝的寵幸，無論他們做了什麼事，哪怕是兄妹（楊國忠與虢國夫人）私通也無人敢管。

事實上也確實是如此。據《舊唐書．后妃傳》中記載：「玄宗每年十月幸華清宮，國忠姊妹五家扈從，每家為一隊，著一色衣。五家合隊，照映如百花之煥發，遺鈿墜舄，瑟瑟珠翠，燦爛芳馥於路，而國忠私於虢國而不避雄狐之刺，每入朝或聯鑣方駕，不施帷幔。」

楊氏家族私生活的不檢點，一點也沒有引起皇上的不快，因為皇上本身也不乾淨——常常吃著碗裡的，望著盆裡的，想著鍋裡的。

到了後來，楊氏家族所享受到的種種優待更是別人想也不敢想的。光韓國、秦國、虢國三夫人每年的脂粉之資就無法計算；韓、秦、虢三府堪比皇宮，建一間廳堂，動輒耗資以千萬計，而且常常是建了拆，拆了重建；李氏家族的龍子龍孫談婚論嫁都要仰仗韓國、虢國、秦國三夫人的介紹，並且得先送她們一大筆賄賂，她們才去請旨。

十二年間兩被遣
六十里驛三尺綾

在人世間所有的愛情中，帝王的愛情——倘若他們也有愛情的話——是最最靠不住的。對於一個女人，帝王愛之可以加封她的娘家，使「一人得道，雞犬升天」；而當恨之、厭之時，則又可能將其打入冷宮，遣回家中，甚或加禍滿門。

有很多人都熟悉白居易〈長恨歌〉中的這一段：

春寒賜浴華清池，溫泉水滑洗凝脂。
侍兒扶起嬌無力，始是新承恩澤時。
雲鬢花顏金步搖，芙蓉帳暖度春宵。
春宵苦短日高起，從此君王不早朝。
承歡侍宴無閒暇，春從春遊夜專夜。
後宮佳麗三千人，三千寵愛在一身。
金屋妝成嬌侍夜，玉樓宴罷醉和春。

也有許多人讀過描寫李隆基、楊玉環愛情故事的《梧桐雨》、《長生殿》。這些相信帝王有始終如一愛情的人可能做夢也不會想到天生情種的唐玄宗李隆基，並不是他們想像中的用情專一的人——他對楊玉環的愛從某種意義上來說是慾而不是情，至少是慾大於情的。

倘不作此結論，我們就無法解釋為什麼楊玉環在她短短的十二年貴妃生涯中會兩次被遣送出宮，也更無法理解為什麼當「九重城闕煙塵生，千乘萬騎西南行」之時，幾個軍士的鼓噪，就令「在天願作比翼鳥，在地願為連理枝」的心上人「宛轉蛾眉馬前死」，而玄宗皇帝本人卻隱忍獨生。后妃們可以為皇帝丈夫殉情，皇帝丈夫，這倫理綱常的表率為什麼不該為愛妻——倘若真是愛妻的話——殉一次情呢？

好了，我們還是言歸正傳，看一看楊玉環是怎樣兩次被遣的吧！

第一次被遣是在唐玄宗天寶五年七月。這次被遣，《舊唐書．后妃傳》的記載十分簡單：「五載七月，貴妃以微譴送歸楊銛宅。」

被遣送回家的原因是「以微」。「以微」指的是什麼？《舊唐書》上沒有說，幸好還有《新唐書》和其他唐代歷史典籍。從那些書籍的記載中我們發現，楊玉環的此次失寵與玄宗皇帝的另外一個女人有關。

這個女人就是大名鼎鼎的梅妃。梅妃本不姓梅，而是姓江，名采蘋，係福建莆田人氏。她是開元年間進宮的，比楊玉環早，是高力士「使閩」時發現，並由高本人親自把她帶回宮中的。因此，在楊玉環未進宮時，江采蘋還是大受寵幸的。江采蘋「梅妃」之名的由來，據史料記載是「上（李隆基）以其性喜梅，故曰梅妃」。等到楊玉環擅寵之後，梅妃被遷到上陽宮中寂寞度日。這上陽宮雖也在唐朝皇宮之內，但歷來都是情場上失意者的住所。白樂天有一首〈後宮詞〉單道住在上陽宮中失意人的苦澀。詩云：

淚濕羅巾夢不成，夜深前殿按歌聲。
紅顏未老恩先斷，斜倚熏籠坐到明。

另一同時代人張祜有首〈贈內人〉則寫出了上陽宮中失意人閒居的寂寥。詩云：

禁門宮樹月痕過，媚眼惟看宿鷺窠。
斜拔玉釵燈影畔，剔開紅焰救飛蛾。

天寶五年七月初三日，剛剛於本年四月被玄宗封為昭信王的奚王娑固遣專使向唐玄宗獻上一斛（舊時量器，方形，口小，底大，容量為十斗）珍珠。

玄宗皇帝不知觸動了哪根神經，突然心血來潮，命人將這斛珍珠封好，送到上陽宮中，賞賜給已久不通音訊的梅妃江采蘋。

江采蘋也是個很有個性的女子，她要的是曾經一度寵愛過她的丈夫，而不是他的金銀財寶。因而，收到下人們送來的一斛珍珠之後，她連拆也沒有拆開，就原封不動地將其退回，並且附了一首情真意切的七言詩於其後，遣人送給久未謀面的丈夫。詩云：

柳葉雙眉久不描，殘妝和淚汙紅綃。
長門自是無梳洗，何必珍珠慰寂寥？

玄宗皇帝看了梅妃的詩，心裡很是感動，遂於七月初四夜駕幸上陽宮，與梅妃重尋往日的舊夢，共度一個銷魂之夜。

這一夜真個是久別勝新婚，已經見慣了楊玉環「溫泉水滑洗凝脂」的豐腴，現在突然回到了亭亭玉立般瘦削的梅妃身旁，玄宗皇帝快活得簡直像年輕了三十歲似的（這一年他已經六十二歲了），自然是「寂寞恨天長，歡娛苦夜短」。

夫妻二人還在那裡兩情繾綣，忽聽寢宮之外人聲鼎沸。

「是誰這麼大膽？」玄宗皇帝剛要發火，忽然聽到了一個十分熟悉的微帶蜀地口音的聲音：「啊，是她！」

正沉浸在一片柔情蜜意之中的梅妃迷迷糊糊地問丈夫：「是誰啊？這麼早來這裡吵？」

「梅妃，快起來，快起來，是那女人來了！」玄宗皇帝慌亂地尋找著自己的衣服，也顧不得等人來侍候了。

「哪個女人啊？」梅妃此時已完全清醒，立刻明白了來者是誰，但她一點也不害怕，因為是皇上自己找她來的，而不是她找皇上的。這裡是上陽宮，不是楊玉環的太真宮，客不欺主，你楊玉環再凶，也不會凶巴巴地反客為主吧！

但江采蘋這次可想錯了，女人為了爭回男人的愛，是不擇手段，什麼事情都做得出來的。

只聽「砰」的一聲，寢宮的門被撞開了，楊玉環氣喘吁吁地闖了進來。

「你，你來幹什麼？」梅妃氣得花容失色，怒得杏眼圓睜。

「我嘛，」楊玉環有些惡毒地說：「我來給皇上和梅妃請安吶！」

「你，太真妃，」玄宗皇帝也有些生氣，「你怎麼會闖到這裡？」

「皇上能來，我為什麼不能來？」楊玉環自恃一向受寵，妒火中燒，因而有些口不擇言。

「陛下，陛下，」梅妃一把扯過被子蒙住了頭，帶著哭音說：「這裡是上陽宮，你要為臣妾做主啊！」

「好你個梅精，」楊玉環見梅妃不和她對陣，而只是向玄宗求情，以為梅妃是怕了她，所以得寸進尺地作勢欲撲，口裡也不閒著，「當著本貴妃的面還來勾引皇上，看我不撕爛了你的……」

「放肆！」玄宗皇帝惱羞成怒地高聲訓斥楊玉環道：「你看看你這樣子成何體統！」

「體統？」楊玉環拿出她那副嬌癡勁頭來，恨恨地說道：「該早朝的時候不早朝，外面的廷臣們一定以為是因為玉環才使君王晏起呢！如今陛下卻在這上陽宮中，我也不知道這是什麼體統！」

「好，好！」玄宗皇帝氣得有些說不出話來，他連聲擺手說：「你行，你能，還敢和我頂嘴，好啊！你以為我平素裡寵著你，就不能攆你了嗎！」

「攆吧，攆吧！」楊玉環聽說皇上要趕她出去，心裡有些害怕，但嘴上還是毫不示弱，她以為皇上不過是和她說說而已。

哪知道玄宗皇帝這次可動了真格了。也許是楊玉環將他和梅妃堵在屋裡，讓他太失面子，也許是梅妃的眼淚收到了預期的效果，他立即命人將楊玉環遣送回家。其時，因楊玉環父母早已亡故，叔父又不在身邊，所以就將她送回其再從兄楊銛的府邸。

這是楊玉環第一次被遣的前因後果。

楊玉環第二次被遣是在天寶九年。《舊唐書．后妃傳》對楊玉環的此次被遣所記仍十分簡略：「天寶九載，貴妃復忤旨送歸外第。」

通過證諸其他史料，我們發現，楊氏此次被遣和一個男人有關。

這個男人也姓李，名璡，爵封汝陽王，是玄宗皇帝的大哥宋王李成器的兒子，亦即李隆基之侄。根據史料記載，李璡很有音樂天賦。天寶九年二月，為了慶賀唐軍破羯師，玄宗李隆基大宴親王——主要是子侄輩，這是一次典型的家人歡宴。席間，擅長吹笛的汝陽王李璡站起來為三叔（李隆基）和三嬸（楊玉環）吹奏了一套樂曲，果真是清澈婉轉。燭光搖曳之中，李璡那頎長的身影，瀟灑的英姿，配上這美妙的音樂，真給人以一種「此曲只應天上有，人間能得幾回聞」的感覺。對音樂也很擅長的楊玉環聽了也十分激動。

歡宴結束以後，諸王散去。不知是出於疏忽，還是別的原因，李璡竟沒有把用來演奏的那支長笛帶走。

出於好奇，楊玉環拿起那支笛子也按宮、商、角、徵、羽吹了起來，左右太監、宮女不明所以，紛紛叫好。玄宗皇帝覺得自己的這個小妾與英氣逼人的侄子，有一股擋不住的青春活力，不由十分嫉妒，醋性大發，連連擺手，示意貴妃停止演奏。正在興頭上的楊玉環那股嬌癡勁又上來了，哪裡管他這個，一直堅持把一曲樂章全部吹完，方才放下笛子。

「你，你，你！」玄宗氣得有些說不出話來。

「陛下，發什麼火啊？」楊玉環明知故問道。

「那笛子，那笛子……」

「笛子怎麼了？」楊玉環調侃似地說：「陛下不是『常思作長枕大被，與諸王同起臥』嗎？陛下能與諸王同起臥，臣妾用汝陽王的笛子即興演奏一曲又有何不可呢？」

「你還是這樣強詞奪理！」玄宗皇帝越聽越怒，覺得楊玉環真是越來越放肆了，竟在言語中提及什麼「長枕大被」，簡直是語近褻瀆！這樣的女人豈能留在身邊？這時，一件發生於不久以前的事又浮現在玄宗皇帝的腦海。

這件事和安祿山有關。

這安祿山，在中國歷史上也算得上是一個大名鼎鼎的人物。他本是唐營州柳城（今遼寧朝陽南）胡人，初名軋犖山，本姓康。有人認為他來自當時的少數民族所居之地康地，因隨母改嫁突厥人安延偃，方改姓安，名祿山。據說他通九番語言，驍勇善戰，係當時唐朝北部重鎮幽州節度使張守珪的養子。

開元二十九年（七四一年）八月，時任平盧兵馬使的安祿山，厚賂玄宗左右，由是玄宗以之為賢，擢升他為營州都督，充平盧軍使，兼兩番（奚、契丹）、渤海、黑水四府經略使。幾個月以後，唐玄宗分平盧為節度，以安祿山為平盧節度使。

天寶六年（七四七年）正月，安祿山從任所平盧來到長安，玄宗皇帝為示優寵，特在便殿接見他。因其腹垂過膝，是以玄宗皇帝在談完公事之後，曾開玩笑地戲指其腹問道：「此胡腹中何所有？其大乃爾！」安祿山很乖巧地答道：「沒有別的，只有一顆赤心。」此言傳入後宮，楊玉環對這個通九番語言的胡人產生了極大的興趣，遂施展出枕上功夫，磨著玄宗請他將安祿山帶入宮中一觀。

恰好此時安祿山也久聞楊貴妃的大名，極想一睹麗人風采，便自請入宮。自以為在智商上比安祿山不知高了多少倍的玄宗皇帝對安祿山很放心，於是他先安排了一個盛大的宴會，邀請韓國、虢國、秦國三夫人及楊國忠等人參加，自己率楊貴妃、安祿山與宴。酒宴開始後不久，玄宗大施政治手腕，命三國夫人及楊國忠等人還有楊貴妃與安祿山結為兄妹。曾經對太子都拱立不拜的安祿山，在與三國夫人、楊國忠行過兄妹之禮後，死活也不肯與楊玉環平輩論交，而堅持要「母事貴妃」，這一舉動使得楊玉環十分得意。自入宮以後，雖然幾乎獨占了皇帝，但她卻一直膝下空虛。作為一個女人，她身上的妻性和母性是同時並存的，不是有人說，沒有當過母親的女人只是半個女人嗎？現在憑空冒出這樣一個「兒子」來，楊玉環真是喜出望外。於是，她忙用雙目向玄宗皇帝示意，玄宗皇帝覺得認這個兒子，自己也並不吃虧，於是就答應了下來。

哪知楊、安二人確認母子關係之後竟膽大胡為，安祿山出入宮禁無度，而楊玉環可能覺得這個「兒子」是她畢生所見到的唯一一個「奇」男子，因此對安祿山更是寵愛有加。據說，在收安祿山做兒子後的某一天，楊玉環命宮女準備了一個大襁褓，然後親自動手將安祿山的衣服全部脫光，讓其坐在早已準備好的一個大澡盆裡，與宮女們一起七手八腳地為安祿山擦起澡來，並美其名曰「浴兒」。此事傳到玄宗皇帝那裡，當時玄宗皇帝雖然心中不滿，但也以為這不過是一場無聊的遊戲罷了。

可是，今天見楊玉環拿過侄兒汝陽王李璡用過的笛子連擦也沒擦就嘴對嘴（笛孔）吹了起來，玄宗皇帝心裡可就犯了疑。偏偏楊玉環又看不出來眉眼高低，竟和他頂嘴，而且還是當著下人們的面。「這還了得！」玄宗心想：「倘若不教訓教訓她，以後她說不定會做出什麼越格的事情來呢！」

於是，玄宗皇帝命太監（中使）張韜光立即把楊玉環遣回娘家。

天寶十年（七五一年）二月，唐玄宗下令，以安祿山兼河東節度使。安祿山以一寒族胡人兼領三鎮，日益驕恣，又見內地武備廢弛，府兵制大壞，生輕唐之心，遂謀作亂。他先後收養同羅、奚、契丹降者八千餘人，謂之「曳落河」（壯士）。他的家僮有數百人，亦驍勇善戰。安祿山又私蓄戰馬數萬匹，多聚兵杖，分遣胡商行諸道，歲輸財百萬，以為叛資。

唐玄宗天寶十一年（七五二年）十一月，口蜜腹劍的李林甫病死，楊國忠為右相（中書令）兼吏部尚書，凡領四十餘使。安祿山蔑視之，由是，楊國忠、安祿山二人勢同水火。

唐玄宗天寶十三年（七五四年），楊國忠言安祿山必反，且曰：「陛下試召之，必不來。」誰知安祿山聞召即至，玄宗皇帝不信楊國忠之言，加安為左僕射，既而又讓安兼任閒廄、隴右群牧等使，知總監事。同年二月，安祿山奏稱：「臣所部將士討奚、契丹、九姓、同羅等，勳效甚多，乞不拘常格，超資加賞。」於是，玄宗皇帝恩准，授安祿山部下以將軍頭銜者五百餘人，中郎將頭銜者兩千餘人。時咸以為安祿山欲反，先以此收買人心。

一年以後，唐玄宗天寶十四年（七五五年）二月，安祿山請以番將代漢將，凡三十二人。宰相韋見素極言安祿山反已有跡，所請不可許，玄宗不聽。

楊國忠、韋見素奏請召安祿山入朝為宰相，以三將分領范陽、平盧、河東三節度使以分其勢，仍遭玄宗皇帝拒絕。

同年十一月，「漁陽鼙鼓動地來，驚破霓裳羽衣曲」——安祿山經過近十年的準備，詐稱「有密旨，令祿山將兵入朝討楊國忠」，發所部兵及同羅、奚、契丹、室韋等部落凡十五萬人，號稱二十萬，反於範陽。時承平日久，百姓不識兵革，河北州縣，望風瓦解；守令或開門出降，或棄城逃匿。

同年十二月，安祿山率軍渡黃河，所過殘滅，進逼陳留，太守出降；繼而，安祿山攻陷滎陽，又與朝廷匆忙中組建的討賊軍戰於武牢、葵園，屢戰屢勝，不久又攻陷東京（洛陽）。

在這一段時間裡，唐最高統治者玄宗犯了兩個不可寬恕的錯誤：一個是聽信宦官監軍邊令誠的讒言，誤殺宿將高仙芝、封常清；另一個是在只宜固守、不宜出戰的情況下，屢次三番下旨令潼關守將哥舒翰出戰，結果潼關守軍十五萬人被叛軍誘入河南靈寶的七十里隘道，南迫山，北阻河，為叛軍全殲，潼關遂告失守。潼關既失，唐王朝京城長安頓失門戶，朝野上下大駭。

楊玉環兄妹等楊氏家族像他們的主子玄宗皇帝一樣，也犯下了一個不可饒恕（至少對他們自家人而言）的錯誤——結怨於太子。

據《舊唐書．后妃傳》記載：「河北盜起，玄宗以皇太子為『天下兵馬元帥，監撫軍國事』，並欲內禪，楊國忠等人大驚失色。『諸楊聚哭，貴妃銜土陳請，帝遂不行內禪。』」本來以為可以趁這個機會登上皇帝寶座的皇太子李亨，恨死了楊玉環、楊國忠等楊家班成員。

唐玄宗天寶十五年（七五六年）五月，由楊國忠提議，玄宗皇帝決定「幸蜀」——逃到四川以避叛軍之鋒。因走得匆忙，玄宗皇帝只帶走了貴妃，韓國、虢國、秦國三夫人及楊國忠、韋見素、高力士等人。當然，皇太子李亨也隨侍在列。倉皇中的楊玉環、楊國忠等人一點也沒有注意到，隨行護駕的禁軍大將、龍武大將軍陳玄禮是太子的人，他率領的那些禁軍也早已被李亨收買。

一場陰謀在悄無聲息中進行。

逃離長安後的次日，玄宗一行來到了距長安百里之遙的馬嵬驛（今陝西興平西）。

當時，李隆基、楊玉環兩人帶宮女及高力士正在驛館內休息，楊國忠、韋見素等人停在驛館外。隨行的吐蕃使者已經兩天沒有東西可吃了，就攔住了正欲騎馬四處查巡的楊國忠。

「你們攔我幹什麼？」楊國忠一肚子的煩躁，沒好氣地問。

「請相國大人給我們一點吃食！」為首的吐蕃使者操著半生不熟的漢語說。

「我哪裡有吃食？」楊國忠一邊說著，一邊用手指著離他們不遠處的那些禁軍官兵，「連這些護駕的禁軍都差不多一天沒進食了，你們說，我哪裡有食物給你們吃？」

「但昨天，相國大人不是買了胡餅、麥飯給皇上和皇子公主們吃了嗎？」

「你們說得一點沒錯，」楊國忠面對這些使節也不好發火，所以耐住性子解釋說：「那是在望賢宮，是在咸陽，現在我們這裡是馬嵬驛！馬嵬驛，懂不懂？我就是有錢給你們買吃的，又能到哪裡去買呢？」

他們正在這兒為食物爭吵，太子系的龍武大將軍陳玄禮藉機向部下宣布：「楊國忠謀反！」有一部分沒有被陳玄禮收買的士兵不信，陳玄禮指著正在不遠處與吐蕃使者說話的楊國忠，煞有介事地說：「你們還不信？那你們看，往那裡看！那個逆賊正與胡虜商量著要劫持皇上，把我們這些禁軍官兵全部殺死呢！」這番話太具煽動性了，因為楊國忠當時所站的位置恰好是諸軍士目力所及而聽力所不及之處，加上長官紅口白牙的指控，所有的人遂認定楊國忠是叛賊，亂箭齊射，將楊國忠當場殺死。

殺戒一開，整個局勢變得十分兇險。陳玄禮下令，逆賊家屬，等同逆賊。於是，隨行的韓國夫人及楊國忠之子等楊家班成員都成了禁軍士兵的刀下之鬼。

肅清了外面的楊氏成員，陳玄禮去向太子李亨覆命，李亨恨恨地說了四個字：「除惡務盡！」

陳玄禮會意，率軍士把驛館團團圍住。直到此時，玄宗皇帝才覺出大事不好，忙命高力士去把陳玄禮找來，陳玄禮不肯來。他叫高力士傳話給唐玄宗，說楊國忠謀反，已經伏誅，貴妃娘娘係楊國忠之妹，亦應正法！

「你說什麼？」玄宗一把抓住高力士，「貴妃常居宮內，未嘗與聞外間之事，緣何連她也要殺死？」

高力士答道：「陛下請三思，老奴亦知貴妃無罪，但其兄既已伏誅，殺人者又是護駕禁軍，他們豈能容許其妹長在陛下左右？」見玄宗沉吟不語，高力士接著曉以利害說：「現在驛館內外，人人自危，將士不安，依老奴愚見，目下只有先安將士之心，陛下方能自安吶！」

這主僕二人一問一答還在猶豫，隨行宰相韋見素之子、京兆司錄韋諤，自外面跌跌撞撞地跑了進來。他滿臉是血，叩頭如搗蒜，對玄宗皇帝說：「請陛下早安眾人之心！」

在生死關頭，玄宗皇帝終於露出他的廬山真面目，下令傳旨：「賜貴妃自盡！」什麼「七月七日長生殿，夜半無人私語時。在天願作比翼鳥，在地願為連理枝」，統統拋諸腦後。正在驛館中驚魂未定的楊玉環，早已從貼身宮女處得知外面兵變的消息，芳心大亂，忽見一向恭謹的高力士匆匆走了進來，忙一把拉住高，向他詢問。高力士長歎了一聲，晃了晃手中的三尺白綾，對楊玉環說：「皇上有旨，請貴妃娘娘自行了斷！」

「這怎麼可能？怎麼可能？」楊玉環一把抓住高力士，「高公公，你在騙我，是不是？」

「老奴縱使有天大的膽子，也不敢開這種玩笑啊！」

「聖上怎麼說？」

「這就是聖上的旨意！」

「當真？」

「千真萬確！」

「哈！哈！哈！哈！」楊玉環突然仰天長笑，如瘋似狂，「好，好，好一個聖上，謝謝再一次成全，讓臣妾與兄、姊團聚於地下！高公公，請替我謝謝多情的陛下！」言畢，挺身走向設在驛館內的佛堂，自縊身亡。

這一年，楊玉環只有三十八歲。

需要補敘幾句的是：

楊玉環死後，「瘞於驛西道側上」。有人根據白居易〈長恨歌〉中的「忽聞海上有仙山，山在虛無縹緲間。樓閣玲瓏五雲起，其中綽約多仙子。中有一人字太真，雪膚花貌參差是」推斷出楊玉環並沒有死於馬嵬驛，而是東渡扶桑，去了日本。前些年，在日本西海岸某地甚至發現有楊貴妃墓，甚至還有一位日本女孩在日本電視中露面，宣稱她就是楊玉環在日本的嫡系傳人。這些說法似乎都言之有據，但他們卻都忽略了《舊唐書》中所記載的一個最基本的史實：馬嵬驛兵變是由皇太子李亨一手策劃的，而李亨又因內禪之事與楊玉環等楊家班成員結下了生死之仇。從除惡務盡的角度出發，李亨本人若不親自見到楊玉環的屍身，是決不會善罷甘休的。而當時的馬嵬驛又完全是太子系的天下，陳玄禮所統率的禁軍已經將楊國忠等人殺死，他們也不會輕易放楊玉環一條生路的。

最能證明楊玉環死於馬嵬驛的是《舊唐書．后妃傳》中的這樣一段記載：「上皇自蜀還，令中使祭奠，詔令改葬。禮部侍郎李揆曰：『龍武將士誅國忠，以其負國兆亂。今改葬故妃，恐將士疑懼，葬禮未可行！』乃止。上皇密令中使改葬於他所。初瘞時以紫褥裹之，肌膚已壞，而香囊仍在。」

楊玉環死時，其三姊虢國夫人趁亂逃到陳倉，被縣令薛景仙率人捉住，死於獄中。楊氏家族的富貴榮華如一場春夢，隨著楊玉環的死而煙消雲散。真是：

浮生著甚苦奔忙，盛席華筵終散場。
悲喜千般同幻渺，古今一夢盡荒唐！

蒙冤於「狸貓換太子」的皇后

——宋真宗皇后劉氏

◎善播鞀，聲色俱佳動京師
工嫵媚，蜀女一笑迷襄王

◎入皇宮，由賤而貴成皇后
遭誣陷，稀裡糊塗蒙奇冤

西元九九七年三月癸巳日，宋太宗趙光義駕崩，終年五十九歲。所遺皇位由太子趙元侃繼承。元侃原名德昌，後又改名元休、元侃，係太宗第三子。他本無承繼大寶之望，只是因為有呂端、寇準等一班正直大臣的全力推戴，才坐上了皇帝的位子。

「看人挑擔不吃力」，沒當皇帝之前的趙元侃——繼位後改名為趙恒——以為皇帝是最好幹的差事了，等當了皇帝之後，他才覺得不是那麼回事兒。他在位的二十五年間，內憂外患頻仍，一向被視為避風港灣的宮廷也不能安生。

趙恒先後換了三個皇后，這三個皇后沒有為他留下一子一女，反倒為他留下了令人哭笑不得的名聲。

趙恒的第一個皇后姓潘，乃是大名鼎鼎的潘美（潘仁美）之女，在《楊家將演義》等一些通俗文藝作品中，是個可恨的角色。

第二個皇后郭氏，沒有什麼知名度。第三個皇后章獻明肅皇后劉氏則是製造了一場千古奇冤，又蒙受一場千古奇冤的人物。

善播鞀，聲色俱佳動京師
工嫵媚，蜀女一笑迷襄王

西元九六八年，阻擋北宋統一大業的最後一道屏障——北漢國主亡，雄心勃勃的宋太祖趙匡胤趁機大舉進攻北漢。隨征太原（北漢都城所在地）的諸色人等中，有一個姓劉名通的武將，他官拜虎捷都指揮使，並領嘉州刺史。此人不知是戰死還是染病而亡，反正是死在了征途中，留下妻子和尚在襁褓中的女兒無依無靠。

孤妻弱女沒有男丁的支撐，日子過得異常艱難，加上喪夫之痛的打擊，劉通之妻不久也病死。襁褓中的嬰孩兒劉娥成了孤兒，多虧外公家的撫養，才使她長大成人。

轉眼之間，十幾年過去了，劉娥的外公、外婆、舅父、舅母均已過世，只剩下她與表哥龔美相依為命。

十五歲那年，一向以鍛銀為業的表哥聽說京城汴梁生意好做，就帶著劉娥千里迢迢地來到了京師。

宋代早期雖然已出現紙幣「交子」，但交子是到宋仁宗時期才被政府承認並發行的，所以此時最常用的貨幣仍然是銀子。作為流通手段，需要銀兩；作為裝飾品，需要銀器，因此，東京汴梁的鍛銀業很發達。從宋代話本如《錯斬崔寧》中，我們還可以看出，宋代的銀匠是常有機會接近上流社會的。

龔美開的那間小銀坊，也常常有上流社會的人前來光顧。日子長了，龔美看出來，那些公侯王孫們不是沖著他，而是沖著他的表妹來的。

劉娥也會鍛銀嗎？

不是的。

她會的是另外一件行當：播鞀。

鞀是什麼東西呢？它是一種樂器，帶有長長的柄。《周禮．春官．小師》中有「小師掌教鼓鞀、敔、塤、簫、管、弦、歌」，鄭玄注曰：「鞀如鼓而小，持其柄搖之，旁耳還自擊。」照鄭玄的注釋，我們可以看出，鞀並非鼓，而與我們今天所說的撥浪鼓相似。

播鞀，無非就是搖晃撥浪鼓，本是小孩子閒著無聊時才玩的玩意兒。

劉娥之播鞀，想來不過是為瞭解悶而已，她的技藝究竟如何，恐怕只有天曉得。

好在那些紈絝子弟也不是為聽播鞀而來。所謂「醉翁之意不在酒，在乎山水之間耳」！

由於這些闊少們的推波助瀾，劉娥的聲名漸漸傳播到深宅大院的王府。

有一天，劉氏一邊看著表哥幹活，一邊撥弄她那件寶貝。忽聽店外一陣腳步聲，她抬眼一看，只見一男子正笑吟吟地帶著一種欣賞的表情在打量著她。

「客人可是要鍛造銀器？」

「非也。」

「可是要將手中的銀兩整兌？」

「非也。」

「那⋯⋯」

「孤家是特意前來聽你播鞀的！」

「孤家？」

「大膽！」緊隨那人身後的一個保鏢模樣的人開口喝道：「見了王爺還不斂衽下拜，反而察三訪四。」

「王爺？」劉娥也不知是沒有反應過來，還是真的裝糊塗。

「蠢貨，我們是襄王府的。襄王你總該知道吧！」

在汴梁，誰會不知道襄王呢？襄王原名趙德昌，後又改名為元休、元侃，是太宗皇帝趙光義的第三個兒子，在太宗諸子中名氣最大。

有這樣一則小故事頗能說明襄王為什麼這麼有名。據說，在太宗趙光義晚年的時候，為了建儲定國本，曾召一個號稱麻衣神相的僧人相看朝中幾個小王爺。相者看了七個，卻沒有一個令人振奮，只有當時身為襄王的趙德昌還在睡覺沒到場。相者本已打定主意要走，但一看到趙德昌的幾個僕人，他立刻改變了主意，出來對太宗皇帝說：「臣遍觀諸王，福祿無有過襄王者！」

趙光義感到很奇怪，他問：「你沒有見到襄王，怎麼會知道他的命最好？」

相者不慌不忙地答道：「臣剛才見到襄王的幾位侍從，他們都具有以後出任將相的氣質。僕人尚且如此，主人的才具就可想而知了！」

且說劉娥一聽站在面前的這位年輕英俊的小夥子就是大名鼎鼎的襄王，不由芳心亂動。

趙德昌不疾不徐地喝住了隨從：「你窮咋呼什麼！孤家今天不是以王爵的身分，而是以一個聽者的身分來聆聽劉美人兒的播鞀高技的！」

「聽見了沒有？」另一個隨從又高聲叫道：「快拿出點真本事來服侍王爺！」

「王爺萬福！」劉娥主意已定，深深地福了一福，然後打起精神，拿出看家本領，雙手各持一鞀，真個是輕搖快晃緩急播，擊盡心中無限事，把個襄王聽得如醉如癡。在如怨如訴的樂聲中，他彷彿找到了一個潛藏在心底的老朋友，其快樂是無法形容的。一通樂曲奏畢，劉娥停奏，回眸一笑，趙德昌彷彿一下子跌入了美好的幻境之中。帶著這種美好的感覺，他覺得眼前的這個女子越看越順眼，管她是什麼出身，管她從事過什麼職業，只要她能長伴身旁，也就足矣！

於是，襄王示意手下，讓他們和龔美接洽，商討將劉娥帶回王府的可行性。

正愁沒有辦法結交王侯的龔美求之不得，滿口答應。劉娥也極高興。於是，一乘青衣小轎，將劉娥抬進了襄王府。

這時候，劉娥十五歲。

一對年輕人，情竇初開，自然是如膠似漆。趙德昌與劉娥的某些過於親昵的舉動，引起了一些長輩的不滿。

據《宋史》記載，趙德昌係宋太宗的元德皇后李氏所生，李氏已於西元九七七年病死。從九歲開始，小襄王就由乳母帶大。由於乳母有保育之功，趙光義封她為秦國夫人。這位秦國夫人「言嚴整」，是個傳統型的人物。她怕自己一心一意帶大的小王子被新來的女人帶壞，就向趙光義打小報告。

太宗聽了大為光火，他著人將兒子叫來訓斥了一頓，然後命他立即將那個野女人送走。一向畏父如虎的趙德昌陷入了兩難的境地：是將心愛的人留下以維護自己的愛情，還是遵從父命以保住自己的王位呢？權衡了半天，他選擇了後者。

於是劉娥被送出了王宮。當然，她沒有回襄美開的那間小銀作坊，而是來到王宮指使張耆的家裡——這是趙德昌安排的。

入皇宮，由賤而貴成皇后 遭誣陷，稀裡糊塗蒙奇冤

趙德昌（繼位後改名趙恒），是西元九九七年繼位的，是為真宗。

繼位之前，有一個很驚險的小插曲：

官拜宣政使的一個名叫王繼恩的大臣，忌諱趙恒英明，陰與參知政事李昌齡、知制誥胡旦等謀立太宗的另一個兒子——楚王趙元佐，皇后（明德皇后）李氏也參與了這項密謀。多虧了呂端「大事不糊塗」，他先採取非常措施，將王繼恩等人鎖了起來，並舌戰皇后，才使趙恒坐上了皇帝寶座。

當上皇帝之後不久，劉娥就被接了回來。

她這次不是入王府，而是直接進皇宮。

久別勝新婚，小倆口又如膠似漆起來。此時，趙恒真個是萬人之上，誰也不敢再在他的面前說三道四了。

於是，劉娥開始連連升級。她先是被封為美人，然後又進位德妃。

大概就在劉氏被封為德妃不久，宮中來了一個姓李的宮女。她被主管太監分給德妃做侍女。

這位李氏是浙江人，其祖李延嗣曾當過五代十國時吳越王國的金華縣主簿，其父李仁德當過宋朝的左班殿直。

西元一〇〇九年六月，宋真宗趙恒信步所至，來到了劉德妃所在的宮殿。劉德妃其時因天氣炎熱，正在沐浴。趙恒閒得無聊，就歪起頭打量替他端茶倒水的宮女，但見她高高的個兒，細細的腰，一雙丹鳳好像能說話似的，斂且低眉，顯得楚楚可憐。趙恒不禁心動，立即摒退眾人，包括劉德妃在內，令她們一律不得打擾，然後，就在常和劉德妃休息的床上臨幸李氏了。

劉德妃見老公這麼快就和別的女人胡搞，自然很生氣，但她也有弱點——不能生育。在封建社會，「不孝有三，無後為大」，只要趙恒一搬出這頂大帽子，她就啞口無言了。但她又嚥不下這口氣，於是，她想了個辦法。

等皇帝走了之後，她著人叫來了李氏。

李氏又羞又怕：幾個時辰以前，她還是個黃花閨女；片刻之間，她卻成了一個小婦人，而且還是在自己服侍的劉德妃的床上完成這一轉變的。

她心裡不能不緊張。

劉德妃彷彿是看穿了她的心思，摒退了眾人，親切地拉著李氏的手說：「你不要怕，我知道不是你要做，而是皇帝要你做的！不過，」說到這裡，劉德妃話鋒一轉，「我要和你談個條件——以後皇帝來，你還可以侍寢，但倘若有娠，生下男兒，必須由我撫養！」

少不更事的李氏此時巴不得早點離開，所以，無論劉德妃說什麼，她都諾諾連聲。

事情就這樣不了了之了。

其後，趙恒又臨幸了李氏幾次，李氏真的就有了身孕。

劉德妃發覺李氏有孕以後，不准她隨便外出，只准她在有限的幾個地方活動。

有一天，真宗趙恒去徹臺遊玩，李氏隨侍——雖然日理萬機，但趙恒還是沒有忘記帶上李氏。李氏從步輦上下來，還沒走幾步，忽聽「啪」的一聲，一個什麼東西掉到地上。是玉釵！趙恒見了暗暗在心裡禱告：倘天不絕宋，請過往神靈保佑，此釵不碎，李氏所產之嬰一定是男孩。

待到宮女撿回玉釵，果然未碎，真宗別提有多高興了。

西元一〇一〇年四月甲戌日，李氏產下一個男嬰，宋真宗親自為他取名趙受益。

李氏，因了生子的緣故而被趙恒封為崇陽縣君。

民間傳說中的「狸貓換太子」的故事就從這裡開始編造衍生。

舊通俗小說及戲劇差不多都以不同的形式煞有介事地向人們講述了這樣一個故事：

宋真宗時，有劉、李二妃同時身懷有孕。劉妃奸詐，李妃憨厚。真宗聲稱，誰先生子，就立誰為皇后，並立其所生之子為太子。李妃先產下一子。劉妃擔心李氏登上皇后寶座，便暗中命人將李妃所生之子用剝了皮的狸貓（取其血肉模糊，難以辨認）替換，然後故意引皇帝前往認子。當真宗見到那血肉模糊的剝皮狸貓時，不知是計，大吃一驚，遂打消了立李妃為皇后的念頭。李妃所生之子幸而被老太監陳琳救起，送到某王爺家中撫養。不久，劉妃也產下一子，遂被封為皇后。劉妃所生之子不久夭折，不得不從某王爺府中過繼了一子，此子即為李妃所生之子。二十年以後，過繼過來的孩子繼位，是為宋仁宗。老太監陳琳在仁宗面前痛陳往事。仁宗又得包拯等人的協助，尋回流落民間的李氏，母子團圓。

這個故事除了李氏產子為別人撫養一點以外，其餘都是編造的。

宋朝人陸游在論及他所在時代人們對歷史事實的歪曲時，曾有詩歎曰：

斜陽古柳趙家莊，負鼓盲翁正作場。
身後是非誰管得，滿村聽說蔡中郎。

我們倘若知曉了有關劉、李二氏的史實，想必定會發出與放翁老人一樣的慨歎。

且說李氏產下兒子趙受益之後，因與劉德妃有約在先，只好忍痛把男嬰交給劉德妃，劉德妃也根本沒用什麼狸貓來換太子——何況誰也不能料定此子將來必定是太子——而是將孩子交由真宗的另一個妃子楊淑妃，讓她幫著撫養。

劉德妃是兩年以後的西元一〇一二年十二月丁亥日才被立為皇后的。

劉氏之被立為皇后，並不是因為她搶了李氏的兒子，而是因為她「性警敏，曉書史，聞朝廷事，能記其本末。宮闈事有問，輒援引故實以對，帝深重之」。用今天的話說是因為她的才幹，而不是因為她搶個兒子才得立的。

劉氏這個女人，其性格十分複雜。倘若將她與其他歷史人物相比，她與那個一心想稱王稱霸，又自詡「倘天下無孤，不知有幾個人稱帝」的曹操有點相似。

西元一〇二二年二月戊午日，宋真宗趙恒病死，遺詔太子受益於柩前即位，改名為禎，是為仁宗。由於仁宗年紀太小（十二歲），只好由劉氏垂簾聽政。

奸臣丁謂、雷允恭等向劉后進言，欲去掉大行皇帝遺詔中「令皇后權處分軍國事」中的「權」字，因遭一班顧命老臣的反對而未果。劉后知道後嘴上沒說什麼，可是過了不幾天，她就在有關皇太后與皇帝處理朝政的問題上「玩」了反對她的群臣一把。她通過入內押班雷允恭之口轉告眾人：「帝朔望見群臣，大事則太后召輔臣決之。」她整個地把大權獨攬過去。

大權在握以後，劉氏逐一罷免了曾經反對過她的寇準、李迪等人。當然，後來她也罷免了一貫奉承她的奸臣丁謂。

有一本也是寫后妃的史書在提及劉后時，誇她拒學武則天。實際上，劉氏曾經有過學習武則天奪取帝位的打算。

據《宋史紀事本末》記載：西元一〇二七年前後，劉氏曾以臨朝稱制的皇太后身分，與當時的宰相——參知政事魯宗道有過一次頗為有趣的談話。

「魯先生熟知唐史，依魯先生看，唐代的武后是個怎麼樣的人？」劉氏拐彎抹角地問。

「唐之罪人也！」向以耿直著稱的魯宗道彷彿看穿了皇太后的心事，梗著脖子答了一句。

「為什麼？」

「她好端端的皇太后不當，卻偏要取自己之子而代之，結果眾叛親離，上對不起列祖列宗，中對不起自己的丈夫，還差一點傾覆了唐王朝。武氏既無自知之明，又無保國護子之能，幾危社稷，是以臣斗膽進言，以為武后乃唐王朝之罪人也。」

史稱：「后默然。」

這真是一段充滿了機鋒的談話。其中餘味，讀者諸君可以慢慢體會。

不久，有個名叫方仲弓的小臣上書請立劉氏七廟，還是那個「魚頭參政」（美稱）魯宗道以「若立劉氏七廟，如嗣君何」之類的話，把這件事給推掉了。

西元一〇三〇年二月，河中府通判范仲淹疏請劉太后歸政於皇帝。其疏略云：「陛下（指劉太后）擁扶聖躬，聽斷大政，日月持久。今皇帝春秋已盛，睿哲明聖，握乾綱而歸坤紐，非黃裳之吉象也。豈若保慶壽於長樂，卷收大權，還上真主，以享天下之養。」

疏上，劉太后不理。

又過了兩年，到了西元一〇三二年二月，一直默默無聞的李氏病重，不治而死。自打西元一〇一〇年生下兒子，到西元一〇三二年去世，二十二年間，李氏是怎樣生活的呢？

她決非像民間傳說中的那樣，流落民間，「撿」了兩個兒子，艱難度口，但也一直沒有大富大貴。

前面我們已經提到，因為產下仁宗趙禎的緣故，李氏被真宗趙恒封為崇陽縣君。過了幾年，又因生了一個女兒，李氏被晉封為才人，然後是婉容。等到仁宗即位後，李氏又被劉太后晉封為順容，被遣去看守永定陵（真宗之墓）。

李氏的晚年雖然沒有得到劉太后的允許去認回自己的親生兒子，但劉太后對她也一直不薄。為了補償李氏的失子之痛，劉太后曾派自己的表哥龔美——時已改姓劉，稱劉美——與另一個名叫張懷德的大臣充任尋訪使，到李氏的家鄉金華縣去尋訪李氏的家人，尋得李氏之弟李用和。劉太后親自下令，將李用和補三班奉職。

一半是出於畏懼舊主，一半是出於感恩，所以終其一生，李氏一直「默然處先朝嬪禦中，未嘗自異」。直到臨死，她才由順容晉封為宸妃（史稱她為李宸妃）。

宋代是個很講究禮儀的朝代，大臣們的禮儀觀念極強，因此，圍繞著李氏的葬禮，一場論爭悄悄地在劉太后與當朝宰相呂夷簡之間進行。

對李氏優待是優待，但在劉太后的心中，李氏——雖然已被封為宸妃——仍與當年的侍女沒什麼兩樣。因此，劉太后仍想只以宮人之禮安葬李氏。

早朝時，劉太后向外廷諸臣宣布此項決定時，領班大臣呂夷簡說了四個字「禮宜從厚」。一句話說得太后「遽引帝起」——她是要避開兒子的耳目。

退朝以後，劉太后命人叫住呂夷簡，她要單獨和這個老臣談談。

「死的不過是一個宮人，相公喋喋不休，說些什麼？」劉太后帶有幾分不滿地責問說：「難道宰相還要管內廷的家事嗎？」這個帽子不小！

呂夷簡胸有成竹，不卑不亢地答道：「臣待罪宰相，事無內外，皆當預也。」

「相公該不是想離間老身與皇帝的母子之情吧？」

「恰恰相反。」呂夷簡頓了頓，狀極誠懇地說：「太后難道不想保全劉氏一族嗎？倘若想要保全劉氏一族，則李氏的喪禮就要從厚！其道理恕臣不明言了！」

劉太后是個明白人，想了想，明白了呂夷簡的一番良苦用心。於是，她命人改用一品大禮盛殮李氏，靈柩自西華門出，李氏的一切服飾均與太后無異。這一招棋，在呂夷簡的點撥下，劉太后又走對了。

說。

西元一〇三三年三月甲午日，劉太后崩於宮中。

劉太后其人，誠如我們前面所說，有功有過，很難用好人或壞人之類的評語簡單地對其加以評說。

可以這樣說，在處理國事時，劉太后的成就很多。史稱她稱制十一年，「雖政出宮闈而號令嚴明，恩威加天下，左右近習亦少所假借，宮掖間未嘗妄改作，內外賜與有節。」

下面幾件事頗能說明問題：

還是在臨朝稱制期間，有一次劉太后接受柴氏、李氏二公主朝見——柴氏是後周世宗柴榮的女兒，李氏是南唐後主李煜的千金，她們的父親分別被宋太祖、太宗奪去皇位。為了籠絡人心，宋太宗趙光義先後將她們兩人認為義女，所以到了宋朝，她們仍是公主。當然她們這個公主，其待遇是沒法和真正的趙姓公主相比的。

劉太后見到這兩個曾是前朝金枝玉葉的女子「猶服髮鬌」（髮，假髮之意）——帶著假髮髻，忍不住動了惻隱之心，歎息著說：「姑姑們老了！」她命令左右貼身太監拿來了名貴的珠璣帕首，賞給兩個外姓人。

當時潤王趙元份的妻子安國夫人李氏也「老髮且落」，見到劉太后也懇請太后賜以帕首。劉太后因她是自己的弟媳，是家裡人而斷然拒絕。人問其故，劉太后答曰：「李、柴二公主，是太宗皇帝的義女，大行皇帝（指真宗）的義妹，我自然要善待她們，而安國夫人是我們老趙家的人，不能讓她搞特殊！」

據說，還有一次，劉太后身邊服侍她的宮女見仁宗皇帝的身邊人都戴了許多漂亮首飾，也向太后進言，欲圖仿效。劉太后斷然拒絕。她說：「那些戴首飾的人是當今皇帝的嬪妃。她們為了侍候皇上自然要打扮得漂亮一點，你們整天陪我這老太婆，學她們是不行的！」

由於劉太后做什麼都能循規蹈矩，所以終其一生，她能始終得到兒子趙禎的尊敬。當她病重期間，仁宗皇帝親自宣布大赦天下，並且「延天下名醫，馳傳詣京師」。

可歎醫生救病救不了命，劉太后逝世以後，燕王趙德昭（趙德昭的爵位是燕王，而非野史、筆記小說中的八千歲或八大王）入宮奔喪，趁便向小皇帝趙禎進言，指出：「陛下乃李宸妃所生，妃死以非命！」（趙德昭係宋太祖趙匡胤的兒子。根據定例，太祖死，太宗立；太宗死，應把皇位還給德昭，但太宗卻傳位給了自己的兒子。德昭沒當上皇帝，怨氣沖天，是以，才揭破仁宗身世。此舉一向被視為義舉，筆者卻認為其中含有挑撥之嫌疑，尤其是最後一句「妃死以非命」。）

仁宗聽了慟哭不止。想到母親生下自己之後就忍痛割愛，想到幾十年間，自己近在咫尺卻不能相認而給母親帶來的痛苦，趙禎接連幾天不視朝，累日下哀痛之詔自責，並下令對劉太后害死生母一事進行調查。

調查結果並非像燕王所說。最值得信任的李用和（李宸妃之弟）開棺後回來報告，說李妃死後一切皆按太后之禮盛殮，仁宗皇帝這才平了一口氣。

李氏和劉氏生前沒有得到同樣的待遇，死後卻獲得同等的尊榮。宋仁宗對她們二位可以說是都恪盡了為子之道的。

據史料記載：

宋仁宗為紀念李氏，「拜用和（李氏之弟）為彰信軍節度使、檢校侍中」，後又將福康公主下嫁給用和之子。

為了不給劉氏造成不必要的傷害，趙禎接受了名臣范仲淹的「太后受遺先帝，調護陛下者十餘年，今宜掩其小故，以全後德」的建議，下詔「戒飭中外，毋得輒言皇太后垂簾日事」。

一個搧皇帝耳光，一個機智救駕

——宋仁宗的兩任皇后

◎得立本非帝願
遇辱實難忍耐

◎當機立斷，曹后閉閣救皇帝
膽大心細，此女不愧曹彬孫

西元一〇二二年二月，北宋真宗皇帝趙恒病死，其子，排行第六的趙受益繼位，後趙受益更名為趙禎，是為仁宗皇帝。

仁宗在北宋王朝九位皇帝中武功文治皆屬平平，史家和小說家者流之所以對他感興趣，與其說是因為他本人，倒不如說是因為他的幾位皇后。不是婦以夫榮，而是夫以婦顯，這一點，恐怕九泉之下的趙禎，一定會大感意外的吧！

趙禎雖然不是一個好色荒淫的皇帝，但也有過許多女人。我們這裡提及的只有兩位：一姓郭，一姓曹，她們先後當過仁宗的正妻（皇后），而且都曾做過「與皇后身分不符」的事情。

得立本非帝願　遇辱實難忍耐

與其父趙恒不同，宋仁宗繼位時只有十二歲（其父繼位時已二十九歲），因此，一切差不多都是虛應故事而已，所有的事都要由垂簾聽政的劉太后做主，包括選皇后。

在西元十一世紀的中國，有早婚的習俗。十二歲時的趙禎繼位之初，雖然於男女之間的事所知尚少，但過了兩年，到了西元一〇二四年，就有了結婚的慾望了。

見小皇帝已到了談婚論娶的年齡，垂簾聽政的劉太后也不能不做做姿態。她下令從民間選拔一些美女，把她們弄進宮來，請皇帝挑選。

第一批進宮的十個美女，小皇帝一個也沒有看中。第二批進了五個，這五個美女，端的是環肥燕瘦，各具其妍。小皇帝一眼就看中了較為豐滿的著黃色宮裝的女子，而坐在一旁的劉太后則相中了亭亭玉立、體態較為苗條的著紫色宮裝的女子。

皇帝看中的美人姓張，太后相中的美女姓郭。

本來是給皇帝選老婆，應該聽聽皇帝本人的意見，偏偏這個皇帝主不了事，太后的話才是真正的聖旨。史稱「性警敏，曉書史，聞朝廷事，能記其本末」的劉太后搬出了「父母之命，媒妁之言」的大帽子，一下子把小皇帝給壓住了，結果，郭美人被立為皇后。

劉太后為什麼要選郭氏，史書上沒有記載。倘若我們將郭氏的身世與劉太后的身世略一比較，很可能破譯這個「千古之謎」。

劉太后，據《宋史》記載，出身於將門世家。祖父在晉、漢間為右驍衛大將軍，父親係宋太祖時期虎捷都指揮使，死於從征太原的路上。對於當時尚在襁褓中的劉娥來說，軍人父親的早逝始終是她成長中的一種缺失和遺憾。因此，劉氏自小就對出身於軍人世家的人有一種天生的好感。而郭氏，其祖、父均係軍人，其祖郭崇，更當過大宋王朝的平盧軍節度使。物以類聚，有了這一層緣故，再加上郭氏進宮時穿得並不妖冶，所以劉太后一眼就相中了她。

問題來了。權力可以叫人服從，但卻不能叫人產生愛情。太后選中的皇后，皇帝並不真心喜歡，「故后雖立而頗見疏」。

從西元一〇二四年冊立，到西元一〇三三年，差不多十年的時間，仁宗皇帝趙禎與郭氏都由沖齡而長成大人。按理，夫妻間交往的慾望可能會越來越強，而實際上皇帝卻總把精力放到張美人身上，偶爾播灑一點「雨露之恩」，令郭氏常有「饑寒不得食」的感覺。

「忍」字頭上一把刀，這種感覺，趙禎與郭氏兩人都體會到了。

宋仁宗明道二年（一〇三三年）三月庚寅，劉太后身染重疾，甲午日，臨朝稱制達十一年之久的劉太后駕崩。史稱「雖政出宮闈而號令嚴明，恩威加天下，左右近習亦少所假借，宮掖間未嘗妄改作，內外賜與有節」。

劉太后一死，宋仁宗如脫樊籠。夏四月，趙禎以「黨附太后」的罪名，罷免了張耆、夏竦、陳堯佐、范雍、趙稹、晏殊等一批重臣。在這一大批被罷免的重臣中，赫然有呂夷簡的名字。呂夷簡因回護宋仁宗生母李宸妃之功，時已名滿天下，仁宗本也不想動他，而且還是他倡議請仁宗罷免上述諸人的。然而，一向不多言的郭皇后說的一句話，卻將呂本人也捲到罷免事件中。郭后的話是：「呂夷簡上書說別人黨附太后，難道他不曾黨附過太后嗎？」

這一句話，斷送了呂夷簡好幾個月的前程，也要了郭氏自己的命。

這一年十二月，甲寅日，仁宗因天下大雪，早朝散畢即逕回後宮。

此時後宮張美人已經去世，最得寵的是姓尚、姓楊的兩個美人。這兩個美人均比郭氏年輕，而且姿色頗佳，把個剛剛能夠隨心所欲的仁宗皇帝迷得神魂顛倒。

且說仁宗今天興致頗高，回宮後一邊吟著白居易的「晚來天欲雪，能飲一杯無」，一邊命人為他寬衣斟酒。

早就侍立一側的尚美人以及郭皇后突然發生了爭執。

這爭執乃是由座位引起的。按宋代故例，皇帝面前唯皇后可以有座，皇后以下眾妃嬪只能侍立。偏偏尚美人自恃有寵，嗲聲嗲氣地要求皇帝賜她一個座位。

郭皇后忍受不了別的女人在自己的丈夫面前撒嬌，於是疾言厲色道：「你看你，像個什麼東西！」

「什麼東西，反正是皇上喜歡的東西，不是太后硬塞給皇上的東西！」惱羞成怒的尚美人恃寵，竟口不擇言，一下子觸到了郭皇后的痛處。

「你說誰是太后硬塞給皇上的東西？」郭皇后怒道。

「誰是，誰心裡自然明白！」

「好你個賤人，竟敢頂撞起我來了！」郭皇后覺得自己的權威受到了挑戰，不能容忍，「噌」地一下跳了起來，抓住了尚美人。尚氏雖然倚仗聖寵敢和皇后鬥嘴，但一旦動了真格的，還是有點害怕，她大聲喊著：「陛下，陛下救我！」

「今天我非掌你的嘴不可！」郭皇后一聽尚美人這個時候還不忘勾引自己的丈夫，更是火冒三丈。

坐在一旁的宋仁宗本來是帶著一種欣賞的表情看兩個女子為他爭風吃醋的，現在見事情要鬧大，也就沒當回事似地站起來，要拉開扭在一起的兩個美人。他也真趕得是時候，早不起，晚不起，偏偏趕上郭氏揚手去摑尚美人的臉時站起來。結果，郭皇后的手還沒摑上尚美人的香腮，卻誤打了皇帝的御頸。據史料考證，郭皇后大概是武林世家，她的這一掌是「掌中有刀」的，換句話說，她一巴掌下去，不僅「誤批帝頸」，而且還留下了「爪痕」。

這件事可以說可大可小。說其小，不過是妻妾爭風，丈夫受些皮肉之苦；說其大，則是擊打皇帝，乃十惡不赦。郭皇后倘有人緣，或者劉太后此時尚在，那就算不了什麼大事了。但此時劉太后已死，郭皇后與皇帝的感情又疏，加上——這一點是最要緊的——她得罪過呂夷簡，而呂夷簡此時因李宸妃死後盛殮一事，博得了李宸妃之子宋仁宗的好感，宮中掌班太監閻文應又是呂的心腹。幾種因素綜合在一起，決定了郭皇后的命運。

次日，即十二月乙卯日，郭皇后被廢。

據說，按仁宗的本意只是想嚇唬嚇唬郭皇后，呂夷簡在旁加了一句話，才使仁宗下定休妻的決心。呂夷簡的那句話是：「光武，漢之明主也，郭后止以怨懟坐廢，況傷陛下頸乎？」

由於呂夷簡的推波助瀾，雖然有范仲淹、孫祖德、宋庠等十人聯名上書保皇后，但最終也無濟於事。詔下，郭后被移居長寧宮，封為淨妃、玉京冲妙仙師，兩年以後被閻文應毒死。

當機立斷，曹后閉閣救皇帝
膽大心細，此女不愧曹彬孫

郭皇后被廢以後，仁宗的正宮娘娘空缺，許多人夢求替補。仁宗曾命手下的大學士宋綬起草一份徽妻詔書，其中有「當求德閥以稱坤儀」的話語。

幾個月以後的次年九月，仁宗皇帝親自下詔，立曹氏為皇后。

曹氏，是宋初大將曹彬（臺灣作家高陽曾寫過長篇歷史小說《大將曹彬》記敘此人）的孫女。像郭氏一樣，曹氏之得立，也並非皇帝的本意。仁宗此次本來屬意的是富商之女陳氏，只是因為宋綬苦諫，以「陛下乃欲以賤者正位中宮，不亦與前日詔語戾乎」為辭，才堵住了仁宗之口。

轉眼到了慶曆年間。「慶曆」一詞，想必熟悉古文的人都不會陌生，大文學家范仲淹那篇有名的〈岳陽樓記〉就寫於慶曆五年。

慶曆，乃是宋仁宗眾多年號中的一個。

慶曆八年，閏正月，三十八歲的仁宗童心不減，在已經過了一個正月十五元宵節的情況下，想要再過一次。

雖然距今已近一千年，但元宵節在北宋時代就已初具規模。據宋人孟元老的《東京夢華錄・元宵》條記載：「正月十五日元宵，大內前自歲前冬至後。開封府絞縛山棚，立木正對宣德樓。遊人已集御街兩廊下，奇術異能，歌舞百戲。」元宵節有一個最重要的節目是張燈、看燈。

仁宗早早地就下令民間再舉辦一個盛大的元宵燈會。

一年裡過兩次同樣的節，這在中國民間習俗中是一件犯忌諱的事。最有名的一個民間傳說，說闖王李自成本有十八年的天下可坐，但他進了北京以後天天要過年，結果連過十八天的年就被清兵趕跑了。

曹皇后斷然諫止了仁宗皇帝的這一過分要求。

正月十八這天，仁宗來到曹皇后這裡過夜。剛剛睡下，曹皇后忽聽外面傳來女子的哭叫聲，接著又隱約聽見寢宮屋頂上好似有人在奔跑。

「值更內侍何在？」曹后喊道。

「老奴在！」一個老太監睡眼惺忪地答道。

「去看看，是什麼人在外面喧譁？」

「哪有什麼人！」老太監心想：「你剛和皇帝辦完好事不想睡覺，我們這些下人可是睏得要死！」於是，他剛出了門口就轉回來報告說：「回娘娘，外面乃是『乳媼毆小女子』──宮中的乳母調教不聽話的小宮女發出的聲音，沒有什麼異常的事情發生！」

「胡說八道！」曹后此時已完全清醒，身為將門之後的她已從外面紛遝雜來的聲音中察覺事出非常。她一面喝斥那個老太監，警告他不准胡說，一面替已經披衣坐起的皇帝出主意說：「宮中有些奇怪情況，想必是有人犯上作亂。陛下萬金之體，斷不可輕出！」說完，她命人火速關上了寢宮大門，然後，又傳皇帝的旨意，火速徵召總管宮內治安保衛的都知官王守忠率兵前來護駕。

此時的曹后，臨危不懼，當亂不亂，頗有乃祖之遺風。仁宗皇帝雖然是個男子，又比她大了不少，但也只能自歎弗如。

在曹后的指揮調動之下，宮中動了起來。但此時的局勢仍然十分微妙：王守忠的兵馬至今未到，雖有禁軍駐紮京城，但未奉調遣，誰也不敢擅自進宮；而且，最要命的是，直至此時，尚不知何人作亂，該討伐誰、誰是敵人、誰是朋友沒有任何標記可尋。

曹后不愧是心細有韜略的人。她知道賊人必定人數不多，且多是烏合之眾，他們的殺手鐗是偷襲，偷襲沒能得手，轉而攻宮門，一時半會兒他們是想不出法子來對付沉重的宮門的。但宮門也有缺點，宋代宮中門多木質，最怕火攻。

思及於此，曹后立即派人召集所有沒有守門任務的太監、宮女，命他們用各種能夠找得到的器皿打水。為了鼓舞士氣，也為了區分敵我，曹皇后親自用剪刀把每個參加保衛工作的人的頭髮都剪下一縷，並向眾人宣布：「以是髮領賞！」眾人聽了，都知力不會白費，因此個個奮勇爭先。

說時遲，那時快，亂兵已攻到曹后所居宮門前，他們強攻不成，果然縱火。曹后命眾人見火就澆之以水。戰鬥漸漸轉入膠著狀態。

忽聞宮外賊人背後傳來一陣喊殺聲，心已經懸到嗓子眼兒的曹后這才暗暗地鬆了一口氣。嚇得一直瑟瑟發抖的宋仁宗卻一把抓住曹氏，驚問：「是不是又有大批賊人到來？」

「臣妾想，大概是我方援軍到了。」

果然，只聞宮外攻打宮門的賊人哭爹喊娘，不大一會兒就被收拾乾淨了。

一個聲音在宮門外高叫：「臣王守忠前來護駕！」

「真的是王將軍嗎？」曹后止住了要開啟宮門的太監。

「臣在此，已將犯上作亂的崇政殿親從官顏秀、郭逵、王勝、孫利等四凶擒斬！」

爬上宮牆的太監也證實了王守忠的說法，曹后這才不慌不忙地令守門太監打開宮門。

一場變生肘腋的內亂就這樣被一個女人平定了。

曹后，以其聰明才智在平暴中立下了大功。令人氣憤的是，事後有一個名叫王贄的同知諫院官竟上書仁宗，稱「賊本起皇后閣前，請究其事」，意圖牽連皇后。宋仁宗也好了瘡疤忘了疼，一度

智平立儲危機的女中堯舜

——宋英宗皇后高氏

◎四歲進宮，與皇帝青梅竹馬十年陶冶，被太后欽選成婚

◎重民生，規勸皇帝行德政遵婦道，告誡公主勿特殊

◎製十歲兒一黃袍，不立己子訴百萬生靈塗炭，不官己叔

◎明辨是非，重用蘇軾成佳話心如明鏡，臨崩尚且顧賢臣

西元一〇八五年二月，宋神宗趙頊病危，北宋王朝即將出現權力真空。其時的形勢是，神宗皇帝雖然有許多子女，但健在的兒子只有六個。他們是：六子趙傭、九子趙佖、十一子趙佶、十二子趙俁、十三子趙似、十四子趙偲。其中，最大的六子趙傭年紀僅有十歲。

神宗還有兩個同母弟弟：趙顥（時封岐王）、趙頵（時封嘉王），都是接近而立之年的成年人。該立誰做皇帝？是遵循父死子繼的成規？還是按照兄終弟及進行變通？這一「悠悠萬事，惟此為大」的問題擺在了一個女子的面前。

這位面對兩難選擇的女子，不是別人，正是神宗的生身母親（也是岐王、嘉王的娘），人稱「女中堯舜」的宣仁聖烈皇后高氏。

高氏是北宋王朝中絕無僅有、名震敵邦的皇后，也是一個頗具政治才幹的女政治家。她是怎樣處理國家大事的呢？她的身世、日常生活、舉止言論，想必都會引起人們的興趣。

四歲進宮，與皇帝青梅竹馬
十年陶冶，被太后欽選成婚

北宋王朝九任皇帝，差不多個個都是兒女成群，唯有第四任皇帝宋仁宗趙禎（受益）缺乏兒孫命。三個兒子、十二個女兒中除了四個女兒長大成人外，其餘都是早早夭折。這對於一位有三個皇后、五個妃子記載史冊的皇帝來說確實是悲催至極。

西元一〇三三年年底，仁宗因「誤中帝頸」案廢掉了一直沒能生育的正宮郭氏，連帶著搭上了高、楊二美人；「當求德閥以稱坤儀」，選來了個曹皇后，可是依然未能得子。

西元一〇三五年正月，一天早朝過後閒談，趙禎感慨萬端地說：「壯年無子，恐怕朕是德薄了。」

曹后聽了，連忙站起：「皇上這樣說，叫臣妾者於心難安！」

「我不是怪你。」仁宗擺了擺手，他想起了曹后的許多好處，尤其是前不久宮中救駕，於是轉移話題說：「嬪妃美人們也沒有一個開懷！」

「聖上行仁政，又值壯年，早晚必有子嗣。」

「算了，算了，說點實在的吧！朕想在近支宗室中，選一幼兒，由你親自抱進宮來鞠養。倘若朕將來得子，可送他回去，不然，則以此子為子。」

經過多方考察，仁宗最後選中了堂兄趙允讓（濮王）的小兒子趙宗實。

趙宗實是宋太宗趙光義的曾孫、商王趙元份之孫，其父趙允讓時任江寧節度使。當年方四歲的趙宗實被抱進宮時，恰好曹后的姊姊、定州刺史高遵甫的夫人曹氏也進宮來請安。

曹氏是帶著她的女兒一起進宮的，其女也年方四歲，且活潑可愛。仁宗一高興，就將這個女孩也留下，一起交由曹皇后撫養。這個四歲的女孩，就是後來的高皇后，亦即本文的主角。

從此，高氏就在宮中與其姨母曹后、姨兄弟趙宗實為伴。其年為仁宗景佑二年（一〇三五年）二月。

趙宗實、高氏這對後來成為夫妻的帝后竟是青梅竹馬，自小就在一起生活，這在宋代的帝后婚姻史上是不常見的，甚至可以說是絕無僅有的。當然，由青梅竹馬到洞房花燭，這期間還有十幾年的路要走，這對小朋友當時是誰也沒有想到兩人會成為夫妻的。

宗實只在宮裡待了三年。到他七歲時，仁宗後宮一個妃子生了一子，新生兒被封為豫王，宗實被送回了濮王府。又過了三年，豫王夭折；又過了許多年，仁宗才決定立宗實為嗣子。

高氏卻一直待在宮中。由於她天資聰穎，因而深得其姨母曹后及姨丈仁宗的喜愛。仁宗皇帝很早就指著高氏與宗實的背影說：「真佳麗也！」又說：「異日必以為配。」

一晃十年過去了，這十年期間，朝廷出了許多大事。圍繞著建儲定國本，一代名臣歐陽修、司馬光、包拯等人交相上章、上書，請仁宗早定大計。

先是，翰林學士歐陽修上言，稱：「陛下臨御三十餘年，而儲宮未建，此久闕之典也。漢文帝即位，群臣請立太子，群臣不自疑而敢請，文帝亦不疑臣有二心。後唐明宗尤惡人言太子事。然文帝立太子之後，享國長久，為漢太宗；明宗儲嗣不早定，而秦王以窺覬陷於大禍，後唐遂亂。陛下何疑而久不定乎？」

接著又有韓琦、范鎮等人進言，把個仁宗弄得不勝其煩。當剛剛由殿中侍御史晉封為御史中丞的包拯再次上書，以「東宮虛位日久，天下以為憂。夫萬物皆有根本，而太子者，天下之根本也。根本不立，禍孰大焉」相勸時，仁宗突然冒出了一句：「卿欲誰立？」這四個字可隱含殺機！包拯何等聰明，連忙說：「臣非才備位，所以乞豫建太子者，為宗廟萬世計爾。陛下問臣『欲誰立』，是疑臣也。臣年七十，且無子，非邀後福者。」這一番話說得情真意切，才使仁宗轉怒為喜，說了句「當徐議之」——慢慢來吧！

在立儲一事上，仁宗不急，但在高氏的婚姻上，仁宗、曹后卻都很急。西元一〇四七年，由曹后做主，高氏出宮，「婚於濮邸」——嫁給了已經返回到濮王宅邸的趙宗實，並被封為京兆郡君。

這一年，高氏十五歲。

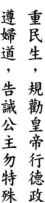

重民生，規勸皇帝行德政
遵婦道，告誡公主勿特殊

趙宗實是西元一〇六三年四月壬申日即位的，高氏也在其後不久被封為皇后。當上皇后不久，一件發生在宮廷內的事，令高氏感慨頗深。

由於一場大病，趙宗實——即位後改稱趙曙——「舉措或改常度，遇宦者尤少恩」。一些心懷不滿的內侍乘機挑撥曹太后與趙曙之間的母子（養母養子）關係。

一向視趙曙如己出的曹太后沒有想到，她一手扶立起來的新皇帝竟對大臣說「太后待我少恩」！

此事虧得一班忠厚大臣如韓琦、歐陽修等人從中調停，才不了了之。

從這件事中，高后想了許多許多。俗話說「養不教，父之過」，對於丈夫和婆母的是是非非，她不能管，也管不了；但對於自己的兒子趙頊、趙顥、趙頵，她卻暗下決心，一定要從小就對他們施以必要的教育。

除了教育孩子們要敬老尊賢以外，高后還推而廣之，常將孟子的「老吾老以及人之老，幼吾幼以及人之幼」掛在嘴上，在潛移默化中教給孩子們做人的道理。

西元一〇六七年正月丁巳日，僅僅當了四年皇帝的英宗趙曙病死，所遺皇位由趙頊繼承。高氏被尊為皇太后。

當了太后的高氏，常常在與兒子相聚時告誡兒子要仁民愛物。她常以「一甕酒，醉一宵，一斗米，活十口」來規勸兒子體恤民情，不要貪求自己的口腹之歡而奪小民的活命之食。

據史料記載，有一年高太后生日，為了替母親祝壽，神宗趙頊與弟弟趙顥、趙頵特意命御膳房做了兩道名菜：烤羊乳和燒乳羊。

菜的味道自然是很鮮美的了，但高氏得知兩道菜的原料一為母羊的乳房，一為正在哺乳期的小羊時，吃了一口就無論如何也不肯吃了。在今天的人看來，高氏是個標準的動物保護主義者，事實上處在中古時代的高氏，其不忍食羊乳和乳羊，卻意在保民。因為她深知上有所好，下必效焉，宮中用一隻乳羊，可能會有千萬頭羊羔被徵召，結果擾民害國。

在高氏這種精神的感召之下，神宗的皇后向氏平常的衣服只用布帛，只有在朝會慶典時才略加一點飾物。

對於自己的親生子女，高氏時刻諄諄教誨；對於並非自己所生的子女，她同樣關心其成長。

壽康公主是英宗僅存的三個女兒之一（有一本通俗讀物言其為高氏所生，今據《宋史紀事本末》及柏楊《中國帝王皇后親王公主世系錄》改正，壽康公主並非高氏所生，其母不詳）。她曾先後被封為壽康、祁國、衛國、冀國、秦國、越國、楚國公主，物以稀為貴，也是個顯赫一時的人物。偏偏其夫張敦禮沒有任何功名，不像她的兩個姊夫王師約、王詵先後任過左衛將軍。

為了避免壽康公主嫁到張家不服丈夫和公婆管束，高氏特意命人宣來了她，並將神宗趙頊也請了過來。高氏先給她講了一段仁宗皇帝之女福康公主下嫁李瑋，因嫌李瑋沒有功名而不禮丈夫，不敬公婆，最後弄得夫妻長期分居、家庭破裂的慘痛往事，告誡壽康公主即使貴為金枝玉葉，到了婆家也應禮敬丈夫，盡妻子之道，尊重公婆，恪守子媳之禮。

話說得既在理，態度又極誠懇，壽康公主對這位雖非自己本生母的太后不由又多了幾分敬重，對於她的話自然是言聽計從了。

製十歲兒一黃袍，不立己子 訴百萬生靈塗炭，不官己叔

西元一〇八五年春正月戊戌日，神宗皇帝病危，接班人選成了朝中最熱門的話題。職方員外郎邢恕、蔡確，以及知開封府蔡京等人密謀扶立神宗之弟岐王趙顥，而高氏則力主擁立神宗之子延安郡王趙傭（後改趙煦）。

邢恕、蔡確先是借宴飲為名，請去了高氏的兩個侄子高公繪、高公紀，對他們說：「皇上的病已不可諱，延安郡王（趙煦）又在沖齡，剛剛十歲，皇位宜早定奪，岐王、嘉王都是很不錯的人選！」

高公繪識破邢恕等人的陰謀，即以「此何言？君欲禍吾家耶」嚴詞拒絕，並立即將此事呈報姑母高太后。

其時，岐王趙顥、嘉王趙以兄弟之親經常出入宮中，探視太后動向及哥哥病情，這一局面比較微妙。

胸中早已有定見的高氏聽了侄子高公繪的稟報以後，採取了一系列防範措施。

首先，她本人以垂簾聽政的名義下令岐王、嘉王無令不得擅自入宮。

其次，她命人為延安郡王登基做準備。當時，經常出入內廷與高氏保持接觸的女眷中，有一個是大臣梁惟簡的妻子。她做得一手好針線，而且人又可靠。高氏有一天祕密將她召來，給她安排了一項任務：趕製一件黃袍。

「黃袍？」梁妻一聽有點害怕，黃袍在宋代乃是皇帝專用服裝。陳橋兵變，趙匡胤當上皇帝就是以「黃袍加身」為其標誌的。其後杯酒釋兵權時，宋太祖又是以「卿等固然，設麾下有欲富貴者，一旦以黃袍加汝身，汝雖欲不為，其可得乎」相要脅，因此，命臣子趕製黃袍，此事可是吉凶未卜。梁妻是個聰明人，不得不追問一句。

「是的！」高氏見梁妻一副惑然的神情，就更具體地告訴她：「製一件十歲小兒穿的小黃袍！」

「十歲小兒黃袍？」梁妻想了想，明白了。她剛要退下，高氏又發話了：「且慢，做好此袍後，要馬上送進宮來，不得有誤！」

「臣妾明白！」

「還有，要把黃袍藏在懷裡，別讓別人看見，你明白嗎？」

「明白了！」

「好，那你就去準備吧！」

高氏這裡在緊鑼密鼓，邢恕、蔡確那裡也在密鼓緊鑼。

當時，任同平章事的大臣王珪是立儲的關鍵人物。邢恕和蔡確就勾結開封府的奸臣蔡京，預先埋伏下刀斧手，然後派人去請王珪。他們打算以話套話，拉攏王珪，並計議倘王珪不受拉攏，就以謀反為名，著刀斧手將王珪殺死。這個陰謀可謂計議周詳，然而天算不如人算。

王珪提前一步進了宮，高氏得王珪之助，立延安郡王趙傭為太子。不久，神宗病死，趙傭改名趙煦，穿上那件早就為他準備好的小黃袍繼位，是為哲宗。高氏被尊為太皇太后，權同聽政。

再度垂簾聽政，高氏親降懿旨曰：「神宗皇帝祥既終，典冊告具，而有司遵用章獻明肅皇后故事，謂予當受冊於文德殿。雖皇帝盡孝養之意，務極尊崇，而朝廷有損益之文，各從宜稱。仰惟章獻明肅皇后輔佐真廟，擁佑仁宗，茂業豐功，宜見隆異。顧予涼薄，絕企徽音。稽用舊儀，實有慚德！將來受冊，可止就崇政殿。」當有人慫恿她「效仿天聖故事，帝后皆御殿」時，高氏說：「母后當陽，非國家美事，況天子正衙，豈所當御！」

高氏是蠻謙虛清醒的，因此，她能一如既往地識破奸佞小人們的醜惡嘴臉。

那個因建儲問題碰了一鼻子灰的蔡確，此時想出一個新的獻媚之策：上書請求恢復因靈武之役戰敗而失官的高遵裕原來的官職。

高遵裕是高太后的叔父。這個拐著彎兒拍馬屁的主意真是絕了。

然而，蔡確不幸遇上了高氏。

此時雖然已是西元一〇八五年，但高氏仍然忘不了那發生在四年前的往事：

西元一〇八一年，宋神宗趙頊為了掃平西夏，傾全國之力，分五路出兵，討伐西夏。西夏用誘敵深入之計，誘宋軍於靈武城下。前鋒官劉昌祚率宋兵猛烈攻城，破城已指日可待，而時任中軍主帥的高遵裕卻命劉昌祚暫緩攻城，等他到達城下後再發起總攻。劉昌祚不敢不聽命令，等高遵裕趕到靈武城下時，城裡的西夏軍隊又運來了糧草加高了城牆，戰機已轉瞬即逝了。這時，西夏人決黃河之水，大淹宋軍，又斷宋軍糧道，結果，宋軍死傷二十餘萬，連帶著百萬百姓遭受戰亂之苦。戰後，追究責任，高遵裕被宋神宗貶為郢州團練副使。

現在見蔡確舊事重提，要求自己徇私情起復高遵裕，高氏不由怒從心頭起。她義正詞嚴地對蔡確說：「遵裕靈武之役，塗炭百萬。先帝中夜得報，起環榻行，徹旦不能寐，聖情自是驚悸，馴致大故。禍由遵裕，得免刑誅，幸矣！先帝肉未冷，吾何敢顧私恩而違天下公議乎！」

一番話說得蔡確悚然而退。

明辨是非，重用蘇軾成佳話
心如明鏡，臨崩尚且顧賢臣

宋代有三蘇，誠如唐代有李杜（李白、杜甫）一樣。李杜與三蘇相比，遠不如三蘇幸運。三蘇，尤其是文名詩才居首的蘇軾，因其直言無忌，曾屢次遭到別人的誣陷，而在高太后的回護之下，卻往往化險為夷，這不能不說是一個奇蹟。

宋哲宗元祐元年（一〇八六年）九月丁卯日，高太后親自降旨，以蘇軾為翰林學士。史稱蘇軾「十月之間，三陟華要，尋兼侍讀」。

兼任侍讀之後不久，高太后在便殿召見蘇軾。

在晚上講經之後，君臣之間閒談。太后略略問了幾句給小皇帝（哲宗）講經的情況後，突然開口問道：「卿前年為何官？」蘇軾一愣，躬身答道：「常州團練副使。」

「現為何官？」

「待罪翰林學士。」

「為什麼升得這麼快？」

「全仗太皇太后、今上提拔。」

「非也。」

蘇軾一怔，接著說：「那麼，可能是出於朝臣的舉薦？」

「非也！」

蘇軾一驚，忙自我表白：「臣雖無狀，但也不敢以他途干進（謀求仕途）。」

「學士何出此言？老身是想告訴你，獲不次拔擢的原因實是出於先帝（神宗）之意也。記得先帝在日，每誦愛卿文章，必歎曰『奇才！奇才』，只是未及用卿罷了！」

聽到這裡，饒是生性豁達的蘇軾也不覺痛哭失聲。

高氏和小皇帝也忍不住潸然淚下，啜泣了好一會兒。高氏先止住了眼淚，「命坐賜茶」，君臣談了許久。已是夜將闌珊，高氏又命近侍「撤御前金蓮燭」，送蘇軾歸院休息。這在當時可以說是一種極高的獎勵了。

有感於太后的知遇之恩，蘇軾任翰林學士時「頗以言語文章規切時政」，因而觸犯了一些人的私利。

當時，朝臣中有所謂蜀黨、洛黨、朔黨。蜀黨以蘇軾為首，呂陶等為輔；洛黨以理學家程頤為首，而以朱光庭、賈易為輔；朔黨以劉摯、梁燾、王岩叟、劉安世為首，而輔之者尤眾。三黨之間本無什麼大的原則之爭，只為些蕞爾小事，或逞個人意氣，互相攻訐。

由於蘇軾受到高太后的不次之賞，洛、朔兩黨就把他當成眼中釘，加上蘇軾這個人天性詼諧，也得罪不少人。有一次趕上司馬光病逝，洛黨首領程頤等多主用古禮下葬，說什麼「子於是日哭則不歌」；蘇軾幽了一默，開玩笑說「不言歌則不哭」，又說程頤等人所言之禮都是「枉死市叔孫通制」——把儒家認為是僅次於孔孟的人指為「枉死市」裡出來的，蜀、洛兩黨更勢同水火。

不久，在程頤的指使下，洛黨重將賈易、朱光庭等人抓住蘇軾在任策試館職時曾有幾句不當的話語，說蘇軾心懷怨謗。狀告到皇帝那裡，皇帝不置可否，作為太皇太后的高氏聽了稟報之後，做了一番諮詢。

右司諫王覿上書說：「蘇軾不過是遣詞失輕重之體罷了，若悉考同異，深究嫌疑，則兩歧遂分，定起朋黨攻訐之弊。因此學士命詞失旨，其事尚小；使士大夫有朋黨之名，大患也！」

高氏深以為然，於是，她親自下令，宣諭：「詳覽蘇軾文意，乃指今日百官、有司、監司、守令言之，非是譏諷祖宗！」為蘇軾洗清了冤屈。

以後，她又盡其所能地幫助了蘇軾幾次。

宋哲宗元祐八年（一〇九三年）八月，高太后身染重病。

已經在人生的旅途中奔波了六十二個春秋的她，身歷仁、英、神、哲四宗四個皇帝，相夫教子、教孫，可謂死而無憾。她唯一感到不能釋懷的是對一些忠厚老臣的今後安排。

知子莫若父，對於高氏來說，此俗語還可改成「知孫莫若奶奶」。老太后深知自己的孫子宋哲宗趙煦的性格，也深知孫兒的逆反心理，自己任用的大臣，他可能全都要貶謫，該為這些忠厚老臣們想一想了。

於是，高氏抱病宣來了呂大防、范純仁兩人，斷斷續續地對他們說：「老身受神宗皇帝顧託，同官家（指哲宗）御殿聽斷，卿等試言，九年間曾施恩高氏否？只為至公，一男、一女病且死，皆不得見！」說著說著眼淚撲簌簌地往下流。

范純仁見了，忙上前解勸。高氏望著范純仁說：「愛卿的父親范仲淹可謂忠臣。在明肅太后垂簾聽政之時，你的父親只勸明肅盡母道；而當明肅太后病逝，仁宗皇帝親政之時，則只勸仁宗先皇盡子道。愛卿要向你父多學習啊！」

范純仁百感交集，忙躬身施禮，說：「臣不敢不從命。」

平息了一下情緒，高氏又把目光轉向呂大防，說：「先帝在日，常常追悔往事，至於泣下。此事官家已深知。老身沒後，必多有調戲（挑撥離間）官家者，公等應當早早思退，令官家別用一番新人！免得遭禍。」呂大防重重地點了點頭。

囑託完了後事，高氏命人端來社飯（祭祀天地時所用），賜給范純仁、呂大防（這是莫大的榮寵），歎息著說：「明年社飯時，不要忘了老身啊！」

西元一〇九三年九月戊寅日，一代英后高氏駕崩，享年六十二歲，葬於永裕陵。

需要補充一筆的是，高氏病死以後，其孫哲宗一反其政而行之。他不僅將高氏貶謫的蔡確、邢恕等人追復原來的官職，而且還連連升他們的官。

邢恕等人既得皇帝的信任，就與章惇、蔡卞等人相勾結，妄圖廢高氏為庶人（死後追貶，此計甚毒），多虧了神宗之妻哲宗之母向太后拚死相爭，以「吾日侍崇慶（崇慶宮，用來代替高太后），天日在上，此語何從出？且帝必如此，亦何有於我」相爭，這才使得追貶陰謀未能得逞。

當一個好人難，當一個好的統治者就更難了！尤其當她是個女人時。從高氏的一生中，我們定會悟出許多的人生道理。

兩度被廢，三度崛起

——宋哲宗皇后孟氏

◎釵黛滿宮中，斯人獨賢淑

◎撤座戲妃非本意，被廢一進瑤華宮

◎慷慨激昂，鄒浩幾度進言
因人成事，孟氏復立為后

◎再次被廢，因禍得福種希望
二度復位，臨危受命護河山

在北宋王朝九任皇帝二十六個皇后中，有一個人的經歷頗為傳奇。她，十六歲進宮，五十九歲病死；她身跨北宋、南宋，親歷四帝，兩度被廢，三度崛起；她為趙匡胤開創的大宋王朝又延續了一百五十三年的天下。

她，是誰？

她，就是宋哲宗趙煦的元配夫人，宋哲宗的第一任皇后孟氏。

有上述經歷的這位孟皇后是個怎樣的人呢？

釵黛滿宮中，斯人獨賢淑

西元一〇九二年，其時還健在的宣仁太后高氏，和自己的兒媳向太后一起，為孫子宋哲宗趙煦的婚姻大事忙碌起來。

趙煦是十歲繼位的，到了這一年已整整十六歲，該考慮成家了。給皇帝擇偶，這在當時可是一件大事。該怎樣進行？神宗之妻向太后拿不出什麼好主意，只好求教於婆母高太皇太后。

婆媳兩人計議了好久，想出了一個辦法：

歷選世家女百餘人入宮——從有一定身分地位的家庭中，選擇德才兼備、品貌端莊的女孩子進宮備選——這大概是後來選秀女的雛形。

這一百多個世家小姐，都是百裡挑一，逐級選出來的。

在這千挑萬選的佳麗中，有一人，生得格外與眾不同。

前人程珌在〈念奴嬌〉中讚歎初見海棠花：「嫣然一笑，向燭花光下，經年才見。欲語還羞如有恨，方得東君一盼。天意無情，更教微雨，香淚流丹臉。今朝霽色，笙歌初沸庭院。」此詩用在這裡形容此情此景再合適不過。

太皇太后高氏、皇太后向氏看了之後都覺得此女較為中意，於是，單獨將她留下。經過一番詢問，得知此女姓孟，洛州（今河北邯鄲）人，其祖孟元，曾擔任過馬軍都虞侯。

交談中，此女應對有禮，不卑不亢，更加深了二位老太后對她的喜愛。於是，此女被留在了寶慈宮，由高太皇太后親自教以女儀。

轉眼到了西元一〇九二年的四月己未日，高氏做主，將此女扶立為皇后。

鑑於宋仁宗以來皇帝大婚禮儀簡略，高太皇太后、向太后聯合發布命令，「詔翰林、臺諫、給舍與禮官議冊後六禮儀制以進」。於是，朝廷組成了一個強大的婚娶班子，由大臣呂大防兼任六禮使，韓忠彥充任奉迎使，蘇頌、王岩叟充任發冊使，蘇轍、趙宗景充任告期使，趙宗晟、范百祿充任納徵使，王存、劉奉世充任納吉使，梁燾、鄭雍充任納采問名使。最後，小皇帝哲宗親至文德殿，冊封孟氏為皇后。

在孟氏與趙煦的大婚儀式上，高太皇太后歎息著說了兩句在當時看來讓人費解，但後來卻都應驗的話。高氏的第一句話是對小皇帝說的：「得賢內助，非細事也！」另外一句話則是自言自語，是評價孟氏的，語云：「斯人賢淑，惜福薄耳！然異日國有事變，必此人當之。」

撤座戲妃非本意，被廢一進瑤華宮

與孟后同時進宮的百名妙齡少女中，有一人姓劉，名清菁。此人不如孟氏那樣得兩位太后的歡心，但卻「多才藝，被專寵」，深得小皇帝宋哲宗趙煦的喜愛，被封為婕妤。

宋代宮中雖無森嚴的等級，但婕妤與皇后相比，畢竟還差了一大截。按理，劉清菁該對孟皇后俯首稱臣才對。但她卻恃仗哲宗對她的寵愛，處處不把孟氏放在眼裡。

宋哲宗紹聖三年（一〇九六年）八月的一天，孟后率一群妃嬪去朝拜景靈宮，劉清菁也在其中。朝見已畢，妃嬪們——無論是貴妃還是貴嬪，都侍立於側，唯獨皇后孟氏有座。劉清菁看了，心中不服，「獨背立簾下」，弄得「一人向隅，舉座為之不歡」。

孟氏的貼身侍女陳迎兒見了氣憤難平，高聲喝問：「那是誰啊？怎麼不侍立在皇后身側，自己跑到簾子下面涼快去了？」

劉清菁置之不理。

不久，冬至到了。冬至，在北宋時代也算得上是一個比較重要的節日。這天，孟氏再一次率眾妃嬪們去朝拜向太后（其時，高太皇太后已經病故了）。到了向太后所在的隆祐宮，太后尚未起床，眾人只好等待一段時間，於是內侍給孟皇后搬來了一把朱髹金飾的椅子。其餘的妃嬪們無論是站著還是坐著，絕無與皇后享受同樣規格的朱髹金飾椅子的非分之想，劉清菁卻命服侍她的內監郝隨給她也尋來一把同樣的椅子，而且大模大樣地就坐。大家都很氣憤，於是串通起來高喊「皇太后駕到」。一聽太后駕到，孟皇后趕忙站起，她往起一站，其餘的妃嬪們，包括劉清菁在內也只好都站了起來。

眾人躬身等了片刻，不見太后出來，孟皇后擺了擺手，示意大家再坐下等候。往下坐的時候，怪事發生了。別人坐得都很安穩，只有劉婕妤「噗」的一聲，來了個屁股蹲，跌了個四腳朝天。這一蹲，真把個平日裡千嬌百媚的劉美人蹲得花容失色！

劉清菁真是又羞又惱，索性連太后也不朝見了，站起身來，怒氣衝衝地回了自己所在的元符宮。回到宮內，劉清菁忍不住大哭起來。貼身太監郝隨頗為「體貼」地出主意說：「娘娘千萬不要小不忍亂大謀。倘若娘娘能替大家（宋代宮中常用『大家』一詞代指皇帝）生個一男半女，還怕將來坐不上那把朱髹金飾的椅子嗎？」

劉清菁想了想，不哭了。她暗暗在心裡恨死了孟皇后，認定使她挨摔出洋相的主謀就是孟皇后！

其實，天地良心，孟皇后事前對這件事一無所知。

但不久，孟皇后卻為此付出了極大的代價。為了報「一蹲」之仇，劉清菁詭稱孟皇后指使其養母燕氏以及法端尼姑用厭勝之術詛咒宮中，並以欺上瞞下、迅雷不及掩耳之勢將燕氏、法端等三十多人（都是孟皇后的親屬或親信）逮捕刑訊。主審官恰好是一心想與劉清菁套近乎的入內押班梁從政，陪審官則是內侍郝隨。

這兩人當審判官，那一場冤獄只是時間早晚的事了。史稱梁、郝二人「捕逮宦者、宮妾幾三十人，搒掠備至，肢體毀折，至有斷舌者」。

由於孟皇后平素為人比較體恤下人，因而那些被刑訊的太監、宮女們一個個至死也不肯信口開河誣陷她。事實上，那些人也沒法誣陷她，因為孟氏為人實在是循規蹈矩，不越雷池半步的。

熟悉她的人想必還記得，前不久，孟氏的親生女兒福慶公主突然染上了一場怪病，延醫用藥，百治無效。公主的姨媽、孟氏的姊姊疼外甥女，就有病亂投醫，從宮外弄來道家的符水，想要通過一些旁門法術來為公主治病。孟后知道後，大吃一驚，忙告誡姊姊：「姊姊難道不知道宮中與外面規矩不同嗎？這東西（指符水）是犯忌的啊！」訓導了姊姊幾句，孟氏又將此事稟報了前來過夜的哲宗皇帝。美色當前，哲宗根本就沒聽清皇后說的是什麼，他只是希望皇后快點為他侍寢，於是一場風波也就似乎過去了。

在一些影視作品中，我們常可以聽到，吃過男人虧的女人罵男人沒有一個好東西。這話雖然有些以偏概全，但若將它用來形容諸如宋哲宗之流倒也恰如其分。宋哲宗本來已經認定孟后的姊姊用符水給公主治病是「人之常情耳」，可是當比孟后更年輕、更漂亮的劉清菁給他多下了一些「枕上功夫」後，他在「一氣」之下，竟糊裡糊塗地將孟皇后廢黜了。

這裡面還有一個小插曲。

當梁從政、郝隨等人對那些寧死不招的太監、宮女束手無策時，案子被移交到御史臺。負責審理此案的御史董敦逸，一開始還是蠻堅持原則的。他看到那些「罪人」，一個個被打得「氣息僅屬，無一人能出聲者」，憑經驗立即斷定這是一場冤獄，但由於招架不住郝隨等人的威言要脅，只好昧著良心上奏。

小皇帝趙煦一看，人證俱在，也就認定孟后有罪——罪是什麼？史書無任何記載——於是下詔，將孟皇后貶為尼姑，賜號華陽教主、玉清妙靜仙師。

孟皇后一下子由皇后變成了出家人，她有了一個新的名字（法號）——冲真，遷居瑤華宮，當了女道士。

真是：

勘破三春景不長，緇衣無改舊時妝。
可憐昔日天下母，獨臥古佛青燈旁。

慷慨激昂，鄒浩幾度進言
因人成事，孟氏復立為后

有宋一代，文臣最愛上書言事，上至邊關軍情，下至皇帝是否該稱本生父為「皇考」，都要爭個昏天黑地。這樣的文臣難道對孟氏被廢一事會噤若寒蟬嗎？

此時的朝中，雖然最以賢德見稱的大臣范祖禹、劉安世皆因反對劉妃而被編管（貶謫）賀州、英州（邊遠之地），但正直的人還是如路邊的野草一樣，野火燒而不盡，春風吹之又生。

就在孟氏被廢後不到兩個月，我們在前面提到過的那位御史董敦逸首先良心發現，直接上書哲宗皇帝，極力為孟氏喊冤。董敦逸在奏摺中稱：「中宮之廢，事有所因，情有可察。」他直言因自己掩蓋了案件真相，恐得罪天下。

其時，劉清菁正如日中天，寵冠後宮，董敦逸的話當然被趙煦視為逆耳之言了。

偏偏有不怕被貶謫的。

西元一〇九九年九月丁未日，劉清菁爬上了夢寐以求的皇后寶座。

遠在瑤華宮的孟氏似乎一切希望都破滅了。就在她心灰意冷之時，貼身侍女為她帶來了一個意想不到的消息：朝中正有人竭全力攻擊劉氏，意圖把劉氏趕下剛剛登上還沒坐穩的皇后寶座。這個犯顏上書的人姓鄒，名浩，字志完。

鄒浩其人，雖然被人譏為不能力阻孟后之廢，但在打擊劉清菁以絕帝望，從而助孟氏復立上確實起了不小的作用。

之前，劉清菁將被立為皇后的消息剛一傳出，鄒浩就上疏言事。其疏云：

「立后以配天子，安得不審！今為天下擇母，而所立乃賢妃（指劉清菁，劉曾被封為賢妃），一時公議，莫不疑惑。誠以國家自有仁祖（即宋仁宗，可參見前面宋仁宗的事蹟）故事，不可不遵用之耳。蓋郭后與尚美人爭寵，仁祖既廢后，並斥美人，所以示公也；及立后，則不選於妃嬪而卜其貴族，所以遠嫌，所以為天下萬世法也。陛下之廢孟氏，與郭后無以異，果與賢妃爭寵而致罪乎，抑其不然也？二者必居一於此矣。孟氏罪廢之初，天下孰不疑立賢妃為后！及讀詔書，有『別選賢族』之語。又聞陛下臨朝慨歎，以為國家不幸。至於宗景立妾，怒而罪之，於是天下始釋然不疑。今竟立之，豈不上累聖德？」

此疏一上，輿論為之大譁。哲宗皇帝也不得不擺出個姿態，將鄒浩召進宮中，專門向他解釋。當哲宗理直氣壯地說出「此亦祖宗故事，豈獨朕耶」時，鄒浩毫不客氣地予以反駁，他說：「祖宗大德可以效法的有很多，陛下不去效法大德而去仿效祖宗的小過，臣恐怕後世難免為人所責！」

鄒浩的這番犯顏直諫，似乎於短期內沒有收到什麼明顯的效果，因為不久劉清菁就被立為皇后了。

身處瑤華宮的孟氏卻對鄒浩有一種難以名狀的感激，至於為什麼，她也說不清。這大概是一種第六感覺吧。

西元一一〇〇年春正月己卯日，宋哲宗趙煦駕崩，年僅二十三歲。

可歎哲宗皇帝竟沒有一個子嗣，皇位由其第十一弟端王趙佶繼承。趙佶是為徽宗。

徽宗雖然是有名的無道昏君，但在上臺伊始，卻做了一件「有道」的好事。

這一年的五月，由徽宗親自下令，詔哲宗廢后孟氏復位並准其自瑤華宮遷回禁中。

再次被廢，因禍得福種希望
二度復位，臨危受命護河山

有一句俗語叫作「最毒莫過婦人心」，這話與孔夫子的「唯小人與女子難養也」有異曲同工之妙。

西元一一〇二年十月甲戌日，剛剛被迎回宮中，復立為皇后不到三年的孟氏又被廢為庶人。

這次被廢，其根源仍在劉清菁身上。

前面我們還沒有交代，在這兒補敘一下。劉清菁在其夫趙煦死後，被她的小叔子、新立的皇帝趙佶尊為元符皇后。

劉清菁是個心狠手辣的女人，見自己的死對頭居然能夠廢而復起，自然心中不滿，服侍她的貼身太監郝隨又是個專以整人逢迎主子為能事的小人。小人加上壞女人，就決定了孟氏的命運。

當然，要想扳倒孟氏，僅靠郝隨這一個小人是不行的，叵耐朝中君子不多而小人卻俯拾即是。在栽贓陷害等方面剛剛嶄露頭角的蔡京，借昌州判官馮澥上書論復后為非之機，勾結許將、溫益、趙挺之、張商英等人上書新登基的徽宗皇帝，請求再度廢黜孟氏。

蔡京等人在上書中對主張復立孟氏的人極盡詆毀攻擊之能事，說什麼「復瑤華之廢后，掠流俗之虛美，當時物議固已洶洶」！

徽宗皇帝無奈，只好再度將孟氏廢為庶人。

這一次被貶，孟氏在瑤華宮一待就是二十三年。

光陰倏忽，轉眼間到了西元一一二六年閏十一月底，已經嘗過一次南侵甜頭的金統治者再次揮師南下，北宋朝野上下一片恐慌。

過了年之後不久，金兵攻破北宋都城汴梁，雖有李若水、徐揆、歐陽珣等一班忠勇之士先後死節，李綱、种師道等人奮力抗擊，但徽宗、欽宗仍然被金人擄去貶為庶人。

北宋實際上已經滅亡。

西元一一二七年四月庚申日，金兵擄挾徽宗、欽宗及太妃、太子、宗戚三千人北返。其中金將斡離不裹挾的是宋徽宗、太后以及親王、皇孫、駙馬、公主、妃嬪（其中包括後來成為南宋高宗皇帝趙構的生身母親韋賢妃以及趙構之嫡妻邢氏）。

金將粘沒喝（即後世演義小說中常與金兀朮並稱的粘罕）則裹挾宋欽宗、欽宗皇后、太子、妃嬪、宗室以及孫傅、張叔夜、陳過庭、司馬樸等人北上。後來成為大奸臣的秦檜也在其中，不過當時秦檜並不是很壞，最壞的是另一個人，此人姓張名邦昌。

還在這一年的二月時，汴梁被攻破後不久，金人就開始籌謀廢立之事。

在金朝統治者看來，在短短的一年裡，面對兩次毀滅性的打擊，北宋王朝表現出的昏庸懦弱，說明趙姓子弟已失眾望。金人要想在中原立足，就需要扶植一個非趙姓的傀儡。

找個什麼樣的人好呢？選來選去，他們選中了一貫主張屈膝侍金的張邦昌。

先是，金人派其翰林承旨吳開、吏部尚書莫儔入城，令留守的北宋大臣「推立異姓堪為人主者」。

議了六天，眾人沒議出個所以然來。到了癸未日，經過威脅利誘，張邦昌終於登上了日思夜想的皇帝寶座。

御史馬伸、吳給聯合時任御史中丞的秦檜堅決反對立張邦昌為新皇帝，且痛斥邦昌在徽宗時代蠹國亂政，以致傾亡社稷事。金人大怒，把秦檜提了去。

三月辛卯日，金人遣張邦昌入城，居尚書省，令百官班迎勸進。閤門宣贊舍人吳革等謀誅張邦昌迎回二帝，未果被殺。

三月丁酉日，金人奉冊寶至，遂立張邦昌為帝，國號大楚。邦昌北向拜舞，受冊即位，遂開文德殿，設位御床西受賀。

由於做賊心虛，張邦昌傳令閤門出具訓示，著令百官不必朝拜。

聽到張邦昌僭位元元元的消息以後，人們都很氣憤。宋徽宗趙佶歎息著說：「邦昌若以節死，則社稷增重，今既尸君之位，則吾事決矣！」

有一個人心裡也很氣憤，但她卻沒有像大多數人那樣怒形於色，她在等待時機：「幹就要幹大事！」這個人就是孟氏。

說來真是「塞翁失馬，焉知非福」啊！孟氏此時仍在汴梁城內，金兵在盡擄北宋兩宮太后、皇后、妃嬪、公主等北上時單單就放過了她。原因不是別的，而是因為她雖然兩度為后，但其時已被廢黜，且經歷了瑤華宮失火，遷居延寧宮，延寧宮失火，又遷居相國寺前的私邸，她已不在宮中，從而成為漏網之魚。這大概是金朝南侵後犯下的一個重要錯誤。一向生長在北地的女真貴族做夢也不會想到他們無意中遺漏下的這個女人會使已被他們滅亡的宋朝死灰復燃。

當然，這些都是後話了。當時，張邦昌還是蠻猖狂的。他手下的一班狐群狗黨如王時雍、吳開、莫儔、范瓊等更是覺得自茲以後人莫予毒了。人隨將令草隨風，一班文武為了苟全性命，不惜對張邦昌屈膝稱臣。王時雍更是每言必稱「臣啟陛下」，幸虧群臣中還有一個能守大節的呂好問。

夏四月庚申日，金人裹挾徽、欽二帝北返。臨行前，他們打算留下一支兵馬衛護傀儡張邦昌。呂好問聽了，忙進言說：「南北有別，恐怕北國兵馬不服南方水土，難免出麻煩！」金軍統帥也覺得有理，就問道：「那麼，留下一個孛堇（相當於後金之貝勒，統兵官）統領他們不行嗎？」

呂好問回答說：「孛堇是貴人，倘若有個三長兩短的，我們可擔當不起啊！」

聽了呂好問的話，金國主帥沒有給張邦昌留下一兵一馬。

見金人已中計，呂好問心中暗喜。待這些北兵一撤出汴梁，呂立即去找張邦昌，態度十分嚴肅：「相公是打算真的當皇帝呢？還是姑且對金人虛與委蛇以待後圖呢？」

「你這話是什麼意思？」張邦昌一驚。

「沒什麼意思。我不過是想告訴相公，國人的心還是向著大宋，之所以在相公監國時沒有輕舉妄動，只不過是礙於女真的兵威罷了。」

見張邦昌想要開口，呂好問擺了擺手，以一副推心置腹的口吻繼續說道：「女真人現在已經全部北返，相公自己覺得這個座位能不能坐得牢？要知道，現在外有大元帥康王構（即趙構，後來的南宋高宗皇帝），內有前太后孟氏，豈非天意？此時倘若一味戀棧，則凶多吉少，但若速速歸政，則可轉禍為福！禍福無門，相公自擇吧！」

見張邦昌有些心動，呂好問繼續說道：「宮中並非為人臣者所居之處，為今之計，莫若請相公遷居殿廬，出入時不要用皇帝儀仗，不要再穿戴金人所贈皇帝袍服，下文書時不要稱聖旨！」

呂好問這番話像一陣暴雨，把個正得意忘形的張邦昌淋了個透心涼。他還沒有緩過勁兒來呢，前不久帶頭造他反的監察御史馬伸又劈頭蓋臉地給了他一番教訓。馬伸在寫給張邦昌的信中說：

「伏見逆胡犯順，且逼立相公以定國事。相公所以忍死就尊位者，自信虜退必能復辟也。忠臣義士不即就死，城中之人不即生變，亦以相公能定趙孤也。今虜退多日，吾君之子（即康王趙構）亦已知所在。相公尚處禁中，不反初服，未就臣列，以為外挾強虜之威，使人遊說康王，且令南遁，然後為久假不歸之計，一旦喧哄，孤負初心。望速行改正，易服歸省，庶事取太后命而行，仍速迎奉康王歸京。日下開門撫勞勤王之師，以示無間，一應內外赦書、施恩惠、收人心等事，權行拘取。俟立趙氏日，然後施行，庶幾中外釋疑，轉禍為福。不然，伸（馬伸自稱）有死而已，必不敢輔相公以為叛臣也！」

此書一上，張邦昌不由為之氣沮。

四月甲子日，張邦昌前往孟氏居所，敦請被廢的孟氏出山。孟氏二度復立為皇后，由元祐皇后改稱宋太后，遷居延福宮。

隨侍的宮女向孟氏賀喜，孟氏斥道：「國家不幸，喜從何來？且張邦昌冊太后語中竟有『尚念宋氏之初，首崇西宮之禮』，你們知道這是什麼意思嗎？」

「奴婢不知。」

「這是用我朝太祖即位時，迎後周太后入西宮之故事，從這兩句話中就可看出張邦昌並未完全死心。為今之計，當早早迎立康王，以成大事。」

不久，張邦昌迫於宗澤、呂好問等人的內外壓力，不得不請孟氏垂簾聽政。

聽政後孟氏做的第一件事就是派馮澥為奉迎使，令他與另一大臣謝克家以及康王的親娘舅忠州防禦使韋淵一行三人，捧著「大宋受命寶」到康王所在的濟州勸進。

然後，孟氏又親撰詔書，詔告天下。孟氏的這封詔書寫得沉痛悲涼，又激揚宕逸，因係她親自手書，故移錄於下。詔曰：

比以敵國興師，都城失守。祲纏宮闕，既二帝之蒙塵，誣及宗祊，謂三靈之改卜。眾恐中原之無主，姑令舊弼以臨朝。雖義形於色而以死為辭，然事迫於危而非權莫濟，內以拯黔首將亡之命，外以紓鄰國見逼之威，遂成九廟之安，坐免一城之酷。乃以衰癃之質，起於閒廢之中，迎置宮闈，進加位號，舉欽聖已還之典，成靖康欲複之心。永言運數之屯，坐視邦家之覆，撫躬獨在，流涕何從！緬懷共祖之開基，實自高穹之眷命，歷年二百，人不知兵，傳序九君，世無失德。雖舉族北轅之釁，而敷天同左袒之心。乃眷賢王，越居近服，已徇群情之請，俾膺神器之歸，由康邸之舊藩，嗣宋朝之大統。漢家之厄十世，宣光武之中興，獻公之子九人，唯重耳之尚在。茲惟天意，夫豈人謀！尚期中外之協心，同定安危之至計，庶臻小愒，漸底丕平。用敷告於多方，其深明於吾意。

此詔一下，康王趙構才在南京應天府築壇繼位，改靖康二年為建炎元年。康王趙構成了南宋第一位皇帝。

西元一一二七年夏五月，孟氏被高宗尊為元祐太后，同時撤簾歸政。

是年七月，東京留守宗澤上書趙構，稱「今逆虜尚熾，群盜方興。比聞遠近之警傳，已有東南之巡幸」，因而建議高宗起駕回汴梁。書上，趙構不悅，且以為是孟氏所使（孟氏此時亦在汴梁，而趙構則在南京應天府），於是下令將孟氏遷往揚州。

八月，高宗下令，改元祐太后為隆祐太后。據說，這是為了避孟氏祖諱（孟氏祖父名孟元）。這一稱號的更改倘不能說明什麼問題，那麼，以後數次遷徙孟氏，從揚州而杭州，由杭州而洪州，由洪州而虔州，充分說明高宗趙構對他的這位伯母，可是不怎麼放心的。

轉眼到了西元一一三〇年的三月，正在虔州避難的孟氏，突然接到高宗趙構的旨意，著請她趕赴越州。

高宗的這道旨意是盧益、辛企宗兩員大將傳遞的，盧、辛兩人還是敦請使。據他們透露，新任皇帝曾親口對他們說：「朕初不識太后，自迎至南京，愛朕不啻己出。今在數千里外，兵馬驚擾，當亟奉迎，以慰朕朝夕慕念之意。」

有了高宗這道旨意，已五十八歲高齡的孟氏只得再度踏上旅程。在路上整整走了五個月，她們一行才到達越州。

連年勞頓，加上心情抑鬱，孟氏在越州只住了半年。

西元一一三一年夏四月，兩度被廢而三度崛起的隆祐太后孟氏駕崩，終年五十九歲。死後，她被謚為昭慈聖獻皇后。

離間父子的兇悍皇后

——宋光宗皇后李鳳娘

◎生有黑鳳集家門
此女當為天下母

◎驕恣兇悍，遭孝宗訓斥
離間父子，阻光宗探病

◎斷宮女雙手裝盒送皇帝
取貴妃性命撒謊稱暴卒

在南宋王朝中，自高宗趙構起，直至光宗趙惇，祖孫三代三個皇帝都是在有生之年退位，自己當太上皇，而把皇位交給兒子的。其中，高宗趙構與光宗趙惇之傳位於兒子乃是迫於外界包括敵國的壓力，只有孝宗趙昚是完全出於自願。

禪位時已經年過花甲的孝宗皇帝做夢也沒有想到，他竟把皇位傳給了一個忤逆不孝的兒子。而這個兒子之所以忤逆不孝，實在是因為有一個比兒子更壞的媳婦。

宋孝宗的這個兒媳婦，姓李，閨名鳳娘，在南宋歷朝諸妃中以貪婪、兇殘、忤逆不孝而著稱。為了予人以完整的印象，我們不妨從李氏的童年寫起。

生有黑鳳集家門　此女當為天下母

西元一一四四年五月，安陽城內李家大院喜事臨門。

官拜朝廷慶軍節度使的李家主人李道老來得女，頗為高興。

今天是給女兒做百日，捎帶著給小娃娃取個名字。取個什麼名字好呢？

李道不由回憶起此女出生時的情景：

那一日自己正閒坐軍中（北宋時節度使無兵權，但至南宋時節度使卻經常在軍中，以備不時之需），靠讀蘇東坡的詩打發時光。

記得剛剛讀到〈洗兒詩〉。詩云：

人皆養子望聰明，我被聰明誤一生。
惟願孩兒愚且魯，無災無難到公卿。

忽接手下來報，說夫人生下一女。

「知道了。」李道淡淡地揮了揮手，他不喜歡別人在他讀書時前來打擾。見那個手下沒有要走的意思，他不耐煩地問：「你還有什麼事？」

「回大人，」那名得了李道小妾好處的手下煞有介事地說：「剛才，如夫人喜誕千金之時，小的見營外拴馬石上落了幾隻大鳥。這些鳥個個都是雞頭、燕頷、蛇頸、龜背、魚尾，五彩色以黑為主，高高大大。」

「聽你所說，莫不是鳳凰來儀？」李道被蒙住了。

「是的，大人明鑒，確是鳳凰，黑鳳凰。」

「好，你先下去吧！」李道換了一種比較溫和的口吻說：「你可以到總管那裡去拿幾兩銀子，就說是我賞你的。」

「謝大人！」

手下人走了之後，李道忍不住問自己：「李道啊李道，那鳳凰僅見於郭璞注《爾雅》時胡謅的幾句似是而非的話。你讀書泥古不化，手下人善於鑽營，各懷心腹事，竟造出一個有鳳來儀的虛假場面，要騙誰呢？」他想發火，卻又不好開口，只好又沉浸在蘇詩之中。

李道不想自欺，但他那個手下卻與他的小妾一起開始以「有鳳來儀」欺人了。這樣，不長時間，李道的一些親屬們都知道李道的這個女兒出世時有黑鳳盤旋於軍營左右。死愛面子的李道也真是百口莫辯，於是，就在女兒過百日時當眾替她取名鳳娘，作為一種「為了忘卻的紀念」。這個剛滿百日的女嬰從此有了一個名字：李鳳娘。

熱熱鬧鬧的百日宴過後不久，李道接上峰令，移師湖北。李鳳娘隨父左遷。

轉眼在湖北待了快六年了，一心想調回京城養老的李道有一日正在營中閒坐，手下親兵來報：皇甫坦來訪。

「快請！」

皇甫坦是誰？敢勞動李節使說個「請」字。

原來，皇甫坦是當時有名的道士。他這個道士不驅鬼，不畫符，不誦道德經，只是憑三寸不爛之舌和一雙察言觀色的眼睛，就能在每個大門口直進直出，人稱「皇甫半仙」。

李道之所以禮敬皇甫坦就是想借助於他經常出入達官顯要宅邸的機會，給自己和幾個已長大的女兒尋個好的出路。

將皇甫半仙接到屋裡之後，略事寒暄，李道忽然站起深深地作了一個揖。

皇甫坦見了，忙也站起還禮，驚問：「李大人為何行此大禮，豈不折殺老道！」

「久聞先生有善相之名，老夫也就不拿你當外人了。今天先生造訪寒舍，老夫想趁機會請先生幫我個忙！」說到這裡，李道附嘴上來，如此這般地說了一大堆話。

「這個……」皇甫坦有些憂慮，「茲事體大！」

「來呀！」李道使出了殺手鐧，「把我剛剛得到的軟玉拂塵拿出來送給皇甫先生！」左右從命。不久，一柄以硬玉做柄、軟玉為纓的純玉拂塵擺在了小几之上。

「些許薄禮，不足掛齒，敢請先生笑納！」

俗話說「黑眼睛見不得白銀子」，皇甫坦這個老道見不得玉拂塵，饒是他見多識廣，但這柄以純玉做成的拂塵卻是迄今僅見。面對這擋不住的誘惑，皇甫坦答應了李道的請求。於是，一場經過精心導演的「戲」開演了。

幾天以後，李府大宴賓客，酒至半酣之時，李道假惺惺地對皇甫坦說：「久聞先生的麻衣神相術獨步天下，敢請先生為小女一相！」

言畢，命人領出三個女兒。面對前兩個女兒的跪拜，皇甫坦坦然接受，但當小名鳳娘的李氏小女出來欲拜時，皇甫坦卻突然大驚失色。他連忙起身退讓，口裡連說：「不敢，不敢！」

在座賓客不明所以，見狀大驚，忙問何故。皇甫坦故作神祕地說：「此女日後當為天下母（即成為皇后），小道何德何能，敢接受她的一拜？」

由於皇甫坦的名聲極大，因此，李鳳娘的大名不久就傳遍了兩湖。

驕恣兇悍，遭孝宗訓斥
離間父子，阻光宗探病

大概自唐朝開始，道士們漸漸取代佛教徒進入政界，開始干預朝政。最有名的例子是唐代大詩人、素有「詩仙」之稱的李白曾經多方干進，甚至「生不願封萬戶侯，但願一識韓荊州」——想通過權臣推薦走上仕途，未果。而後來道士吳筠的一紙絹書，就使他待詔翰林。

到了宋代，統治者們對道教的尊寵有增無減，宋徽宗甚至封自己為道君皇帝。由於這種大氣候，李道和皇甫坦等人計議的事情才有了成功的可能。

西元一一五八年，皇甫坦進京。由於他的名頭極響，是以進京後不久，高宗趙構就接見了他。談及皇室家事時，皇甫坦提到李道之女，說她有「母儀天下之姿，莊雅嫻淑之貌」。子嗣全無、不得不從近親宗室中擇才德兼備者過繼為子的高宗皇帝聽了皇甫坦的話之後，不禁心動。不久，他親自下令，請皇甫坦做媒，聘李鳳娘為高宗長孫恭王趙惇的王妃。

由一個節度使的女兒一躍而成為王妃，李鳳娘似乎沒有什麼心理準備。

由於居家時排行最小，再加上父母的寵愛，李鳳娘自小養成了嬌生慣養、不能容人的性格。過門後不久，她就為一件小事和服侍她左右的人大吵了一架。事情的經過是這樣的：

早晨起床，一個侍女捧著銅盆請她洗臉。當時由於高宗有令，太上皇、皇上、太上皇后、皇后俱健在，因此，恭王府一切禮儀從簡，侍女服侍恭王及王妃不必每事都跪迎。這規矩李鳳娘是知道的。可是不知她抽的是哪門子邪風，見捧盆侍女沒有跪著侍候她，竟「啪」地一個耳光打過去，把侍女打得花容失色，接著還要打。

清醒過來的侍女不明所以，忙跪下問：「不知小婢犯了什麼過錯，惹得王妃發火？」

「打你就是打你，」從小在父親軍營中長大，見慣父親鞭打手下時不問青紅皂白的李鳳娘喝道：「還用問為什麼？」

侍女不服，恭王趙惇也聞聲過來相勸。李鳳娘見了怒從心起，氣急敗壞地跑到高宗、孝宗兩處分別「訴苦」，說丈夫不疼她，胳膊肘向外扭，還說宮女欺負她，服侍時竟敢站而不跪。

任由兩位老人如何解勸，李鳳娘仍是不依不饒，非要殺了宮女，讓丈夫賠罪才算完。把個高宗氣得，連連對妻子太上皇后吳氏說：「是婦將種！是婦將種！吾為皇甫坦所誤！吾為皇甫坦所誤！」見老爸生氣，孝宗趙昚覺得自己負有訓導之責，於是命人將李鳳娘叫到皇后宮中訓斥說：「你年紀也不小了，怎麼辦事這樣沒有涵養！趕緊回去，不准再鬧。今後做事要以皇太后為法，不然，行當廢汝！」

李鳳娘聽了，氣得鼓鼓的。

西元一一八九年二月壬戌日，孝宗趙昚下詔將皇位傳給兒子趙惇。

傳位之事由來已久，早在孝宗淳熙十四年（一一八七年）冬十月乙亥日，高宗皇帝駕崩時，宋孝宗就有避位為父親守三年之孝的打算。當時，孝宗詔曰：「太上皇帝奄棄至養，朕當衰服三年，群臣自遵易月之令。」整整過了一個月後，孝宗方在群臣的勸解之下身穿縞素出來視事，斷斷續續過了兩年。到了淳熙十六年二月，孝宗終於不想再等了，於是召集宰相周必大、留正，密賜「紹興傳位親札」，令其起草詔書，傳位給第三子趙惇。

趙惇繼位成為光宗皇帝，李氏順理成章地成了光宗皇后。

由於有剛進宮時遭當時太上皇（高宗）、皇帝（孝宗）訓斥的前嫌，李鳳娘對仍然健在的老公公趙昚心存芥蒂。偏偏趕上外間盛傳太上皇欲令皇帝誅殺宦官，宮中的一些經常為非作歹的太監心懷恐懼，遂圖謀離間趙昚、趙惇父子。

不久，光宗得了心疾（心臟病），孝宗想方設法弄來了良藥，想等兒子進宮問安時送給他。這種父子之情還是比較珍貴的。

誰料有個心懷叵測的太監向李鳳娘進言說：「太上皇合藥一丸，等皇上前去，就給皇上服用。不知此藥從何而來，倘有萬一，奈宗社何？」本來就對公爹不滿的李氏乘機向丈夫進讒言，唆使丈夫不服用太上皇所賜丸藥。

西元一一九一年十一月戊午日，因天寒，太上皇趙昚在自己的居所重華宮擺了一桌家宴，請來了兒媳李鳳娘。李鳳娘這天表現得頗為出色，斟酒布菜，頻頻祝酒，看太上皇有些飄飄然了之後，李鳳娘開口說話了。原來她是想請公爹出面，立嘉王趙擴（李氏所生）為皇太子。趙昚本有此意，但卻見不慣李鳳娘這種用人朝前、不用人朝後的做法，就說：「茲事體大，尚需從長計議。」

李氏一聽，不由惱羞成怒，忍不住以質問的口吻說：「妾，六禮所聘也；嘉王，妾親生也，何為不可？」

見李氏這樣沒有涵養，太上皇大怒，一場家宴不歡而散。

李氏回到宮中立即向光宗趙惇進讒言，並添油加醋地說太上皇有廢掉當今皇上之意。讓她這樣一挑撥，趙昚、趙惇父子之間起了隔閡。

趙惇由一月四次朝見太上皇變成幾個月不去朝見一次。

朝臣紛紛上書籲請光宗去朝見太上皇。祕書郎彭龜年在上疏中寫道：「壽皇（即孝宗，時為太上皇）之事高宗，備極子道，此陛下所親睹也。況壽皇今日只有陛下一人，聖心拳拳，不言可知。特遇過宮日分，陛下或遲其行，則壽皇不容不降免到宮之旨，蓋為陛下辭責於人，使人不得以竊議陛下，其心非不願陛下之來。自古人君處骨肉之間，多不與外臣謀，而與小人謀之，所以交鬥日深，疑隙日大。今日兩宮萬萬無此，然臣所憂者，外無韓琦、富弼、呂誨、司馬光之臣，而小人之中已有任守中者在焉，惟陛下裁察。」

疏上，光宗置之不理。

西元一一九三年九月庚午日，這一天，正是中國傳統的節日重陽節。

以趙汝愚為首的文武百官聯名上書光宗趙惇，請他率百官去重華宮朝見太上皇。書上，沒有任何結果。不久，宮內傳出旨意，挑撥趙昚、趙惇父子感情的罪魁陳源竟被皇帝封為內侍押班（太監首領）。中書舍人陳傅良拒不草詔，且上疏說：「陛下之不過重華宮者，特誤有所疑，而積憂成疾，以至此爾。臣嘗即陛下之心反覆論之，竊自謂深切，陛下亦既許之矣。未幾中變，以誤為實，而開無端之釁，以疑為真，而成不療之疾，是陛下自貽禍也。」

給事中謝深甫也進言說：「父子至親，天理昭然，太上之愛陛下，亦猶陛下之愛嘉王。太上春秋高（代指年紀大），千秋萬歲後，陛下何以見天下？」

陳、謝二人的上書有情有理，光宗看了之後不由心動，「命駕朝重華宮」。

旨意傳下來了，百官也都在外面等著。突然一件誰也沒有想到的怪事出現了：

當光宗從御屏轉出，準備出外時，從屏風後伸出一雙手來，此人是誰啊？

原來是皇后李氏李鳳娘。只聽李氏在屏風後對光宗嬌滴滴地說：「天寒冷甚，官家（代指光宗）且飲酒勿出去！」

這幾句話雖不多，卻把外面的文武百官、眾侍衛聽得面面相覷，做聲不得。

光宗真是名副其實的「妻管嚴」，見老婆不願放他走，他就真的想回去飲酒，而把出宮朝見老爸的事忘在了腦後。

就在光宗要由屏前轉到屏後之時，陳傅良（中書舍人，前面已提到過）緊走幾步，上前一把拽住了帝裾，懇請光宗不要取消早已公諸朝廷的朝父計畫。

光宗不從，兩人拉拉扯扯，不知不覺地從屏風前拉到屏風後。

早就對陳傅良的「多事」感到不滿的李鳳娘見狀厲聲喝道：「這裡是什麼地方？你這個窮秀才難道不怕被砍腦袋嗎？」派人將陳轟了出去。

踉踉蹌蹌地走出殿去，陳傅良突然伏地大哭。

李鳳娘聞聲派人前去查問：「此何理也？」陳傅良滿臉悲憤地說：「君猶父也，臣猶其子，子諫父不聽，則號泣而隨之。」

李鳳娘聞聽大怒，立即將陳傅良免職。

禮部侍郎倪思接著上書，把矛頭直接對準李氏，書云：「人主治國，必自齊家始，家之不能齊者，不能防其漸也。始於褻狎，終於恣橫，卒至於陰陽易位，內外無別，甚則離間父子。漢之呂氏，唐之武、韋，幾至亂亡。不但魯莊公也！」

書上，光宗仍然置之不理。

西元一一九四年夏四月，孝宗染上重病，病情急劇惡化。群臣屢次懇請光宗前往問疾，皆不許。一天，李鳳娘拖著丈夫光宗皇帝一起去玉津園尋開心。啟程之前，兵部尚書羅點上書請皇帝先去朝見孝宗然後再去遊園，言辭懇切。書曰：「陛下為壽皇子，四十餘年一無間言；止緣初郊違豫，壽皇嘗至南內督過，左右之人自此讒間，遂生憂疑。以臣觀之，壽皇與天下相忘久矣。今大臣同心輔政，百執事奉法循理，宗室、戚裡、三軍、百姓，皆無貳志，沒有間離，誅之不疑。乃若深居不出，久虧子道，眾口謗，禍患將作，不可以不慮。」

書上，光宗說了句「卿等可為朕調護之」，就又縮起頭來不肯出面了。

時任起居舍人的彭龜年伏地叩頭，血流地面，光宗看了有些鬆動，但李鳳娘仍死命阻攔，不許皇帝外出。

這一年的五月，孝宗病勢轉危，臨近死亡之時的老人，最希望能在閉眼之前見一見自己的兒子，這乃是人之常情。史書稱孝宗「欲一見帝（光宗），數顧視左右」，然而，光宗在李鳳娘的唆使下仍縮頭不出。

宋相留正、起居舍人彭龜年、兵部尚書羅點、御史陳傅良等人做最後一次努力，直至內宮福寧殿，希望能以真情激起光宗的思父之情。結果，由於李鳳娘的阻撓，此次努力仍然沒有成功。

西元一一九四年六月戊戌夜，以忠、孝二字為座右銘的宋孝宗卻被不孝的兒子、兒媳氣死於重華宮。是年，孝宗六十八歲。

據服侍孝宗的內侍稱，孝宗臨終前曾遙指李鳳娘所居的南宮，似有無窮遺恨。

斷宮女雙手裝盒送皇帝
取貴妃性命撒謊稱暴卒

倘若僅僅氣死公爹，那李鳳娘不過是忤逆一條惡名而已，但史書上卻稱她「性悍妒」，這是為什麼呢？

原來，這裡面還有兩個故事。

繼位時已年過四十的光宗，尤其懼內，因此雖有成百上千如花似玉的宮女隨侍在側，也不敢輕易染指。

西元一一九一年十月的一天，李鳳娘不在，光宗午睡起來，命左右宮女為他打水洗臉。當時宮中尚黃，一切器物非黃色不用。服侍光宗的宮女端的也是黃顏色的臉盆。

洗著洗著，趙惇突然不洗了，兩眼直勾勾地盯著宮女端盆的那雙手。

這是一雙什麼樣的手啊？但見十指尖尖，如蔥管襯玉；玉掌團團，如絹似緞，倘非昔年西施有，定是昭君腕上懸。

光宗見了有些忘乎所以，竟忘了洗臉，只是伸出手去撫摸那雙玉手，並欲臨幸。

恰好這時李鳳娘從外面闖了進來，見狀把臉一寒，賽過冰水。

懼妻如虎的光宗皇帝悄沒聲地抽回了那雙並不老實的手。

李鳳娘「嘿嘿」冷笑了幾聲，什麼也沒有說。捧盆的宮女嚇得花容失色，欲辯不能。她敢說是皇帝調戲她嗎？皇帝並沒有來得及把她怎樣啊！再說，她和其他美貌女子入宮難道不就是等著皇帝

「調戲」的嗎？她敢怨李鳳娘闖進來壞了她的好事嗎？自己只是個小宮女，不要說是皇后，就是貴妃、淑妃她也惹不起啊！她這裡還在胡思亂想，光宗趙惇可像個老鼠似的，偷嘴不成，立即腳底下抹油溜了。

幾天以後，以為一切都已風平浪靜的光宗皇帝突然接到一份由皇后遣人送來的禮物。據送東西的人說，皇后知道皇帝過於寂寞，因而送來一件禮物為皇帝解悶兒。

「是什麼東西啊？」光宗一邊解捆了好幾道的禮盒，一邊問：「捆得這麼結實？」解開包裝繩，光宗打開盒蓋，看了一眼，「啊」地一聲驚呆了：盒裡放了兩隻血淋淋的人手——這雙手光宗真是太熟悉了，幾天前他還為之神魂顛倒呢。原來就是那個捧盆宮女的手。

只見手下面還有一張紙條，條上寫著幾行字：

知陛下甚愛此手，特遣人取來奉上，以解寂寞。

這字定是李鳳娘寫的，手也是她親自遣人砍下來的。

可歎趙惇，堂堂的男子漢竟受制於一個女人！

有修史者在論及光宗這段時間的所作所為時，將他與隋文帝楊堅相比，認為楊堅雖也遇見悍妻（獨孤皇后），但在妻子醋性大發，殺死自己所愛宮女時，還敢騎馬出走，而光宗趙惇卻連這點勇氣都沒有。那個被砍掉了雙手的宮女真是冤透了！

除掉了宮女之後，李鳳娘把矛頭又對準了一個新的目標：黃貴妃。

像其他朝代一樣，宋代的宮廷，皇后並不是皇帝最親近的伴侶。稍後於光宗的理宗雖由母親做主娶了宰相謝深甫的孫女謝道清做皇后，但更受寵愛的卻是賈貴妃；光宗之前的仁宗，雖有郭皇后為正妻，但卻在皇后、貴妃爭吵中偏袒了貴妃。這些都是明證。

趙惇最喜歡的人當然不是李鳳娘。當了皇帝之後，他迷上了一個姓黃的婕妤，越級將其拔擢成貴妃。這位黃氏頗能體貼趙惇。據史書記載，趙惇患有「少白頭」的病，即位時頭髮已全白。宮女、妃嬪們雖然不敢笑話他，但光宗自己卻深以為恥。黃貴妃卻有獨到的見解，她說：「陛下華髮早生，有何可慮之處，語云『頭髮變白，否極泰來』！髮白正令群臣不敢小覷也！」

光宗一聽這個女人竟為自己的隱疾找到了堂皇的說辭，不由心花怒放，對黃氏寵愛有加。不久，李鳳娘的一個親戚為取媚李鳳娘，弄來一隻千年首烏（何首烏），獻給光宗，想讓他服下之後頭髮變黑，從而讓李鳳娘看起老公來更為順眼。剛剛從黃貴妃那裡尋來白髮即美理論的光宗，對這一本來並無惡意的貢奉拒不接受，他說：「朕頭髮已白，正可教天下之人都知道朕是老成的，何必用什麼首烏？」

獻媚不成，獻寶者悻悻地向李鳳娘告狀。早就恨黃貴妃奪走了老公之愛的李氏聞聽大怒，但她畢竟在宮中歷練了這麼多年，而且黃貴妃也不比一般的宮女。思之再三，一個惡毒的計畫在她罪惡的頭腦中醞釀成熟。

西元一一九一年十一月辛未日，光宗出宮去祭祖，當晚留宿齋宮。李鳳娘覺得機會來了。

這個晚上，風雨大作，宮中充滿了恐怖的氣氛。

黃貴妃所在的毓秀宮，突然潛進兩名不明身分的人。待黃氏從睡夢中驚醒時，一個枕頭已經堵在了她的嘴上。

第二天，李鳳娘派人急報光宗：昨夜風急雨驟，黃貴妃突然暴卒。

等光宗趕回來時，一切都已結束，他只能長歎一聲了事。

西元一二〇〇年六月乙酉日，李鳳娘病死，時年五十六歲。

沒名沒姓的皇太后

——宋寧宗皇后

◎善權變，以楊次山為兄得姓
性機警，投帝所好冊立為后

◎錙銖必較，恨殺韓侂冑
借刀殺人，巧用史彌遠

◎違寧宗本意，改立皇子
送理宗登頂，恩蔭族人

西元一一九四年六月戊戌日，孝宗皇帝駕崩。光宗以親生兒子的身分竟不出席父親的葬禮，甚至不為父親穿孝服，這在以孝治天下的宋代遭到了許多人的非議，整個朝中人心浮動。為了防止變故發生，由丞相趙汝愚提議，徵得太皇太后吳氏的同意，決定迫使光宗皇帝退位為太上皇，而立光宗之子嘉王趙擴為皇帝。年方二十六歲的趙擴做夢也沒想到夢寐以求的皇位就這樣輕而易舉地到手，連稱「使不得，使不得」！

坐上了皇帝寶座之後，他就迫不及待地為自己選美。

繼位後的第二年，他親自下令，在以產美女著稱的江浙一帶遴選一批美女充實後宮。這批女子中有一人來自浙江會稽，由於進宮時年紀太小，該女竟不知姓甚名誰。當時，誰也沒有想到這個不起眼的（僅僅外表漂亮，無任何顯赫門第）弱女子，後來竟參與了下一任皇帝的廢立，而且還成了皇太后。

這真具有幾分戲劇性。

這位頗具戲劇性和傳奇色彩的女人，就是本文的主角楊太后。

既然已說她忘記自己的姓氏，為何又要稱她為楊太后呢？

善權變，以楊次山為兄得姓　性機警，投帝所好冊立為后

宋寧宗趙擴雖然繼位之初荒唐過，但由於生性不喜熱鬧，因而載諸史冊的妻妾不過三人。楊氏，卻並非趙擴的首任妻子。

寧宗的首位皇后姓韓，其父韓同卿、母莊氏均默默無聞。韓氏之得立，實在是因為她有一個權有勢的叔父韓侂冑。

韓侂冑雖然在後來的歷史上並沒有什麼好的名聲，但在寧宗登基一事上可是出了大力的。據《宋史紀事本末》載，當孝宗病危時，朝臣徐誼致書趙汝愚，請他速速扶立新君，但趙汝愚束手無策。虧得時任知閤門事（相當於宮廷禁衛軍司令）的韓侂冑利用可以自由出入宮廷的方便，通過親信太監張宗尹、關禮，才說服了太皇太后吳氏，在這一年的秋七月甲子日，扶立嘉王趙擴即位，是為寧宗。

作為回報，第二天七月乙丑日，寧宗下令立韓侂冑的侄女韓氏為皇后，是為恭淑皇后。恭淑皇后韓氏並非專權弄國之輩，而且又是韓太師（侂冑）的侄女，因此皇帝對她也是禮敬有加。這些事情，楊氏（我們姑且先稱之為楊氏，因為她之姓楊，還在此後）看在眼裡，記在心上。當時，朝臣中有一個人也來自會稽，此人姓楊，名次山，在朝中隱隱能與韓侂冑相抗衡。楊氏決定認楊次山為兄，於是，遣一能言善辯的貼身內侍前往楊府，說明此意。

正愁無以與韓侂冑抗衡的楊次山聽了十分高興。他想：「韓侂冑之所以久盛不衰，權勢如日中

天，就是因為有親侄女在中宮做皇后。我若與韓抗衡，必先固根本！」當時，一班稱得上是俊逸之選的朝廷名臣，如趙汝愚、彭龜年、曾三聘、沈有開、葉適、項安世等，皆因宮內無靠山而在反韓（侂胄）的鬥爭中失敗。趙汝愚更有「觀侂胄之意，必欲殺我。我死，汝曹（指汝愚的幾個兒子）可免也」的慘痛說法。

宮中這位貴妃遣來內侍，欲認自己為本家兄長，從而認祖歸宗，這實在是一件「固根本」的好事。這好事求都求不來呢，焉有不認之理。

於是，楊次山慨然允諾。他煞有介事地杜撰了一個楊姓族譜，在其中一位同姓族叔的諸女之中，特意加上一句「其一女幼入宮中」，以增加可信度。

準備工作做得充分，加上寧宗對該貴妃也頗為寵愛，於是這位「幼入宮中」的貴妃有了一個新的姓氏——楊。以後，我們可以名正言順地稱她為楊貴妃了。

西元一二〇〇年十一月己未日，恭淑皇后韓氏崩於宮中。

中宮皇后一職出現了空缺。

該立誰為皇后呢？

當時，有權利參與競爭的除了楊貴妃以外，還有一位曹美人。這位曹美人除了長得有「閉月羞花之容，沉魚落雁之貌」以外，還有一樣好處，就是性格柔順。換言之，她是個漂亮有餘心機不足的美人。

楊氏呢？除了在外貌上與曹美人有一時瑜亮之稱，兼涉書史則遠非區區曹美人可比。

宋寧宗趙擴自幼身體單薄，喜靜不喜動，楊氏就在古今歷史上為皇帝找些例證，以證明皇帝這樣做有利於國計民生。宋寧宗趙擴自幼不能飲酒，不能吃生冷食物，楊氏就叫內監做了兩個大牌子，一面牌子上寫著「少飲酒，怕吐」，另一面牌子上寫著「少食生冷，怕痛」。當皇帝在宮內走動時，令兩個太監背著兩個牌子作為先導。寧宗到了哪裡，牌子就被豎在哪裡。每當有妃嬪宮女們勸皇帝飲酒或吃生冷食物時，就將牌子搬來救駕。

以上種種，深得趙擴的歡心，趙擴不止一次稱楊氏為他的左膀右臂。

皇帝喜歡楊氏，韓侂胄卻不喜歡。寧宗皇帝以往在許多事情上受制於韓，這一次會不會仍然扳不過韓呢？許多人拭目以待。

西元一二〇一年十二月甲申日，宮中傳來一個令韓侂胄沮喪的消息：自己一向厭憎的楊貴妃被寧宗皇帝乾綱獨斷，立為正宮皇后。

「叵耐這個賤人，」韓侂胄心裡暗暗罵道：「也不知用了什麼狐媚手段，叫那個小皇帝上了鉤！從今以後，老夫當無寧日了！」

韓侂胄的第六感覺是千真萬確的！

錙銖必較，恨殺韓侂胄
借刀殺人，巧用史彌遠

楊貴妃，不，應該說是楊皇后了，從其被立為皇后的那天起，就想除掉韓侂胄。

他們為什麼會有這麼大的仇呢？

話還得從楊氏由貴妃進位為皇后一事談起。前面我們已經談到韓侂胄曾力主策立曹美人為后，並多次祕密向寧宗進言。此事被楊次山的門客王夢龍探知，通過楊次山向楊貴妃做了密報。城府很深的楊氏當時沒有能力除掉韓侂胄，是以一直隱忍未發。當了皇后以後，在鞏固自己的地位之餘，楊氏一直在尋找機會進行報復。

西元一二〇四年春正月，一心想建立不世奇功以鞏固自己既得地位的韓侂胄定議伐金。這一年五月癸未日，寧宗追封岳飛為鄂王。

次年（一二〇五年）十二月戊寅日，金派遣太常卿趙之傑來宋朝恭賀正旦（元旦）。當著大金使臣的面，韓侂胄屢屢觸及大金皇帝完顏璟之父的名諱，這等於向一向不敢輕易開戰的金主完顏璟下了一封戰書。金人果然應戰。

西元一二〇六年夏四月庚午日，韓侂胄下令追論秦檜主和誤國之罪，削奪其王爵，改其謚謬醜。同年五月丁亥日，大宋朝直學士院李壁奉韓侂胄之命草定北伐詔書，略云：

天道好還。中國有必伸之理，人心效順，匹夫無不報之仇。蠢茲醜虜，猶託要盟，朘生靈之資，奉溪壑之欲，此非出於得已。彼乃謂之當然。軍入塞而公肆創殘，使來庭而敢為桀驁，洎行李之繼道，複漫詞之見加。含垢納汙，在人情而已極！聲罪致討，屬胡運之將傾。兵出有名，師直為壯。言乎遠，言乎近，孰為忠義之心？為人子，為人臣，當念祖宗之憤！

這篇宣戰詔書，平心而論，寫得還真不錯。無奈宋朝的軍隊並不給韓太師作臉！

先是郭倬、李汝翼兵敗宿州，接著又有皇甫斌兵敗於唐州，江州都統王大節兵敗蔡州。

同年十月丙子，金將僕散揆分兵九路南下攻宋：僕散揆自己將兵三萬，出潁、壽；完顏匡將兵二萬五千，出唐、鄧；紇石烈子仁（人名）將兵三萬，出渦口；紇石烈胡沙虎將兵二萬，出清河口；完顏充將兵一萬，出陳倉；蒲察貞將兵一萬，出成紀；完顏綱將兵一萬，出臨潭；石抹仲溫將兵五千，出鹽州；完顏璘將兵五千，出來遠。

這九路金兵，來勢洶洶，把個已近百年未經歷大規模戰爭的南宋小朝廷君臣文武嚇得個個心驚肉跳。

不堪一擊（主要是心理上）的南宋小朝廷上層人士內部散布著一種悲觀失望的情緒。和、戰雙方雖然互有消長，但主和派漸漸占了上風。

恰巧此時，金軍主帥僕散揆遣人前來，認為只要「稱臣、割地、獻首禍之臣」就可以結束雙方的戰爭狀態。

此信，連同其後出現的另外幾封金宮來信，差不多很快就到了楊皇后等人的手裡。他們認為，久已等待的時機就要到了。

西元一二〇七年十一月乙亥日，禮部侍郎史彌遠突然上書彈劾韓侂胄，認為「自兵興以來，蜀口、漢、淮之民死於兵戈者，不可勝計。公私之力大屈，而韓侂胄意猶未盡」，主張斬韓以謝天下。

史彌遠本是一個籍籍無名的小人物，他為什麼敢彈劾權傾一時的韓侂胄？

原來，他是得到了包括楊次山等人在內的反韓派的支持，更重要的是得到了楊皇后的鼓勵。

由於寧宗皇帝還多少有些顧及死去不久的韓皇后的情義，史彌遠的這封上書沒有任何結果。

此時，楊皇后出場了。

她先是通過皇子榮王趙詢上書，稱「侂胄再啟兵端，將不利於社稷」！寧宗仍然置之不理。見連兒子出面都說不動皇帝，楊氏決定自己去辦。

於是，她傳下密旨，命楊次山擇一二穩便大臣，便宜行事。

楊次山接詔後，商之於史彌遠。經過史的推薦，楊次山又找到了前兵部尚書錢象祖、直學士院李壁，以及主管殿前司公事夏震。

他們假傳聖旨，命夏震統兵三百，埋伏在韓侂胄入朝之路上。等韓氏早朝路過時，這些人一擁而上，將其拉到皇家花園玉津園側殺掉。

由於保密工作做得好，直到第三天早朝時，足不出宮的宋寧宗趙擴還不相信韓侂胄已死。

《宋史紀事本末》就此寫道：「彌遠、象祖以聞，帝猶未信。既乃知亡，遂下詔暴韓侂胄罪惡於中外。蓋其謀始於史彌遠，而成於楊后及后兄次山。」

經過七年的等待，錙銖必較的楊皇后，終於殺死韓侂胄，報了自己的仇。

韓一死，史彌遠開始引起寧宗的注意，楊氏也將史彌遠倚為心腹。

當然，這僅僅是他們的第一次合作。

違寧宗本意，改立皇子
送理宗登頂，恩蔭族人

寧宗趙擴子嗣不旺。楊氏雖然很早就充位中宮，但卻一直沒有為趙擴生下一男半女。我們前面提到的那位榮王趙詢，也是領養的宗室子弟。

西元一二二〇年八月癸亥，已被立為皇太子的榮王趙詢暴卒。寧宗又收養了一個宗室子弟趙貴和，並替他更名為趙竑。

兩年以後，趙竑被立為皇太子。

當時，史彌遠當國已久，宰執、侍從、臺諫、藩鎮皆其所舉薦，權勢炙手可熱，趙竑看了憤憤不平。

據史料記載，趙竑常常將楊皇后與史彌遠相勾結的事情書於几上，並自言自語說：「彌遠當決配八千里！」他又曾指著地圖對人說：「吾他日得志，必置彌遠於瓊、崖二州（極偏遠之地）！」

這些快言快語不久就透過史彌遠安插在趙竑身旁的親信傳到了史的耳朵裡。史又將之轉述給楊皇后，冀圖請楊氏在寧宗皇帝面前進言，廢掉不利於己的趙竑，而改立他人。

他人是誰呢？

識者笑曰：宗室子弟趙貴誠。

趙貴誠原名趙與莒，是燕懿王趙德昭之後，其父趙希聆、母親全氏都是平民百姓。貴誠是怎樣被史彌遠發現並推薦給楊皇后的呢？

話還得從一個名叫余天錫的人談起。

這余天錫本係史彌遠府上的西席（家庭教師），性謹願，頗得史賞識。西元一二二一年夏季，余天錫拜別史彌遠準備回家參加秋試。臨行前，史彌遠交代余一個任務，讓他得暇時為皇帝擇嗣。說來也巧，余天錫路過趙貴誠家所在的紹興山陰時，突遇大雨，為避雨他來到了當地的地保家裡。在這裡，余天錫見到了趙貴誠。自詡頗精於麻衣之術的余回京後稟報史彌遠，說他遇見過一個宗室子，此人姓趙名與莒，端的有龍鳳之姿，可做皇太子備用人選。

史彌遠很高興。

西元一二二四年秋八月丙戌日，寧宗趙擴突覺身體不適，接著病倒。

史彌遠為求自保，開始籌劃廢掉現任皇太子趙竑，而改立趙貴誠為太子。

處在深宮中的楊氏連著幾次接到史彌遠帶給她的口信，請求和楊氏面議國本。

可能是出於惺惺作態吧！一開始時，楊氏嚴詞拒絕，並云「皇子先帝所立，豈敢擅變」！史彌遠可是真急了。他不惜重金收買了楊皇后的兩個內侄楊谷、楊石，令他們一個晚上跑了七次，意圖說服楊皇后。

楊皇后終於撐足了面子，覺得自己為趙竑爭了幾次也算對得起老公了。於是，她宣布改立宗室子趙貴誠為皇太子。

寧宗皇帝當時已經氣息奄奄，由楊皇后親自下令，傳皇子趙貴誠入宮。

這真是一個非常微妙的時期。

當時，趙貴誠居住在沂靖惠王府，而趙竑居於萬歲巷。就與宮中的距離而言，當然是趙竑近而趙貴誠遠。二人誰先到宮中，皇位可能就會落到誰的身上。

楊皇后此時已完全倒向趙貴誠一邊，因此她宣來將要去傳遞口詔的宮廷侍衛，十分嚴肅而又嚴厲地對他說：「你知道要你去做什麼嗎？」

「回皇后千歲，宣皇子入宮！」

「哪個皇子？」

「這……」侍衛有些慌亂。他的心中一直是以趙竑為正宗的，但他並非趙竑的親信，甚至趙竑連他姓甚名誰都不知道，所以他也不怎麼堅決。

「告訴你，哀家（皇后自稱）要你去宣召的是沂靖惠王府中的皇子貴誠，而不是住在萬歲巷的皇子竑，你聽明白了？」

「小的明白了。」內侍抬腿要走，楊皇后又叫住了他，「要快去快回，不得有誤。差事幹得好有賞，幹不好可要小心你的頸上人頭！」

且說住在萬歲巷的趙竑在其寓所中恰如待嫁的少女，對未來懷有強烈的渴望，又懷有莫名的浮躁。他早已得知養父寧宗皇帝趙擴病勢加重，可能於今晚去世的消息，因此從晚飯以後就「屬目牆壁間」——扒著門縫往外看，看啊，看啊，眼睛都看花了。突然，他看見幾個宮內侍衛由遠匆匆而來，忍不住心中一喜，忙正了正衣冠，踱回廳內等候。

等啊，等啊，等了有半個時辰，也沒有人來敲他的門。

「不行，我不能坐以待斃！」趙竑自言自語道。

一夜無眠，次日天剛亮，趙竑就帶著一班貼身侍衛進宮。

心慌意亂的趙竑一直沒有注意到發生在他身邊的侍衛人數上的變化——每過一道宮門，他的貼身侍衛就要被留住幾個。最後，來到寧宗靈前時，趙竑才發現，自己未當皇帝，卻已成了「孤家寡人」了。

他剛要發作，卻發現殿帥（宮廷武官）夏震正虎視眈眈地站在身後，身旁還有幾個人高馬大的帶刀侍衛，於是極不情願地閉上了嘴。

見已把趙竑「請」到，楊皇后下令，「召百官立班，聽遺制」——要宣布誰是新皇帝了。

趙竑此時拿出最後一點勇氣，試圖往金殿上闖，夏震一把把他拉住，阻止了他。

「今日之事，我豈有不上金殿而在殿下站班之理？」趙竑義憤填膺。

「未宣制以前，請皇子仍在此位恭候！」夏震話裡有話地敷衍說。

趙竑信以為真。他還在這裡等呢，突然「遙見殿上燭影中有人坐在御座」。「什麼？已經有人先我上殿了？」趙竑大叫：「是誰？是誰？」

還能是誰，此刻坐上皇帝寶座的正是前面提到的趙貴誠，不過，此時的趙貴誠已改名為趙昀。更重要的是，他已得到楊皇后的全力支持了。

因此，當宣制已畢，百官朝拜而趙竑立而不跪時，楊皇后斷然下令，命夏震強按趙竑下拜。這一拜下去，楊皇后的「掉包計」就算大功告成了。

宋理宗趙昀寶慶元年（一二二五年）春正月庚午日，潮州人潘壬與其堂兄潘甫、堂弟潘丙一起扯旗造反，造反的矛頭直指史彌遠和楊皇后（時正垂簾聽政）。

當時，在南宋境內有一支叛軍，其首領名叫李全，原是南宋的保寧軍節度使、京東路鎮撫副使。

潘壬等人為了成事，想拉上李全一起幹，他們的策略是：先扶立被廢閒居在湖州的趙竑，然後以「清君側」為名，揮師北上，直指京城。

這個主意想得是不錯，但叵耐李全那廝卻想讓潘壬的軍隊和朝廷的官軍鬥個兩敗俱傷，到時來個漁人得利，於是，按兵不動。

這下子可苦了潘壬兄弟，更害苦了趙竑。

趙竑對這場變亂是一直持反對態度的。據史料記載，變亂之初，他就躲在了水竇之中，被搜出後又與叛軍約法三章，首先一條就是「勿傷太后」。

可是，心狠手辣的史彌遠和錙銖必較的楊皇后卻沒有放過趙竑。

這場變亂被戡平以後，由楊皇后授意，史彌遠遣人至湖州下毒害死趙竑，對外則謊稱「以疾卒」。

由於這次平亂有功，次年十一月戊寅日，宋理宗下令尊楊皇后為壽明太后，紹定元年（一二二八年）又加尊號為慈睿。紹定四年（一二三一年）正月，楊皇后度過了她的七十歲生日，小皇帝理宗趙昀率百官朝慈明殿為她祝壽，又上尊號為「壽明仁福慈睿皇太后」。

西元一二三二年十二月壬午日，楊氏崩於宮中，享年七十一歲。

楊氏雖然沒有為宋寧宗生下後代，也沒有選個好皇帝執掌天下，但她的那些所謂的親戚卻都借助她的蔭庇而「雞犬升天」——其兄楊次山後來官至少保，封永陽郡王；次山的兩個兒子，楊谷封新安郡王，楊石封永寧郡王；楊皇后的侄孫甚至都娶了理宗趙昀的女兒周漢公主做老婆。楊氏算是活得夠本的了！

斷腕「殉夫」的智謀皇后

——遼太祖皇后述律平

◎「青牛嫗，曾避路」童謠助己成地皇后

◎簡重果斷平室韋 遠慮深謀釋延徽

◎斬腕殉夫蕩氣迴腸 愛子難立英雄氣短

西元十世紀中葉，正是唐王朝末期，中原大地群雄逐鹿，你爭我奪，亂哄哄，你方演罷我登場。一向臣屬於唐，奉唐太宗李世民為「天可汗」的契丹、回紇等北方少數民族乘機脫離中原羈絆。那時候，契丹族各部之間組成聯盟，由其中的一部選出可汗，另一部選出夷里堇（軍事長官）。西元九〇一年，一個年輕的契丹人耶律阿保機就任夷里堇。十五年後，他借助於結髮妻子的鼎力相助，建元神冊，大遼宣告誕生。

耶律阿保機的妻子，即我們本文的主角隨之成為大遼歷史上第一位皇后。

熟悉歷史的人應該知道，遼代的皇后大多數姓蕭，太后更是清一色的蕭氏。當然，這並不是巧合。一方面是因為身為皇族的耶律氏將述律氏和拔里氏的姓氏改為蕭，另一方面則是因遼代定下規制——耶律氏和蕭氏世代通婚。我們熟知的文學作品《楊家將》中的蕭太后蕭綽（蕭燕燕）就是遼代眾多蕭太后中最著名的一個。

那麼問題來了，我們本文的主角是否也姓蕭？

非也，雖然後來她的弟弟都改姓蕭，她卻一直用的本姓——述律，一直到死。所以，她成為遼代唯一一個沒有改姓蕭的蕭太后。

輔佐一代英主耶律阿保機成就帝業的這個沒有改姓的女人是誰？後世人又為什麼稱其是遼國歷

史上最可怕的女人？

我們將在本文中揭開此女神祕的面紗。

「青牛嫗，曾避路」童謠助己成地皇后

西元八七八年，契丹右大部，一個女嬰呱呱墜地。女嬰的父親原本是個回鶻人，其遠祖名叫糯思。糯思生魏寧舍利，魏寧生慎思梅里，慎思生婆姑梅里。這個婆姑梅里就是女嬰的父親，他娶了耶律阿保機的祖父勻德實的女兒，生下此女。二十九年以後，憑著自己的聰明才幹以及美貌，此女登上了大遼皇后的寶座。她就是述律氏，單名平，人稱述律平，閨名用契丹話說叫月理朵。

青少年時代的月理朵不僅人長得漂亮，是個遠近聞名的美人兒，而且頗工於心計。她和阿保機雖是姑表兄妹，但一開始卻並非青梅竹馬，一見鍾情。當時的契丹，雖不像中原漢人那樣有「男女授受不親」之大防，但少年阿保機卻是個「不愛紅裝愛武裝」的人。史載，當時的阿保機言談不離時事。他的伯父主持契丹國政，遇有疑問總是詢問他。長大以後，阿保機身高九尺，額頭豐滿，能拉三百斤拉力的硬弓，上馬殺敵、下馬決策，很少顧及兒女私情。

阿保機無暇顧及兒女私情，月理朵可有些等不及了。女大當嫁，十八姑娘一朵花，來求親的人踢破了門檻，可是月理朵卻不是嫌這個呆，就是嫌那個蠢。一來二去的，母親看出些端倪了，這小

女子是想嫁給表兄阿保機。「唉，癡女子！」母親歎了一口氣：「這單相思是要把人熬壞的啊！總得想個辦法才好！」

是啊，是得想個辦法。

不久，天旱無雨，契丹各部頭領及族人在遼水河邊舉行求雨儀式：「瑟瑟儀」。這瑟瑟儀有點類似於後世的蒙古族那達慕盛會，無論男女都可參加。儀式上要進行射柳比賽，男子依官位元高下順序射柳。女子則可駕勒勒車，踏青，折花，尋情郎。

還沒等盛會結束，會場上就到處傳著一件神奇的事。右大部的月理朵，遇見地祇（土地神）了，據說地神還給她讓路呢！此消息不知出自誰之口，但卻越傳越神，傳得有鼻子有眼。據知情者說，事情是這樣的：

那一天月理朵獨自駕著一輛勒勒車，沿著遼河趕往瑟瑟儀會場，走著走著，前面來了一輛青牛車，駕車人是個老嫗。別的勒勒車到了這輛車跟前倘不避開，不是翻，就是「毛」（指拉車的馬受驚）。眾人正覺得奇怪，眨眼間月理朵的車正好和青牛車走了個對面，只聽「騰」地一聲，眾人定睛一看，月理朵的車好端端地仍停在那裡，而那輛青牛車卻不見了。當時，大家都覺得不可思議，認定是遇上地祇了（契丹族一直流傳著青牛白馬的傳說，學者根據史料推測，青牛代表地祇，象徵女性；白馬代表天神，象徵男性）。

就這樣，一傳二，二傳三，慢慢地傳出了一首童謠：「月理朵，真神道，青牛嫗，曾避路！」

話雖沒有腿，卻跑得飛快。此事被阿保機知道了，一心渴望不凡，因而在擇偶方面也渴望不凡的表兄立即遣人向表妹提親。

結果，一提一個准，動了一番腦筋的月理朵改名述律平，下嫁耶律阿保機。不久，經過「燔柴告天」儀式之後，述律平正式成為大遼的地皇后。

簡重果斷平室韋
遠慮深謀釋延徽

遼以鞍馬為家，男女均有騎射傳統。在這種氛圍中長大的述律平，決不是個弱不禁風的美人兒。她不僅弓馬嫺熟，而且還頗具政治謀略和統軍指揮才能。

還是在統一契丹各部的過程中，有一次耶律阿保機率軍出征黨項，這是一次艱難的遠征：不僅要對付數十萬與契丹人同樣剽悍的黨項族人，而且還要遠距離奔襲，最重要的是得跨過橫亙於契丹與黨項之間的沙漠。阿保機為了示威於西夏，決定冒險出征。所謂冒險，並不僅僅是出征這一方，留守大遼的人也同樣危險。在當時，遼各部雖然名義上都奉阿保機為夷里堇，為可汗，但有些開化較晚的部族，如室韋諸部，卻對遼的統治陽奉陰違，而且一直在尋找機會脫離遼的統治。

室韋諸部中以黃頭、臭泊二部為最強。他們的首領名叫莫賀咄，兇猛剽悍，而且也很有野心。這時他探聽到遼兵力的三分之二都已被阿保機帶走，不由心中暗喜，立即召集手下眾千戶計議，準備乘虛直搗遼都上京。

細作將此事飛報朝廷，大遼留守的文武聽了無不為之失色，因為論起強悍兇猛，室韋比起化外之地的女直（女真）並不遜色。大遼的精兵都遠征黨項去了，剩下些老弱病殘，這仗怎麼打。久思無計，只好請負責留守的地皇后定奪。

「咱們能降嗎？」述律平問畏戰的大臣。

「不能！」誰敢說個「降」字啊！

「咱們可以退避三舍，把上京讓給莫賀咄嗎？」述律平不動聲色地又問。

眾人噤聲，有些膽小的新貴們確實有此打算。

「好，那就這樣吧！」述律平見沒人發表意見，大聲說：「同意退避三舍，讓出上京的人站到左邊，主戰的人請站到右邊！」

一陣沉默以後，有兩個畏戰又恃得阿保機之寵的新貴站到了左邊。

「還有沒有？」述律平平靜地看了眾人一眼，突然把眼一瞪，高聲喝令：「來啊，把這兩個畏戰、動搖人心的傢伙推出去斬了！」然後，她下達第二道命令：立即徵集所有在京的兵丁，把宮中的金銀玉帛拿出勞軍。

經過一番必要的準備以後，述律平立即揮軍北上，迎擊黃頭、臭泊二室韋，「奮擊，大破之。」（《遼史·后妃傳》）

以少勝多，大破室韋以後，述律平的威名遠揚到中原。當時的中原正是群雄割據的局面。後來建立了後唐的李存勖，當時還只是個晉王，他為了對付朱溫，而以「叔母事后」——認述律平做叔母，備極恭謹。割據幽州的劉守光也不甘居後，派心腹韓延徽前往結援。

誰知這韓延徽人是來了，但態度比起李存勖的特使來卻不恭得多，見了阿保機竟欲行敵軍之禮。一怒之下，一向自視甚高的遼太祖命人將韓延徽扣留，準備叫他到極北之地牧馬。

韓延徽來使時，述律平因為偶感風寒正在後宮休息，所以沒能參與接見。傳遞消息的宮女將發生在前廷的事一五一十地稟報給她的時候，述律平也不知從哪裡來的一股勁，從床上一躍而起，被一個宮女攙扶，立即去見丈夫。

見妻子抱病前來，耶律阿保機感到很不安，忙問有什麼事。

述律平喘息未定，說：「聽說陛下要懲治幽州來的使節韓延徽？」

「對，」阿保機氣呼呼地說：「叵耐這廝見了朕竟欲行敵軍之禮！」

「陛下打算怎樣處置他？」

「我已命人將他扣留下來，送到北地牧馬！」

「唉！」述律平長歎一聲，似有隱憂。

「愛妻有何見教？」

「還是不說了吧！」

「請講，請講！」

「聽讀書人說，南朝漢代有個蘇武出使北境，被貶去牧羊，結果成就了他的千古氣節，反襯出北境君王的不明！如今對這韓延徽應以禮招待，他守節不屈，是一個賢者啊！有此賢才，我們正需想千方設百計留住他，現在陛下卻要罰他去牧馬，豈非成他人氣節，墮我大遼賢君聲名！因此，深為陛下惜之！臣妾恐怕從今以後，天下賢能之士將裹足不敢北來，大遼文武中將多是不忠不孝之輩，可惜，可歎啊！」

求賢若渴的阿保機聽了皇后的話不由得驚出一身冷汗，大叫：「虛名誤我！」他立即遣人請回韓延徽。已是一身牧馬人打扮的韓延徽，手握一杆牧鞭，為遼太祖指劃統一天下之策，雖無諸葛孔明未出茅廬已先三分天下之雄才，但也著實出了不少好點子。諸如，築城供俘降的漢人居住（可免去大批漢人被「打草穀」的遼軍殺死、餓死）；建立各種法律制度，以免皇親貴族們胡亂殺人，等等。後來韓延徽以功被封魯國公，拜南府宰相，成為大遼的一個重要謀臣。述律平的識人之能得到了充分驗證。

斬腕殉夫蕩氣迴腸 愛子難立英雄氣短

遼太祖天贊三年（九二四年）六月乙酉日，耶律阿保機突然給妻子述律平及幾個兒子下了一道手詔：

> 上天降監，惠及烝民。聖主明王，萬載一遇。朕既上承天命，下統群生，每有征行，皆奉天意。是以機謀在己，取捨如神。國令既行，人情大附……良籌聖會，自有契於天人；眾國群王豈可化其凡骨？三年之後，歲值丙戌，時值初秋，必有歸處。

此詔一出，述律平覺得有些不祥。誰必有歸處？「歸」到什麼地方？這些當時諱莫如深的話她沒有說出來。

轉眼過了兩年，到了天顯元年（九二六年）七月甲戌日，正在渤海國（時已被併入大遼，改稱東丹）舊地扶餘城巡視的耶律阿保機突感身體不適。

病情發展得極快，到了晚上，天象連連示警。據《遼史．太祖紀》記載：「是夕，大星隕於幄前」——令人想起《三國演義》中的孔明逝世：「辛巳平旦，子城上見黃龍繚繞，可長一里，光耀奪目，入於行宮，有紫黑氣蔽天，逾日乃散。」

從甲戌日到辛巳日，不過七天的時間，南征北戰、拓疆開土的一代君王阿保機就死於床簀。「必有歸處」終於應驗了！

兇信報入後宮，述律平痛苦萬分，但她還得支撐著出來操辦家事，料理朝中事務。

當時，擺在她面前的是一個大而且雜的亂攤子。

且不說南有後唐，東有高麗，北有女直（女真），西有黨項，群敵環伺，內部這一攤也讓她頗費心思。

該立誰當皇帝？這是一個最切實、最迫切的問題。

按照漢人的傳統，「立嫡以長」，皇位恐怕該由皇長子耶律倍承繼，可是這個小字圖欲的大兒子卻最不為乃父阿保機喜歡。述律平也夫唱婦隨，像春秋戰國時的鄭莊公的母親鄭太后一樣，覺得大兒子遠不如二兒子耶律德光那麼順眼。立誰？不立誰？好在還有些時間可供思考。

第二天（壬午日），一夜沒有合過眼的述律平神態剛毅地出現在前廷，開始了她為期近兩年的臨朝稱制生涯。

稱制後的第一件事，述律平就安排丈夫的遺體西遷，這是一件大事。

遼代雖然不像南朝漢人那樣講究厚葬，但一個堂堂的天子死了，怎麼也得操辦一番吧。於是，時間就耽擱了下來。直到這一年的八月甲午日，述律平才扶著丈夫的靈柩西返。

走了將近一個月，回到了遼都上京。由於事出倉促，眾人只能權且先把大行皇帝的靈柩安放子城（城中之城）的西北。

遼太祖是於他逝世的第二年即西元九二七年八月才入土安葬的。

這期間，遼先後發生了盧龍軍節度使盧國用叛奔後唐，以及大遼南院夷里堇耶律迭里、郎君耶律匹魯等謀反的惡性事件。幸虧「權軍國事」的述律平老謀深算，處置有方，才沒有使處於「瓶頸」階段的大遼出什麼大亂子。

且說阿保機入土的那一天，一開始，一切事情都按部就班，有條不紊：

先是未亡人哭臨於蕞塗殿。大行之夕四更天，群臣入柩前三致奠。然後，官員抬著靈柩出西北門，小心翼翼地把它安放在早已準備好的轀輬車（古時的一種臥車，因李斯最早曾用它載過秦始皇的屍體，後代用之代喪車）上，靈柩的下麵要鋪素色的褥子。行前，巫者還要行「祓除」的儀式，這樣一折騰，不知不覺就到了第二天早上。當轀輬車行至墓地時，早已候在這裡的皇族、外戚、眾文武，在京的各色官員大小人等，再一次叩頭靈前，焚香祭奠。

然後，宮人開始燒太祖皇帝生前用過的弓、箭以及紙紮的馬、儀衛等。

這些，本來都是「先人揚沙，迷後人的眼睛」，是做給別人看的，誰料一身喪服的地皇后竟不顧死活地要往火裡跳，想要自焚殉夫。此舉嚇壞了眾宮女，震驚了眾文武。他們一個個也顧不得等級之尊卑了，死死扯住了述律平。

只聽述律平傷心欲絕地哭道：「先皇啊，你這麼早就撇下我，這千斤的重擔我可怎麼擔啊！你是天皇帝，我是地皇后，沒有天，地還能做什麼呢？罷了，罷了，還是讓我隨你去吧！」見大家齊奏願一如既往接受地皇后的統轄，並且扯住自己的衣襟死死哀求，述律平心裡真是又得意又難過。

只聽「刷」地一聲，她抬手抽出隨身攜帶的寶刀，左手舉刀，右手伸臂，一刀斬去，一隻右手齊腕斬斷，嚇得眾文武噤若寒蟬。述律平卻強忍疼痛，用那隻殘存的左手高舉起自己剛斬下來的右手恭敬地舉過頭頂，低沉而又鎮定地說：「既然你們都不願意我追隨先帝於地下，那我就斬腕以代了！」說到這裡，她頓了頓，接著說道：「我們今後要君臣協力，倘有二心，有如此腕！」

這種「英雄斷腕」的舉動鎮住了當時所有在場的人。所以，當述律平趁熱打鐵說出立皇次子耶律德光為皇帝時，在場的人沒有一個敢持異議。

將二兒子拉上金鑾寶殿以後，述律平覺得有一種失落感。

是的，這一年她四十九歲，正是人生的壯年時期。作為開國君王的妻子，她曾參與了遼太祖耶律阿保機的一系列軍國大事，上馬管軍，下馬管民，真是日理萬機。如今教她待在元和殿，面對一群和她同樣年紀的宮女看日出日落，數星指月，她可實在有些受不了。

當然，也不是沒有熱鬧的時候。比如，前不久她過生日時，高麗、契丹、漢人各色人等（當然是有頭有臉的重要人物）及滿朝文武分班而立，天子親自「降御座，進奉皇太后生辰禮物」，然後由皇帝領頭，文武隨後輪班向她叩頭。之後，是皇帝親自向她敬酒，而且是跪著敬的，直等她滿飲此杯，再續上酒遞給皇帝時，皇帝才敢起身。然後是露臺上的五拜三叩首禮，且有漢人奏樂，契丹人起舞，端的是熱鬧非凡，但這熱鬧畢竟是太少了。

大遼也有一些傳統的節日，像什麼二月一日中和節，三月三日上巳節，五月五日討五賽，六月十八日宴國舅，八月八日屠白犬，九月九日群臣射虎等，述律平一點一點地消磨著這些節日，也一點一點地消磨著她的生命。倘不是因為牽掛著小兒子李胡，她也許早就與世長辭了。

述律平一共為阿保機生過三個兒子，長子耶律倍，次子耶律德光，三子耶律李胡。

三個兒子中她最器重的是次子，而最喜愛的則是李胡。

俗話說「小兒子，大孫子，是老太太的命根子」，這話不假！因此，當扶立次子承繼大統時，述律平就有言在先：「現在這個位子先由你（指耶律德光）坐，將來你一旦捐館舍，則要讓給老三。」乖覺的耶律德光初登大寶，想也沒想就答應了母后的要求，封三弟為皇太弟。

但這李胡卻實在是個扶不起來的人，《遼史》上稱他「少勇悍多力而性殘酷，小怒則黥人面，或投水火中」。有一次，遼太祖耶律阿保機命李胡兄弟三人在大寒日出去采薪（拾柴火），結果耶律倍不擇而取，拾回的最多，回來得最早；耶律德光拾的是乾柴，捆了一捆帶回來交差；只有李胡取少而棄多，什麼也沒帶回來，回到老爹面前，只能袖手而立。三人的長短由此可見一斑。阿保機當時曾有「長巧而次成少不及矣」的慨歎。

西元九四七年四月，耶律德光在南下伐晉（後晉）的北歸途中病逝。

消息傳到上京，述律平沒怎麼悲痛，她以為這下子該是小兒子當皇帝的時候了。於是，在遼都上京，述律平開始醞釀扶立李胡繼皇帝位。

誰料，李胡這壁廂皇帝的寶座夢還沒醒呢，就傳來眾文武擁立另外一個人當皇帝的消息。

被擁立的人名叫耶律兀欲，又稱耶律阮，乃是述律平最不待見的耶律倍之子，是李胡的親侄子。他是在鎮陽即位的。

鎮陽距上京近千里，等消息傳到李胡和述律平的耳裡時，耶律兀欲已經率南征之師北返，渡過黃河了。

連接兩番探馬細作報來的消息，把個述律平氣得差點兒背過氣去。她立即點齊了人馬，和李胡一起南下堵截打算回京的遼世宗（即耶律兀欲，耶律兀欲廟號世宗），兩軍在潢河（今內蒙古西拉木倫河）相遇，一場廝殺看來已是不可避免。史稱「孝友寬慈，有君人之度」的遼世宗實則是個詭計多端的傢伙。他怕真的打起來會留下以孫弒祖母、以侄弒叔的惡名，於是他決定釜底抽薪，派手下的說客、皇族成員耶律屋質去見述律平，請她三思而後退兵。

在潢河北岸的橫渡（地名），耶律屋質見到了好久未見到的太后述律平。

少了一隻手的述律平比以前憔悴多了。相互簡短問候了之後，耶律屋質說明瞭來意，大意謂：一朝不能立二主，現在世宗皇帝已承繼了大統，而且還得到了群臣的支援，就應該承認這個事實！

耶律屋質這個人是個有名的「花舌子」（能說善道的人），述律平不知不覺差點讓他給繞糊塗了。李胡卻不買耶律屋質的帳，只見他圓睜雙眼，高聲吼道：「一朝不可二主，為什麼立兀欲不立我？我在兀欲安得立？」

有恃無恐的耶律屋質快言快語：「本來打算立大王您的，無奈……」

「無奈什麼？」

「無奈公酷暴失人心何！」

李胡還想狡辯，述律平長歎了一聲，說：「癡兒，算了吧！過去，我和你皇父愛你異於常子，這溺愛坑了你啊！俗話說『偏憐之子不保業，難得之婦不主家』啊！娘已盡了力，但人心所向，皆不立汝啊！」說到這裡，一向侃侃而談的述律平忍不住有些哽咽了。服侍她的宮女突然發現，她們的主子娘娘竟好像一下子老了十歲！

遼穆宗應曆三年（九五三年）十月，一代皇后述律平死於大遼境內祖州，時年七十五歲。

蒙冤而死的才女皇后

——遼道宗皇后蕭觀音

- ◎姑嫁侄，可憐黃花女
  一片藍天四面牆
- ◎端莊淑謹正氣在
  苦口婆心諫丈夫
- ◎〈回心院〉十首，難使夫君回心意
  〈十香詞〉陷阱，斷章取義蒙奇冤

在中國古代歷史上，遼道宗宣懿皇后是位頗富傳奇性的悲劇式人物。說她富有傳奇性，是因為身處「文化沙漠」的契丹地界，卻能寫一手好詩詞，彈一手好琵琶；說她是個悲劇性的人物，是因為她大概是中國歷史上第一個被誣以與伶官私通遭殺害的皇后。

這位宣懿皇后姓蕭，小字觀音，史稱蕭觀音。蕭觀音過人的才華和含冤而終的結局無疑為其生前身後平添了幾分悲涼，如此也難怪後世的詞人、詩人個個為其扼腕歎息。清代的朱彝尊在〈詠蕭觀音〉中寫道：「細草含茸，圓荷倚蓋，猶與舞衫相似。回心院子，問殿腳香泥，可留蕭字？懷古情深，焚椒尋夢紙。」就連清代著名的大才子納蘭性德看到蕭觀音曾經梳妝過的地方都要懷古詠歎一番：「六宮佳麗誰曾見，層臺尚臨芳渚。……一鏡空濛，鴛鴦拂破白去。……看胭脂亭西，幾堆塵土，只有花鈴，綰風深夜語。」

讓後世文人如此執著的這位悲劇式的遼代才女經歷了哪些故事呢？

姑嫁侄，可憐黃花女
一片藍天四面牆

遼王朝共傳了九任皇帝，其中第六任皇帝遼聖宗耶律隆緒的妻子名叫蕭耨斤。這蕭耨斤史稱欽哀皇后，乃是大名鼎鼎的述律平之弟阿古只的五世孫女。她為耶律隆緒生過兩個兒子，一個是遼興宗耶律宗真，另一個是皇太弟耶律重元。為了從根本上長期控制兒子，蕭耨斤做主，讓兒子娶了她弟弟家的蕭撻里，蕭撻里生了一個兒子，名叫耶律洪基。耶律洪基長大成人以後卻看上了蕭撻里的堂妹蕭觀音，亦即他的姑媽。

那時的蕭觀音年方二八，容貌出眾。有一首詞道得她的容貌身世，詞云：「架上鮫綃初剪，試看暈紅深淺。自是妝成憐瘦影，卻把胭脂濃染。錦帳裡更風流，合德生香吹遍。一帶柔條疑豔，綠刺細垂深院。買笑黃金頒內府，故故含顰相見。薄幸恨東風，絳雪吹殘千片。」

按照契丹部族互婚的傳統，蕭姓女子是都應嫁給耶律氏男人的。但蕭觀音覺得自己和耶律洪基畢竟輩分上差了一輩兒啊！倘若自己嫁過去，見了昔日的堂姊蕭撻里，是叫她姊姊呢，還是稱她婆母呢？蕭觀音感到很委屈。

蕭觀音自小工詩詞，這詩詞本屬於南朝漢人弄的玩藝。在學詩填詞的過程中，南朝漢人的文化價值觀念也逐漸植根於她的心中。當時的宋朝正是程朱理學盛行，講求男女授受不親，主張重綱常，正人倫，自己一個黃花閨女，卻要以姑姑的身分下嫁給侄子，這像什麼話啊？少女的心中湧起了陣陣愁雲。

這天，蕭觀音正在自家的後花園玩味唐人嚴惲的詩句：

春光冉冉歸何處，更向花前把一杯。
盡日問花花不語，為誰零落為誰開？

忽聞門口吆五喝六，像是正在舉行什麼喜慶的事情。蕭觀音正疑惑間，只見貼身丫環氣喘吁吁來報，說由皇太后、皇后二人做主，已將她許配給燕趙王耶律洪基為妃。朝廷派來行冊妃禮的押冊副使已經到了她家門口的接官廳內，老爺請小姐趕緊出去接旨。

心亂如麻的蕭觀音內心一片茫然，她不知道該不該接旨。燕趙王是當今聖上唯一的兒子，將來很有希望成為皇上。那時由王妃而皇后，由閨中小姐而母儀天下，這誘惑力是夠大的了。但姑侄夫妻，生兒育女，這……

丫環彷彿是猜透了她心思似的，說：「小姐，我看您是中了南蠻子的詩呀、詞呀的毒太深了！我們大遼可不學漢人那麼多臭規矩。皇太后、皇后她們的話就是聖旨，小姐想想看，聖旨可以違抗嗎？再說老爺、太太怎麼辦呢？」

這丫環囉唆地說了半天，就最後一句讓蕭觀音動了心。是啊，年近花甲的老父蕭惠當時正因領兵征討西夏全軍覆沒而大受朝臣攻擊（事在遼興宗重熙十三年）。當今聖上雖沒有追究，但伴君如伴虎，現在不追究，並不意味著永遠也不會追究。

思及於此，蕭觀音長歎一聲：「罷了，罷了！誰叫我生在大遼，又是個孝女呢！」

於是，「一枝梨花春帶雨」。衣衫略整，她就出去跪拜接受了冊封。

幾天以後，鼓樂、百戲聲中，蕭觀音被接到燕趙王宮，開始了她的婚姻生活。

燕趙王府裡也有花、有草、有山、有水，可唯獨缺少了一種氣氛。

作為丈夫，耶律洪基對她也不是不體貼，蜜月裡他們幾乎每天都如初夜。看丈夫那笨手笨腳的樣子，蕭觀音發現他還不是拈花惹草的老手，但一個人活著不能總是飲食男女啊！

燕趙王府裡的圍牆真高啊！住在裡面像住在井裡，往上看去，只露出一塊藍天。蕭觀音不止一次暗想，要是能到外面去看看就好了！

端莊淑謹正氣在 苦口婆心諫丈夫

印度大詩人泰戈爾有一首很有名的詩，其中兩句為：「我追求我得不到的，得到的卻不是我所追求的！」古今一理，中外同形，八百多年前的蕭觀音就有泰翁詩中描寫的心情。

婚後不久，隨著蜜月期的結束，丈夫很快就恢復了他那「喜遊獵」的性格，開始遊山玩水、射獵。

遼以鞍馬起家，蕭觀音對丈夫的此舉一開始時也不以為意。「畢竟總比窩在家裡好些！」她心裡暗想。

耶律洪基對她還算體貼，知道她嫌王府氣悶（實際上是嫌王府沒有文化味），因此在遊獵時偶爾也帶著她。

這期間，蕭觀音是用讚賞甚至崇敬的眼光來看待丈夫和這個世界的。她甚至為丈夫圍獵時的英武而大唱讚歌：「威風萬里壓南邦，東去能翻鴨綠江。靈怪大千都破膽，哪教猛虎不投降！」老天爺也彷彿願意為這對小夫妻助興，重熙二十四年（一〇五五年）八月丁亥日，遼興宗耶律宗真一病不起，己丑日，崩於行宮。燕趙王耶律洪基入承大統，成為遼道宗，蕭觀音順理成章地成了母儀天下的皇后。

耶律洪基這皇帝的寶位來得可不容易，當時對他構成最大威脅的是他的叔叔耶律重元。按照洪基的祖母、太后蕭耨斤的打算，是想把耶律重元推到金交椅上去的。重元審時度勢，覺得母親過於天真，自己不是燕趙王的對手，於是就把太后的這一「陰謀」密報給侄子耶律洪基。洪基聞報大喜。為了表示對叔叔的感激之情，他特封重元為皇太叔，免拜不名（即上殿朝君時不用下拜，不用自報姓名），又封他為天下兵馬大元帥，賜以金券、四頂帽、二色袍等御用之物。妻以夫貴，耶律重元的老婆也一天比一天「妖道」起來，整天打扮得男不男、女不女、老不老、少不少，史稱「以豔冶自矜」。與她同時代的北宋詩人、文學家蘇東坡有兩句詩叫「年老簪花不自羞，花應惜上美人頭」，雖然諷刺的不是她，但用來形容這位因丈夫打小報告升官而不可一世的皇太嬸卻也可稱恰到好處。

一向端莊淑謹的蕭觀音對這位嬸婆婆的所作所為很不以為然。

在一次宮廷宴會上，蕭觀音安排了一組伶官（戲子）演了一出俳優（有點似今天的小品），戲中將一個年老貴婦人種種不服老的舉動做誇張性表演。蕭觀音一邊看戲，一邊歎息著對坐在她身旁的皇太嬸說：「為貴家婦，何必如此！」

蕭觀音用心良苦的規勸，被重元的老婆當成了嘲諷。遼道宗清寧九年（一〇六三年）七月戊午日，皇太叔耶律重元在其子涅魯古的脅迫下起兵反叛。幸得公忠體國的一干文武保護遼道宗，耶律洪基才得以掃平災禍（關於這一段歷史，香港武俠小說大師金庸先生在其巨著《天龍八部》中曾有過一段很精彩的描寫，相信讀過那一段的讀者不會忘懷）。亂平以後，耶律洪基自以為已成為不世之英主，於是更加放情山水，漸漸地把國事交給在平叛中表現「出色」的耶律乙辛，而自己則去獵虎射熊。

大約就從這個時候起，耶律洪基與蕭觀音夫婦二人的關係開始出現裂痕。耶律洪基屢屢外出，而將蕭觀音丟在宮中。見丈夫一副不可一世的樣子，蕭觀音屢屢婉言進諫，最常說的話就是「陛下既為天子，就當替天治國，打理朝政，撫育萬民」。耶律洪基卻根本聽不進去妻子的勸告，他希望妻子能在他射獵時再作上幾首「威風萬裡壓南邦」之類的詩，不料蕭觀音根本不肯助這個興。於是，一場曠日持久的「冷戰」開始了。

〈回心院〉十首，難使夫君回心意 〈十香詞〉陷阱，斷章取義蒙奇冤

有一句西方格言，叫作「男人的愛持久而不專一，女人的愛專一不持久」。蕭觀音雖是個女流

之輩，但她對丈夫的愛卻是既專一又持久的。為了挽救她和耶律洪基這垂死的愛情，蕭觀音揮筆寫下了一組題名為〈回心院〉的詞。這組詞計十首，其中最感人的有：

掃深殿，閉久金鋪暗。遊絲絡網塵作堆，積歲青苔厚階面。

拂象床，待君王。

換香枕，一半無雲錦。為使秋來輾轉多，更有雙雙淚痕滲。

寫出來之後據說連蕭觀音自己都有些感動。古代的詞是可以配成曲子演唱的，演唱曲子詞的人史稱伶官。伶官，即樂官。《詩經．邶風．簡兮序》中有「衛之賢者仕於伶官」的記載，這大概是最早見諸典籍的有關伶官的記述。到了五代十國時期，因統治者聲色犬馬生活的需要，伶官曾經興旺發達了一段時期。大名鼎鼎的歐陽修還曾寫過一篇有名的〈伶官傳序〉。到了遼代，伶官制度被當作一種文化而保存下來。《遼史》在其卷一〇九、列傳第三十九中還專門列了〈伶官〉一節，列舉了有名的伶官羅衣輕等。

當然，這些都只是背景材料。我們這裡要說的伶官是指遼道宗時的琵琶大王，此人姓趙名惟一。他與當時的另一名伶官高長命齊名，皆是以琵琶演奏新詞的能手。

前面我們已經提過，蕭觀音不僅才貌雙全，而且彈得一手好琵琶。〈回心院〉是組曲，要求兩架琵琶合奏，能與皇后合奏的只有趙惟一一人，連高長命都不行。

當時，在服侍蕭觀音的後宮奴婢中有個女子名叫單登，也會彈琵琶。她本是叛臣耶律重元的侍妾，重元謀反事發，她來不及逃走，而被罰入後宮為奴。也許是受了重元老婆的「薰陶」，單登總是想出風頭，譁眾取寵。

見皇后稱許趙惟一，她感到不服，便時常貶損趙。善良的蕭觀音雖覺單登「碟子裡扎猛子——不知深淺」，但還是很大度地安排她和趙對奏比賽。結果連單登自己都聽出來了，自己實在和人家差得太遠。

按理說，既然技不如人，就該苦練本領，偏偏單登卻不這樣想。她的心裡充滿了怨毒、仇恨——不僅僅是對趙惟一的，更是針對皇后的。單登為什麼這樣仇恨皇后呢？這裡面暗含著一段鮮為人知的故事。

那是重元之亂剛剛被平定，單登罰入後宮掖庭不久，愛好音樂的遼道宗耶律洪基不知從哪裡得知他這個小孀娘善彈琵琶，於是突然來了雅興。他派人傳召，命單登前來侍候。

水性楊花的單登一聽皇帝召見，立即打起精神前往。

參見已畢，但見她橫置琵琶，眉目含情，纖纖玉指雖不如白樂天「潯陽江頭夜送客」時所見之歌女，但也獨具一番北國風韻。加上此女工媚術，耶律洪基被迷得神魂顛倒，要不是礙於大庭廣眾，說不定會將她給「烝」（古書上指晚輩與長輩女性發生性關係。當然，長輩不一定年紀大，晚輩不一定年紀小）了。

坐在耶律洪基身後的蕭觀音一見單登這賤兮兮的樣子就煩了，當著她的面，就對耶律洪基說了一番誅心的話。其中最讓跪在一旁的單登受不了的是下面這句：

「此叛家婢女，中獨無豫讓乎？安得近御前！」

大意是說，單登乃是重元的家屬，不能不防備她學春秋戰國時晉國有名的刺客豫讓為了報主人的殺身之仇，自甘下賤以求臨場一擊。因此，不應把這樣一個「問題人物」留在皇帝的身邊。

「依愛妻之見，」耶律洪基試探著問：「該怎樣處置這個女子？」

「出遣外直！」蕭觀音簡短地答，就是把單登送外廷。因為這件事，單登打心眼裡恨死了蕭觀音。這種殺夫之仇、遭辱之恨恰巧被懷有野心的大奸臣耶律乙辛所利用了。

單登和耶律乙辛一在宮內，一在宮外，他們是怎樣勾結上的呢？關於這一點，《遼史》上沒有記載，《續資治通鑑》則有明文闡述。

原來，單登有個妹妹嫁給了一個名叫朱頂鶴的教坊供奉，朱頂鶴乃是耶律乙辛的男寵。因了單登妹妹、妹夫的裡勾外連，他們結成了死黨。

前面我們已經提到過，耶律乙辛在平定皇太叔耶律重元之亂時表現「出色」，因此，他先是被「拜北院樞密使，進王魏，賜匡時翊聖竭忠平亂功臣」，不久又被授予「加守太師」——代理太師的職務，操縱國政。《遼史·奸臣傳》上稱他「勢震中外，門下饋賂不絕」。

這樣一個人物又怎麼會與皇后結下怨仇呢？

原來，婚後不久，蕭觀音曾為耶律洪基生下一個兒子，此子名凌，後被立為皇太子。

太康元年（一〇七五年），太子開始輔政，奪去了耶律乙辛的一部分權柄。

奪權之仇，不共戴天，乙辛遂決定開始報復。他的方針是：欲攻太子，必先攻皇后！母以子貴，子靠母蔭，太子身上不好找碴，就在善良的皇后身上「下蛆」。

怨男恨女，耶律乙辛和單登勾結在一起，策劃出了一場千古奇冤。

西元一〇七五年十一月的一天，單登在乙辛的授意下，拿著一首詞來見蕭觀音。

「什麼事啊？」蕭觀音見自從與趙惟一比賽失敗，發誓不摸片紙的單登手裡拿著一張紙，好奇地問。

「回皇后娘娘，」單登畢恭畢敬地答道：「奴婢新近得到一首詞，據說是南朝宋國忒里蹇（皇后）所作。」

「南朝皇后作的詞？詞名叫什麼？」

「回皇后娘娘，叫〈十香詞〉。」

「〈十香詞〉？你拿著它進宮來幹什麼？」

「奴婢大膽，自上次與趙公公（即趙惟一）比賽琴藝，覺得輸的不僅是琴，奴婢於填詞吟詩之道，知之亦少。因此，拿來宋國忒里蹇所作的新詞，想請皇后幫我抄下來，度成曲，令奴婢試唱，以娛後宮！」

「難得你有這份心勁！」蕭觀音胸無城府地說：「就成全了你吧！」

「那太好了！很早就聽說皇后娘娘的書法是宮中一絕，今日有幸得見，堪慰平生！」單登害怕蕭觀音變卦，又連拍帶吹地夯實了一下。

蕭觀音接過單登跪呈上來的那首詞，看著看著不由皺起了眉頭。這首〈十香詞〉是這樣寫的：

青絲七尺長，挽作內家妝；
不知眠枕上，倍覺綠雲香。
紅綃一幅強，輕闌白玉光；

試開胸探取，尤比顫酥香。
芙蓉新失顏，蓮花落故妝；
兩般總堪比，可似粉腮香。
蝤蠐那足並，長須學鳳凰；
昨宵歡臂上，應惹頸邊香。
和羹好滋味，送語出宮商；
安知郎口內，含有暖甘香。
非關兼酒氣，不是口脂芳；
卻疑花解語，風送過來香。
既摘上林蕊，還親御苑桑；
歸來便攜手，纖纖春筍香。
鳳靴抛合縫，羅襪卸輕霜；
誰將暖白玉，雕出軟鉤香。
解帶色已顫，觸手心愈忙；
那識羅裙內，消魂別有香。
咳唾千花釀，肌膚百和裝；
無非瞰沉水，生得滿身香。

「這首詞怎麼寫得這麼肉麻？為什麼一點也不像我經常讀到的南朝晏、蘇、歐諸家詞？」蕭觀音在心裡暗暗問自己，也暗暗埋怨自己，「早知是這種寫得既淺又露的詞，就不該一口答應下來幫單登抄寫、度曲。」

思忖了一下，蕭觀音下定了決心，她嚴肅地告誡單登：「這首詞寫得過於香豔肉麻，不適合女子來讀。我本不該答應幫你抄寫、度曲，但既已允諾，不好全變。如今作個小小的變通，只幫你抄寫一份，不度曲，因為它根本不適合在後宮演唱！」說到這裡，蕭觀音頓了一頓，用更嚴肅的口吻說，「你可聽清楚了？」

「聽清楚了！」

「那好，拿紙筆來！」

單登奉上早就準備好了的紙筆，研好墨，蕭觀音接過來刷刷點點，不大工夫，就將那首〈十香詞〉抄寫了一遍。抄完之後，蕭觀音意猶未盡，於是口占一首七律，書於紙後。詩云：

宮中只數趙家妝，敗雨殘雲誤漢王。
惟有知情一片月，曾窺飛燕入昭陽。

詩中明訴漢成帝皇后趙飛燕冶容誤國史事，趙家妝蓋由趙宋王朝忒里蹇引發而來。蕭觀音乃是由〈十香詞〉想到了「漢王」的皇后，又由漢王的皇后想到放蕩風流的趙飛燕、趙合德姊妹二人。最後兩句以一切皆空，帝王已成糞土，只有月光千古不變，暗蘊戒人及自戒之意。這是一首難得的詠史好詩。

詩成，當蕭觀音還沉浸在詠史的悲涼慷慨之中時，單登已將她親手抄寫的〈十香詞〉以及那首口占詩一起交給了蓄謀已久的耶律乙辛。

幾天以後，趁道宗單獨召見的時機，乙辛奏報，說有宮婢單登、教坊朱頂鶴狀告伶官趙惟一，事涉皇后，不敢自專，特請皇上定奪。

一向懶散不願理朝的遼道宗耶律洪基聽說有人狀告皇后，頓時緊張起來。不管怎麼說，皇后是他自己的妻子啊！於是問道：「什麼事牽涉到皇后？」

「回陛下，」乙辛裝出一副誠惶誠恐的樣子，說：「臣不敢說。」

「太師，這又何必，」耶律洪基肅然，「俗話有云『王子犯法，與民同罪』，只要有證據，朕是不會冤枉一個好人，也決不會放過一個壞人的。」

「陛下請看。」乙辛呈上那首〈十香詞〉，「這是不是皇后寫的？」

「從字體上看，確是皇后所書。」

「那麼，請陛下仔細玩味一下這首詞，看看它說了些什麼。」

「朕不慣文書，你細細講來。」

「是！」乙辛答應了一聲，立即展開如簧之舌。他先簡單地說了詞與詩的區別——除了字數、行數不像詩那樣整齊劃一以外，詞大多寫一些正人君子們所不屑的東西，是以人稱「詩之餘」。在南朝五代時，有一個溫庭筠，他創了一派詞風，叫花間派，像南唐後主、中主等都走這條路子，寫一些調情、偷情韻事。他最後道出皇后所寫的這首詞，頗有溫庭筠之遺風。

乙辛真夠毒的，他不顧事實，遣詞用句上飽含心機，硬是把蕭觀音抄的這首詞說成是她寫的！

這不是移花接木、栽贓陷害嗎？

不學無術的耶律洪基別的都不明白，唯有「偷情」一詞最懂。見自己的老婆有偷情的嫌疑，他頓時氣得火冒三丈，下令皇后與單登等人對質。

美麗、善良的蕭觀音哪裡想到一首抄錄的詞會惹下這麼多麻煩，幸虧抄錄時她長了個心眼，留下了原稿。所以當耶律乙辛和另一名奸臣張孝傑訊問時，她以原稿作證，說明該詞不是自己所寫，而是應單登之請，幫她抄寫的。

一心必欲置她於死地而後快的耶律乙辛豈肯就此善罷甘休。退堂以後，這兩個奸臣仔細研究了那首書於〈十香詞〉之後的〈詠史詩〉，認為該詩可助他們成事。

「老太師！」差不多與「老太師」同年的張孝傑肉麻地叫了一聲，奸兮兮地開了腔，「我看這四句詩裡可以做些文章！」

「噢，願聞其詳。」

「太師請看，這首詩名為詠史，實為調情。若將其中這麼這麼解釋一下，不由陛下不信！」

「啊，對！對！真有你的，不愧是讀書人出身！」乙辛稱讚道。

「哪裡，哪裡！」張孝傑故作謙虛，接著話鋒一轉，「不過，倘若想將此案坐實，還須找個人證，光有詩做物證是不夠的！」

「這個嘛，」乙辛略一沉吟，說道：「就交給你了，拿那個趙惟一開刀，還有那個什麼高長命。從這些人嘴裡掏口供，張大人是最內行的了，我等著聽你的好消息！」

得了乙辛的鈞旨，張孝傑衾夜提審趙惟一、高長命兩人。張命人「加惟一以釘、灼諸酷刑」（《續資治通鑑》），嚴刑逼供。三拷之下，趙惟一昏死過去。張孝傑拿出早已寫就的判詞，拉過已經昏死過去的趙惟一的手畫了押。

「取證」工作結束後，乙辛來見耶律洪基，說經過審問，趙惟一又供出皇后與之關係暖昧的新罪證。

「新罪證？」耶律洪基不以為然地問。

「是的。」

「講來我聽！」

「這……」

「我最看不慣說話吞吞吐吐的人了，講吧，快講！」

「好。回陛下，那首附於〈十香詞〉之後的〈詠史詩〉，不知陛下還有沒有印象？」

「〈詠史詩〉？是不是那首『宮中只數趙家妝』啊？」

「正是。」

「那首詩罵的是南朝漢代的人和事，和朕以及皇后有何關係？」

「有，當然有！」乙辛搖頭晃腦、神祕兮兮地說：「陛下可曾聽說過『藏頭詩』？」

「藏頭詩？藏什麼頭？沒聽說過。」

「藏頭詩，是雜詩的一種。它表面上寫的是一回事，句中暗藏著另一回事。這本是南朝文人的無聊把戲，不知皇后怎麼學來了。」

「唔，說說看。」耶律洪基不願在臣子面前顯示自己的無知，就故意不懂裝懂地催問。

「臣記得皇后的〈詠史〉一詩共四句：宮中只數趙家妝，敗雨殘雲誤漢王。惟有知情一片月，曾窺飛燕入昭陽。這四句詩表面看來是詠史，但實際上卻於詩中暗藏趙惟一雲雨入昭陽之意。夫『雲雨』者，朝為行雲，暮為行雨，乃楚王與巫山神女……」

「不要說了！」耶律洪基突然斷喝道：「退下，朕要好好想想！」

乙辛退下，耶律洪基繞室徘徊。當時他心裡在想什麼，有關的史書沒有記載，但有一點是可以肯定的，他在心裡已將蕭觀音從皇后的位置上抹去了！

聞聽美麗善良的皇后竟遭誣陷，朝中主持正義的人士無不為之動容。

當時有一個名蕭惟信的樞密副使，像略後於他的南宋名將韓世忠一樣，去找北朝的「秦檜」乙辛，質問他說：「皇后賢明端重，誕育儲君，此天下母也。怎可以叛家仇婢一語動搖之乎？」

乙辛置之不理，耶律洪基也私下授意乙辛：將牽涉此案的伶官趙惟一、教坊高長命滿門抄斬，禍滅九族。然後，皇帝親自下令，賜皇后自盡。

聞聽母親的噩耗，皇太子耶律凌及蕭觀音所生的幾個公主「皆披髮涕泣乞代母死」。他們跪在耶律洪基的面前，苦苦哀求，不准；再三懇求再見母親一面，也未獲准。那種生不得求、死難見面的場景，今天想來仍令人為之心酸。明崇禎皇帝在李自成進北京時，曾慨歎兒女為何生在帝王之家，良有以也！

且說蕭觀音得知外有奸臣羅織誣陷，內有丈夫昏聵不容解釋後，傷痛欲絕，憤而寫出了名揚千古的絕命詞：

嗟薄佑兮多幸，羌作儷兮皇家。
承昊穹兮下覆，近日月兮分華。
托後鈞兮凝位，忽前星兮啟耀。
雖釁累兮黃床，庶無罪兮宗廟。
欲貫魚兮上進，乘陽德兮天飛。
豈禍生兮無朕，蒙穢惡兮宮闈。
將剖心兮自陳，冀回照兮白日。
寧庶女兮多慚，遏飛霜兮下擊。
顧子女兮哀頓，對左右兮摧傷。
共西曜兮將墜，忽吾去兮椒房。
呼天地兮慘悴，恨今古兮安極。
知吾生兮必死，又焉爰兮旦夕。

賦畢，投環自盡，時在遼道宗太康元年（一〇七五年）十一月辛酉日。

兩年以後，皇太子耶律濬也被誣害致死。

蕭觀音的千古奇冤，在丈夫執政期間沒有得到平反，直到她的孫子天祚帝耶律延禧執政時，才將真相大白於天下。

這時，已是西元一一〇一年，距蕭觀音之被冤蒙難已過了近三十年。

鐵蹄之下的薄命紅顏

——金海陵王的妃子們

◎一道手詔送入宮
三尺白綾了殘生

◎堂姊妹出入妃位
肥水不流外人田

◎孀娘舅媽成小妾
紅顏命薄可奈何

遼代後期，境內各階級、各民族的衝突急劇激化。生活在白山黑水之間的少數民族女直（即女真，下同）迅速崛起。西元一一一四年，女真族完顏部首領完顏阿骨打，會合諸部兩千五百名射手誓師，起兵反遼。次年正月，阿骨打稱帝，建立大金，是為金太祖。完顏阿骨打之後，金代又傳了兩任皇帝，他們是二任帝金太宗完顏吳乞買（阿骨打之弟）和三任帝金熙宗完顏亶（阿骨打之孫）。

到了金熙宗執政的晚年，國家大權逐漸落在宰相完顏亮的手裡。

西元一一四九年，完顏亮在經過多年準備之後殺完顏亶自立，是為金王朝第四任帝。

這位第四任金朝皇帝是個什麼樣的人呢？

臺灣史學家柏楊有過一段評語，他說：「完顏亮是金帝國第三任皇帝完顏亶的宰相……他跟七世紀隋王朝的暴君楊廣好像是一個模子裡燒出來的，都具有使人失笑的大頭症。無限權力到手後，他那一向艱苦克制的獸性全部爆發。」

據說完顏亮在奪得皇位後，向自己的心腹大臣述說自己的志向，其三就是「無論親疏，盡得天下絕色而妻之」。事實上，他也是這麼做的。為滿足自己的私欲，他將「婦姑姊妹盡入嬪御」。本文所要提及的這些后妃們，都是完顏亮罔顧人倫、不擇手段所得。

一道手詔送入宮　三尺白綾了殘生

完顏亮其人，在許多方面確實與隋煬帝楊廣相近：沒即位之前，都是道貌岸然；當了皇帝之後，都恨不得令天下美女盡入我被中矣，管她是誰！

最先遭受完顏亮亂倫之害的是一對可憐的母女，母親名叫蒲察阿里虎，女兒名叫完顏重節。蒲察阿里虎，這名字聽起來沒有多少女人味，但她本人卻長得十分迷人。

她本是金熙宗完顏亶的駙馬都尉沒里野的女兒。在被完顏亮姦汙以前，她已經嫁過人了，而且嫁了不止一次。

阿里虎的第一個丈夫名叫完顏阿虎迭，乃是熙宗一朝有名的跋扈太師宗磐的兒子，宗磐是金太宗完顏吳乞買的兒子。吳乞買生前，本應將皇位傳給宗磐，但考慮到自己的皇位是從哥哥完顏阿骨打手裡承繼過來的，為了對得起九泉下的老兄，吳乞買扶立阿骨打的長孫完顏亶繼位，是為金熙宗，而宗磐也順理成章地成了皇太叔。作為皇太叔的兒子，完顏阿虎迭也是個有名的花花公子。阿里虎嫁過去不長時間，花花公子就又開始出去尋花問柳，結果弄出一身髒病，一命嗚呼。

女真人沒有夫死妻為守節的習俗，於是阿里虎被送回母親家裡「待業」。不久，宗室完顏南家（人名）上門求婚。南家本人雖不值一提，但南家之父在當時卻是個「風雲人物」。

當時，金王朝以原北宋首都開封為南京，駐有重兵，為邊關重鎮。完顏南家的父親完顏突葛速就是這邊關重鎮的少數幾個握有兵權的大將——元帥都監。

蒲察阿里虎與完顏南家的這段婚姻，中間還有一段小插曲。當時，同樣是宗室出身的完顏亮正在叔父完顏宗弼（即大名鼎鼎的金兀朮）手下混日子。完顏亮也看上了阿里虎，但他一介少年，如何抵得上有元帥都監做靠山的完顏南家，只能眼巴巴地看著想要的女人投入別人的懷裡，心裡直生悶氣！

到了西元一一四九年十二月，完顏亮登上皇位後僅三天的時間，「日理萬機」的大頭症患者皇帝親自下了一道手詔：

「諭南京元帥都監完顏突葛速，速遣汝子婦蒲察阿里虎歸其母家。」

兩個月以後，完顏亮帶著一種報復的心理，娶回了他的夢中人。

這時，蒲察阿里虎雖已是徐娘半老，但風韻猶存。最令人歎為觀止的是她與第一個丈夫完顏阿虎迭結合時所生的女兒，如今已出落成一個標緻的大姑娘了。

此女名叫完顏重節，隨生母進宮，不幸被色鬼繼父完顏亮看中，於是，立即被繼父「接收」了過去。

《金史．后妃傳》上稱「昭妃（即蒲察阿里虎）初嫁阿虎迭，生女重節，海陵（即完顏亮）與重節亂」。

既娶母親，又強占女兒，完顏亮可以說是禽獸了！

完顏重節的母親覺得有些噁心。《遼史》上說：「阿里虎怒重節，批其頰，頗有詆訾之言。」——將自己的女兒打了一頓。

這件事不知怎麼讓完顏亮知道了，「不悅」。於是，蒲察阿里虎的厄運來了。

在金王朝的後宮之中，自皇后以下，什麼貴妃、婕妤、美人名號是固定的，但最低等的宮女卻向無定數。完顏亮執政時後宮佳麗最多，宮女也最多。一個男人擁有一大群女人，完顏亮常常顧此失彼，加上人為的喜怒，使得宮中多曠女。蒲察阿里虎雖然還時不時地接駕，但一想到與女兒共事一個男人，她就有些受不了，而她本人又天生離不開男人（這也就是她在第一個丈夫阿虎迭死後，馬上就下嫁完顏南家的原因之所在）。人急生智，阿里虎想出了一個「畫餅充饑」的辦法：她在服侍她的宮女中找出一個身體魁偉似男人的，令她女扮男裝，與她同臥共起，一舉一動「如夫婦」。這種畸形的生活是不是中國古代宮廷中的同性戀，我們不得而知，反正完顏亮已經注意到了。他令人找來服侍蒲察阿里虎的另外一名婢女三娘，令她監視蒲察阿里虎與那個名叫勝哥的女扮男裝者之間的接觸。

忠於告密職守的三娘在一次打小報告時被阿里虎撞見，於是，眼看性命難保。完顏亮何等狡猾，他遣人召來阿里虎，對她說：「既往不咎，你的事我可以不追究，但三娘是我的人，你也不應追究，尤其不可私設公堂，笞棰無辜。」

阿里虎恨恨地答應了。「該死，什麼無辜？」她想：「這賤婢是無辜的，難道我反倒成了『有辜』了？」

皇帝一走，她就將三娘叫來，罵一句，打一鞭，直到拷打致死。

此事不久即為完顏亮所探知，他不由想起阿里虎前不久私拿宮中的衣物給她與前夫完顏南家所生的兒子，以及打罵他的新美人完顏重節一事。於是，他大為光火，口口聲聲說「我非宰了這個婊子」！

說來也巧，蒲察阿里虎殺人的這一天恰好出現月食。完顏亮一向是個不信人但懼天的人，因而他沒有立即動手。

阿里虎聽說完顏亮要殺死自己替三娘報仇，遂開始絕食，想以自裁的方式解決她與完顏亮之間的恩恩怨怨。

狠心的完顏亮不放過任何一個可以摧殘人、折磨人的好機會，不等他忌諱的日期過去，就命人將蒲察阿里虎縊殺。三尺白綾，結束了一個多情女子的一生。

完顏重節不知所終。

堂姊妹出入妃位 肥水不流外人田

繼蒲察阿里虎之後，遭受完顏亮摧殘的是他的幾個堂姊、堂妹。她們是：完顏什古、完顏蒲剌、完顏習撚、完顏師姑兒、完顏莎里古真、完顏余都。

先簡單地交代一下這姊妹六人的身世、經歷：

完顏什古，本為宋王完顏宗望之女，先是受封壽寧縣主，被完顏亮姦汙以後，「出入昭妃位」——充任完顏亮的昭妃。

完顏蒲剌、完顏習撚都是完顏宗弼——亦即大名鼎鼎的金兀朮的女兒。其中姊姊完顏蒲剌是堂堂靜樂縣主，而妹妹完顏習撚是已經嫁過人的了，她的前夫名叫稍喝。

完顏莎里古真、完顏余都乃是金王朝太傅完顏宗本的女兒。她們倆也已婚，莎里古真的丈夫名叫撒速，余都的丈夫名叫松古剌。莎里古真還被封為混同郡君。

這姊妹六人中，完顏什古的年紀最長，因而完顏亮只與她做過幾次「露水夫妻」。後來，人老珠黃，她也就只有受她的弟弟兼情夫譏諷的份了。

完顏亮最寵愛的是完顏習撚、完顏莎里古真。

完顏習撚、完顏莎里古真都長得妖冶迷人，她們的丈夫也都年輕英俊。其中習撚夫稍喝是押護衙，莎里古真之夫撒速是近侍。套用一句武俠小說裡常用的話說，都是「御前帶刀侍衛」。

完顏亮不止一次地對稍喝和撒速說：「你們每天都要到外面值宿，拋下如花似玉的美人兒獨自一人在家，朕心何忍。不如讓她們住到宮裡來，由朕陪她們睡，卿等以為如何？」

稍喝和撒速還敢「如何」？要知道，「普天之下，莫非王土；率土之濱，莫非王臣」啊！

要說完顏亮其人，真算得上喜怒無常、不可揣測了。對於習撚、莎里古真，他愛起來可以在她們入睡時侍立於門外，並含情脈脈地說「我固以天子為易得耳，此等期會難得」，但若是怒起來，則可以捉來鞭打。有一次，完顏亮得知完顏莎里古真在外還與其他情人幽會，他竟咆哮著質問莎里古真：

「爾愛貴官，有貴如天子者乎！爾愛人才，有才兼文武似我者乎！爾愛娛樂，有豐富偉岸過於我者乎！」

把個莎里古真嚇得花容失色。

擺布完姊姊，完顏亮還不放過妹妹。他多次當著完顏余都的丈夫松古刺的面評品余都，最有名的一句是「余都貌雖不揚，而肌膚潔白可愛」。

自己的老婆，卻要別的男人來評品，松古刺心裡怎麼想，讀者大概可以揣度。

嬸娘舅媽成小妾　紅顏命薄可奈何

在被完顏亮強行占有的已婚婦女中既有他的堂姊妹，也有高他一輩的人，見諸史料的就有他的嬸娘和舅媽。

阿懶，是完顏亮的嬸娘，她原本是皇族完顏宗敏的妻子。完顏宗敏是完顏阿骨打的兒子，爵封曹國王，他是完顏亮的死敵。在弒殺金熙宗完顏亶後，完顏亮第一個要除去的就是他。據《金史・撒改等傳》記載：「烏帶（人名）曰：『彼太祖子也，不殺之，眾人必有異議，不如除之。』乃使僕散忽土殺之。忽土刃擊宗敏，宗敏左右走避，膚發血肉狼藉遍地。」

除掉宗敏以後，完顏亮馬上就要「接收」他的嬸娘。

可能是考慮到明媒正娶於理有些說不過去，他就採取了一貫的老辦法——強搶。

但嬸娘畢竟是嬸娘，和高一輩的人亂搞，而且公然冊封為昭妃，有人看不慣了。一些尚有正義感的人上書，認為「宗敏屬近尊行，不可」。

為了遮人耳目，完顏亮只好先把阿懶送出宮去。然後，派其親信徒單貞去見當朝宰相蕭裕，傳話說：「朕嗣續未廣，此黨人婦女（指阿懶）有朕中外親，納之宮中，何如？」

蕭裕雖係完顏亮的死黨，但畢竟是讀書人出身，尚有幾分廉恥。他委婉地拒絕說：「近來有不少宗室皇族被誅，中外異議蜂起，這個時候，有這個舉動，怕不合適吧？」

完顏亮可不管合適不合適，在他的再三授意之下，蕭裕只好屈從。他上書皇帝，請求皇帝「開恩」，為天下蒼生計，納阿懶為妃，以廣皇室嗣續。

完顏亮又故意推辭，這場雙簧演了好長時間。可憐阿懶，只因有幾分姿色，而竟被幾個臭男人當成玩物、當成道具，推來搡去。真是自古紅顏多薄命，從來美色多誤身啊！

與阿懶比起來，完顏奈剌忽的處境就更為悲慘了。奈剌忽本係完顏亮之母大氏的表弟媳，《金史》上沒有專門替她立傳。我們只能從若有若無的史料中知道，她的前夫姓張，名定安，她也是被完顏亮強搶入宮的。

到了宮中，奈剌忽並沒有得到完顏亮的寵愛，而是成為完顏亮在洩慾時「助興」的工具。《金史．后妃傳》上說，完顏亮「每幸婦人，必使奏樂，撤其幃帳，或使人說淫穢語於其前。嘗幸室女不得，遂使元妃（即完顏奈剌忽）左右之……」

大腳、大度、大寫的皇后

——明太祖皇后馬氏

◎逢荒年，元璋被郭氏扣押居常無食
遇險情，馬氏替丈夫懷熱餅肉為焦

◎刻薄寡恩，元璋殺胡殺藍欲殺宋
宅心仁厚，馬氏食素勸夫救子師

◎為一己打算，元璋大興文字獄
替萬民著想，馬氏勸立紅板倉

西元一三七〇年春正月，登基剛剛兩年的明太祖微服私訪，來到應天府（今南京）城南孔廟一帶，這裡正在舉行一次廟會。一家小雜貨店前，有許多人圍著一條「燈虎謎」思來想去。這條「燈虎」是一幅寫意畫，畫上畫的是一個天足婦女懷抱一個西瓜，下有一行小注：打今時名人一。

讀書雖然不多，但素以「有急智」著稱的朱元璋擠到人群中看了看，突然臉色大變，怒意頓生。一幅謎語畫為什麼會惹得皇上大動肝火呢？原來畫面上畫的人，據朱元璋分析，正是他的愛妻馬氏。

果不其然，一個不知好歹的年輕人笑對眾人說：「此謎謎底就是當今皇后馬氏。」見眾人不解的神情，他解釋說：「此謎為會意格：『懷抱西瓜』即『懷（淮）西』也；天足者，大腳也（其時婦女多纏足，且以纏足為美），合則為『淮西大腳婦人』，非馬皇后而誰？」

自作聰明的小夥子還在那裡喋喋不休，卻不知混在人群中的朱元璋已萌生殺機。後來，若不是那位被小夥子嘲諷過的「淮西婦人」大度，製謎者與猜謎者恐怕都難逃一死。

這則見於不少明人筆記中的故事所載基本屬實。

朱元璋的正宮皇后馬氏確是淮西人氏，而且她也確實是一位大腳娘子。

在以纏足為美的元末明初，馬氏敢於天足，想必她的為人，也一定不會等同於一般的凡俗女子。

逢荒年，元璋被郭氏扣押居常無食遇險情，馬氏替丈夫懷熱餅肉為焦

西元一三五一年，正坐在「火山口」上而不自知的元帝國統治者徵調天下民夫十七萬，準備堵塞黃河銅瓦廂決口，使其回歸故道，流向渤海。這本是一項建設性的工程，可惜它選錯了時間，尤其是選錯了方法：在人心思亂的動盪年代，把十七萬名怨恨滿懷的民工，強制徵集，使他們背井離鄉，完工後又無妥善安置，這在當時來說是甚為不妥的。此時，以白蓮教士身分作掩護的安徽潁州人劉福通遂乘機起兵反元。他那「石人一隻眼，挑動黃河天下反」的通俗有力的號召，使十七萬河工中的大部分人拿起了刀槍，成為反元戰士。

同年，農夫出身的徐州人李二（芝麻李）、布販出身的蘄水人徐壽輝也起兵反元。

又過了一年，安徽濠州（鳳陽）賣卜人郭子興也揭起了反元的大旗。

在郭子興的手下將士中，有一個來自濠州皇覺寺的小和尚。此人姓朱，幼名重八，後改名興宗，字國瑞。不過在官方所修的正史中，他的名字叫朱元璋。當然，朱重八之改稱朱元璋，那是起事以後的事了。

朱重八於西元一三二八年生於安徽濠州，亦即今天的安徽鳳陽。他十七歲那年（一三四四年），淮西大旱，赤地千里。其父朱世珍，母親陳氏，還有三個哥哥全死於瘟疫，家裡只剩下小重八和一個遠嫁在外的姊姊。幸得鄰人劉繼祖之助，以一塊山坡地安葬了家人之後，朱重八不得不到濠州城外皇覺寺，當了一名小和尚，後又被迫托缽出遊，乞食四方。

元順帝至正十二年（一三五二年），郭子興起兵反元。剛剛結束雲遊四方返回皇覺寺的朱重八脫掉袈裟改名元璋，投到了郭子興的軍中。不久，朱元璋因驍勇多智，被郭收為親兵。

其時的濠州，魚龍混雜。芝麻李（李二）的部將彭大、趙均用等人在李二被元軍擊斬之後，率殘部移軍濠州。彭大與郭子興關係不錯，而在濠州同時和郭子興起兵的孫德崖則極力拉攏趙均用。兩股勢力經常為爭奪地盤、糧食而發生口角。孫德崖早就對郭子興不滿，於是大肆挑撥郭子興與趙均用的關係。趙均用自恃起兵早，打過一些大仗，因而根本不把原本號令一方的郭子興放在眼裡。有一次，孫德崖甚至鼓動趙均用綁架了郭子興並弄到孫家毒打一頓。幸得朱元璋捨命將郭救出，為酬謝，也為拉攏元璋，郭子興想出了收元璋為女婿的主意。

「選個小和尚當女婿，虧你想得出！」郭子興的元配夫人大張夫人堅決反對，「我可不想讓我們的親生女兒嫁個和尚。」

「你這個人怎麼幾百年的陳穀子、爛芝麻都翻出來了？」郭子興不高興地說：「朱元璋當過和尚不假，但那是以前的事了。再說大丈夫不論出身，這個女婿我收定了！」

「除非你先把我殺了！」大張夫人賭氣地說：「不然，休想讓我的親生女兒嫁小和尚！」

「算了，算了！」一直侍立於側的郭子興次妻，小張夫人慢悠悠地開了口：「自家人鬥口徒然傷了和氣。不就是招朱元璋做女婿嗎？好辦……」

「好辦？」大張夫人重重地「哼」了一聲。

「姊姊勿怒，夫君勿急！」小張夫人定算在心，從容說道：「姊姊不想將親生女兒嫁出去，這也是人之常情……」

「這還用你說！」郭子興急急火火地說：「我是愁怎麼個轉圜法！」

「根本不用愁，夫君難道忘了你還有一個養女，忘了我那寶貝乾女兒了嗎？」

「你是說馬公之女？」

「正是。俗話說『養女也是女』，以夫君的身分，能將養女嫁給朱元璋也是他的福分，再說馬公之女也的確不俗！」

這件事就這樣敲定了。一心等著想看小張夫人笑話的大張夫人感到很失望：她做夢也沒有想到馬氏聽到義父欲將她嫁給小和尚朱元璋之後，竟一點也沒猶豫就答應了。

馬氏的確如小張夫人所說，一點也不俗氣。她本是安徽宿州（今安徽宿縣）人氏，父名馬公，母名鄭媼。馬公與郭子興係生死之交。元末，天下大亂，馬公於元至正十一年（一三五一年）左右，因妻子鄭媼早卒，攜女兒前往濠州，投奔郭子興——據說是為了避白蓮教教士對馬氏的垂涎。其年，馬氏已年近二十，長得粗眉大眼，隱隱有男子氣；一雙天足，走起路來不讓鬚眉。由於自幼課讀，馬氏粗通文墨，知書達理，深得子興的二夫人小張夫人的喜愛。其時，郭子興正在廣結豪傑，散發家私，準備起兵反元。

馬公是個謹小慎微的不第秀才，雖然對官府魚肉百姓有切膚之痛，但也對「犯上作亂」之舉不敢苟同。他知道自己說服不了郭子興，又不放心在宿州的一點微薄家業，於是，暫時將馬氏託付給郭子興和小張夫人，自己匆匆趕回宿州。誰料這一去竟成了永訣。

自父親去後，馬氏周旋於郭府諸夫人、小姐、丫鬟、侍女之間，真個是殫精竭慮。寄人籬下的生活並沒有影響她獨立思考的性格，史稱她「有智鑑，好書史」，而且能識人。

朱元璋當時不過是一個小小的親兵，而且其貌不揚，又當過小和尚，馬氏肯下嫁給他，而且毫無怨言——雖也是遵從養父之命——我們即可窺見，馬氏確實有識人之能。從與朱元璋結合的那天起，馬氏就認為丈夫將來一定能成大事，因而傾注了作為一個女人、一個妻子所能傾注的全部的愛。

郭子興其人，性格暴躁。他雖然將養女嫁給朱元璋，而且也將他提拔為戰將，但對他卻是「用時朝前，不用時朝後」，動不動就將元璋整治一頓。

郭子興的兒子郭天敘是個志大才疏，而又妒賢嫉能的花花大少式人物。論武藝，他不是朱元璋的對手；論指揮才能，更難望朱元璋的項背。

於是，他就處處對朱元璋掣肘，而且不時向老爸打朱元璋的小報告。

據說，有一次郭天敘瞞著老父請朱元璋飲酒，酒中下了劇烈的毒藥，多虧馬氏在郭府的貼身丫鬟相告，元璋才得免一死。

見此著沒有害死元璋，郭天敘又出惡計。

西元一三五四年，郭子興遭受元軍重創，所部損失慘重。朱元璋奉子興之命前往安徽定遠一帶招兵買馬，得徐達、湯和、鄧愈等大將和李善才、馮國用等謀臣，又得張家堡民兵三千餘人，占領了滁州。遠在濠州的郭子興因與趙均用等人火拚失利，也前來滁州。

也許是一敗再敗，惱羞成怒吧！到了滁州後不久，郭子興就奪了朱元璋的兵權，並將他囚禁起來，不給飯吃。

生性食量頗大的朱元璋在囚室度日如年。不給他飯吃，這簡直比殺了他還要難受啊！

當時，「歲大歉」——赤地千里，軍中的糧食也很少，他的那些好友誰也顧不上他。

馬氏聽貼身丫鬟稟報，說丈夫被關起來餓飯後心裡十分著急。她拿出自己的全部積蓄，分成兩部分，一部分遣人送給小張夫人，請她在子興面前代元璋求情；另一部分換了一些麥麵。她親手做成了一些炊餅，趁探監之機，送給丈夫吃。

有一次，馬氏手提剛出鍋的熱炊餅剛剛出屋，遠遠便傳來了郭天敘的說話聲。為了防止這個陰險的告密者再到郭子興面前播弄丈夫的是非，馬氏咬了咬牙，將這些剛剛出鍋的熱餅放到自己的懷裡——是貼胸放的！倘若天敘要搜查時，只有這樣，才能不被他發現自己私送食物給元璋的祕密。

果不其然，走了沒幾步，就迎頭碰上了郭天敘。

「喲，我的親妹子，」郭天敘拿腔拿調地說：「你這是到哪兒去啊？」

「去看我丈夫！你難道還不清楚嗎？」

「啊。是去看朱元璋那小子啊！」郭天敘惡狠狠地說：「那小子陰謀犯上作亂，老父要把他活活餓死呢，你去看他幹什麼！該不會是給他送吃的去吧？」

「小將軍，請不要隨便汙人清白，」馬氏鎮定自若地說：「我也是元帥（郭子興）的女兒，你要是這樣不負責任地亂說，那就只好和你到元帥、二夫人面前評理去！」

一聽馬氏提到二夫人（小張夫人），郭天敘的囂張氣焰頓時減了許多。因為他深知這位父親面前的紅人最疼馬氏，到她面前評理，豈不是自己伸著嘴巴讓人家打。於是，他換了一副面孔，說：「我的好妹子，不要發火嘛，我知道你不會背著老父給那小子送東西吃的。我這是和你開玩笑，開玩笑的！」

一邊說著，一邊打著哈哈走了。

「我可不是和你開玩笑！」馬氏自言自語地說。直到這時，她才感到胸口那種灼心的疼痛。到了丈夫的囚室，拿出貼在胸前的炊餅一看，馬氏的整個前胸「肉為焦」（《明史·后妃傳》）——全都灼焦了。

元璋見妻子捨命為自己偷送食物，心裡十分感動。一向以冷血著稱的他在登基以後，曾充滿真情地說過這樣一段話：

「朕起自布衣，外依功臣，內仗皇后。昔在郭子興處，備嘗艱辛，時履兇險，若非皇后居中調停，懷炊餅以進，灼傷身體亦不惜，朕豈能有今日？東漢光武帝時，大樹將軍馮異曾於窘急之中為皇帝尋來豆粥、麥飯，皇后當年的炊餅，就是朕的『蕪蔞豆粥，滹沱麥飯』。古語云：『家有良妻，猶國良相。』朕有如此賢德的皇后，真是幸莫大焉！」

刻薄寡恩，元璋殺胡殺藍欲殺宋 宅心仁厚，馬氏食素勸夫救子師

中國歷朝歷代的皇帝當中，朱元璋是個特立獨行、絕無僅有的人物。這主要是指他對臣下的刻薄寡恩而言。

統一全國以後不久，朱元璋立即開始有計畫地大規模「合法」屠殺功臣。

他採取的是西元七世紀時唐王朝酷吏來俊臣「誣以謀反」的冤獄手段。但殘酷的程度卻使以殘

酷著稱的來俊臣——倘其死後有知——自歎弗如。

西元一三八〇年，朱元璋藉口有人上書告發他的宰相胡惟庸勾結倭國（日本國）謀反，大開殺戒，將胡礫死，禍滅三族，株連一萬五千餘人。

十年以後的西元一三九〇年，朱又藉口發現已死去胡惟庸的新陰謀和新同黨，將包括開國功臣李善長等人在內的一大批老臣斬殺一空。前後死者達三萬人。

又過了三年，朱元璋再一次掀起屠殺高潮，將大將藍玉等人（包括一個公爵、十三個侯爵、兩個伯爵）一網打盡，遂使那時候的中國成了恐怖世界。史稱，官員們早晨上朝前常與家人訣別，等到了晚上退朝回家以後，才闔家慶幸又多活了一天。

在這片黑暗之中，多虧了馬氏這位賢后，才使水深火熱中的無辜人民偶爾見到幾線陽光。在黑雲彌天之時，馬氏的力量與皇帝的淫威比起來是太小了，但她宅心仁厚，多次救人的事蹟還是廣泛為人們所傳誦。

在洪武十三年掀起的「胡案」（胡惟庸案）中，開國元勳，以太子太師、大學士身分致仕在家的宋濂也被牽扯進去。

宋濂本人十分潔身自好，平日裡也很少與飛揚跋扈的胡惟庸往來，他怎麼會被牽涉到這樁大案中去呢？原來，有人告發，大學士宋慎、宋燧是胡黨，而宋慎、宋燧是宋濂的孫子。按照朱元璋的「冤獄」邏輯，一人犯法，株連九族，宋濂也得殺頭。

因為宋濂曾經當過太子朱標的老師，一心想救宋濂的馬氏先讓兒子去見朱元璋，請求朱元璋饒宋濂一命。

朱元璋一點也不肯給兒子這個面子。他氣哼哼地說：「叵耐宋濂這廝，跟隨朕這麼多年，朕待他不薄，他竟也與胡惟庸結黨謀我！我豈能饒他！」

「父皇，」一向溫文儒雅的太子朱標跪前一步，說道：「父皇，與胡賊結黨者並非宋濂宋先生，而是他的孫子。想那宋濂，已是七十衰翁，致仕回籍，其孫犯罪，他想必不會知情。是以，兒臣斗膽請父皇饒他一命吧！」

「混帳！」朱元璋惡狠狠地說：「要饒你饒，不過那也得等你坐到這個位置的時候！」一邊說，一邊用手拍著金鑾椅。

父子兩個不歡而散。

消息傳到後宮，馬氏心情沉重，沒有誰比她更瞭解丈夫的為人了！用「翻臉不認人」來形容他其實一點也不過分。

有一件事，給馬氏的印象十分深刻。

那是發生在不久以前的沈秀犒軍案。定都應天府以後，朱元璋嫌原來的城牆太過陳舊，於是下令加以擴充。政府先後花了四年時間，徵集全國罪囚、役夫，方將城牆修成。修好了的南京城牆，規模宏大，由外郭、府城、皇城、宮城四部分構成。其中僅府城就方圓六十七里，在當時可謂首屈一指。

修城需要錢。朱元璋與當時的吳興首富沈秀約定由官家修城三分之二，另外三分之一的城牆由沈秀出錢雇人來修。

沈秀——在民間傳說中又名沈萬三——是個撲朔迷離的人物。因其富可敵國，有人附會說他家有個聚寶盆，因此，他們家的錢財怎麼也用不完。當然這只是一個附會的故事而已！不過沈之有錢卻是千真萬確的。朱元璋大概是先和他許下一個修好城牆之後，可賞沈一個官之類的空口承諾，「土命人心實」的沈秀就「拿著棒槌認起真（針）」來了。誰料待城牆修好之後，朱元璋根本就忘了許下的諾言，沒有任何褒賞的指令。

有「明白人」給沈秀出主意說：「皇上之所以沒兌現所許諾言，恐怕是因為你獻出的錢物不夠的緣故。」

「那我該怎麼辦？」沈秀問。

「嗯，讓我想想看，」「明白人」自作聰明地出了個餿主意，「我看莫不如由你再拿出一大筆錢來犒軍。聽說駐守京師的軍隊有好幾個月沒有官餉了，倘若你這時拿出錢來，從士兵到將領乃至當今皇上都會感激你的！」

沒有一點政治經驗的沈秀想也沒想就答應了。為了邀功，他還叫人替他代擬了一個條陳。條陳上說他將「代天子犒賞三軍」。

生性多疑的朱元璋突然翻臉，他咆哮著說：「反了！反了！匹夫百姓竟然想代天子犒軍！這不是亂民是什麼？這不是亂民是什麼！我一定要殺了他！」

心存仁善的馬氏聞聽此事後婉言勸解說：「陛下且息雷霆之怒！為一點小事傷了身子不值得。」

「小事？這可不是小事！」朱元璋恨恨地說：「他今天敢上書，請代天子犒軍，明天說不定敢代天子位呢！不殺了他還行，朕要手刃這個壽頭老財！」

「陛下，臣妾曾聞：法者，誅不法也，非以誅不祥也！平民百姓，富可敵國，這在老百姓來說，是不祥之兆。不祥之民，老天爺自會降禍給他，根本用不著陛下親自動手。」

「不能殺了他，我也要把他流放得遠遠的！」朱元璋一邊說著，一邊下著指示，命令道：「沈秀匹夫犒軍，本當斬首，念皇后求情，暫寄其項上人頭，發配雲南，永不得回籍！」

面對這樣一個刻薄無情、說翻臉就翻臉的丈夫，馬氏知道，要想保住學士宋濂的一條性命真是太難了！丈夫連一個布衣百姓都妒忌，對名滿天下的宋濂能不妒忌嗎？「謀反」這個罪名正好稱了丈夫的意，在這種情況下要讓他放宋濂一馬不動點腦筋是不行的。

思來想去，馬氏有了一個主意。

這天退朝以後，朱元璋像以往一樣，逕直來到皇后宮中用膳。

今天的膳席與以往相比，有明顯的不同：以往，皇后、皇帝同桌用膳，今天卻分桌成席；以往皇上吃什麼，皇后也吃什麼，今天卻是皇上的桌子上有酒有肉，而皇后的桌子上卻一點葷腥也沒有，全是素菜；以往，皇后與皇帝一同進膳時，都要穿上較為明豔的服裝，而今天皇后卻一身縞素；以往進膳時，皇后常常沒話找話，與皇帝談古論今，今天用膳時，皇后卻坐在那裡發呆，默默無語……

朱元璋並不是一個粗心的人，見皇后種種異常，忙問其所以。

馬氏黯然神傷。她說：「妾聞，民家為子弟延師尚且以禮全其始終，何況天子。陛下要治太子師傅宋濂的罪，臣妾於心不忍。臣妾知難息陛下雷霆之怒，是以決定，自今以後每餐素食，為宋先生祈福。」

如果說朱元璋一生除了殺人以外，還愛什麼人的話，那麼，這個人就是馬氏。現在，他見愛妻一副淒慘哀婉的表情，也不由「惻然投箸起」——扔下筷子吃不下飯了。

次日，一向令行禁止的洪武皇帝破例傳下命令：赦免前太子太師、大學士宋濂的死罪，發往茂州安置。

這大概是胡案中朱元璋唯一赦其死罪的人。

為一己打算，元璋大興文字獄 替萬民著想，馬氏勸立紅板倉

假如把中國悠久而光輝的文化比喻作一條汩汩流動的長河，那麼，明王朝近三百年的歷史則像一段淤塞了的河道。

明太祖朱元璋對中國文化的最大「貢獻」就在於他發明了八股文，完善了文字獄。如果說八股文是一種慢性毒藥，那麼，文字獄就是殺人的刀劍。

文字獄的最主要特徵是：被冤枉的受害者，其罪狀由當權者根據「想當然耳」確定；一個詞語或一個句子、一篇文章，只要被當權者認為有罪，那麼，哪怕與事實相差十萬八千里，也活該你倒楣。

別看朱元璋識字不多，他可頗精於此道。在他執政期間，浙江府學教授林元亮、北平府學教授趙伯彥、桂林府學教授蔣質，先後因奏章上有「作則垂憲」、「儀則天下」、「建中作則」而被處斬。處斬的原因很是牽強：用朱元璋的濠州話讀，「則」即「賊」，朱元璋遂主觀認定林、趙、蔣三人

嘲諷他本人做過「賊」的往事。而實際上，三人奏章中的「則」無論是上下文意，還是詞典中含意均係「法則」、「標準」之意，與「賊」相差十萬八千里。

朱元璋可不僅僅對「則」敏感。河南尉氏縣學教授許元，代別人起草奏章，上引了兩句古文「體乾法坤，藻飾太平」。朱元璋硬是想當然將「法坤」解釋成「髮髡——剃光頭髮當和尚」；「藻飾」解釋成「早失」，連下詞，意即「早失太平」，於是，將許元斬首示眾。

朱元璋不僅僅對中國人的文字敏感，倘若他覺著你不順眼，即使你是「化外番邦」的外國人，也照殺不誤。釋來復是天竺高僧，他曾來中國弘揚佛法，洪武年間回國。回國前他寫了一首謝恩詩，感謝朱元璋的大明政權對佛教的保護，其中有兩句：「殊域及自慚，無德頌陶唐」。朱元璋望「字」生義，將「殊」拆開，理解成「歹朱」——壞朱，「無德」就是說自己沒有品德，於是立即派人將來復抓回，直接送上西天。

人們大都知道，死在大殺功臣案中的明代無辜百姓成千上萬，但卻很少知道，文字獄專家朱元璋給手無縛雞之力的文人們所造成的傷害。

多虧有了賢明的馬氏。每逢丈夫興文字獄，欲大肆株連時，她總是婉言巧語化解。於馬上得天下的朱元璋，對知識和知識分子缺乏應有的重視，馬氏就多次給丈夫講漢代賢大夫陸賈的名言「於馬上得天下者不可以馬上治天下」！

那時候，大明初建，一切都無定法。按慣例，每次朝會結束，皇帝都要與群臣會食，會食的伙食上下有別：皇上、幾位首輔都是海味山珍，而一般讀書人出身的中下層官員吃的則是沒滋少味的生冷飯食。

有一天，朝會結束，馬氏命貼身侍從取來一份中下層官員的專用食品，親自品嘗。嘗過之後，馬氏覺得「味弗甘」，於是，她立即面見丈夫，婉言進諫說：「人主自奉欲薄，養賢宜厚，妾嘗朝會飲食，覺得陛下在這方面亦應名至實歸，庶幾成聖明之美！」

朱元璋聽了，覺得有道理，遂下令專司朝會飲食的光祿寺官員，提高中下層官員的伙食標準。

其後不久，朱元璋視察最高學府——太學，回來後面有得色。

「皇上為什麼這樣高興？」馬氏問。

「朕今日巡視太學，見太學已有生徒數千，皇后不是總勸朕『不可馬上治天下』嗎？這些讀書人將來留給我們的兒孫做輔弼，百年之後，朕也就心安了。」

「皇上不愧聖明之主，」馬氏知道丈夫的驢脾氣，先順著他說了一句，然後又委婉地進言：「可是臣妾還有一個擔心：太學裡的那些士子，他們都仰承陛下供給的廩食，不愁饑寒，但他們的妻子、兒女呢？他們的飲食怎麼辦呢？陛下為萬民之主，『普天之下，莫非王土；率土之濱，莫非王臣』。倘若皇上能設法解決太學諸生妻、兒的衣食，則必能垂範後人！」

「這個……」朱元璋覺得皇后說得有理，可是一時又拿不出個具體可行的措施，於是，他問妻子：「依皇后看，朕該怎樣辦理此事？」

「妾聞宋代某大儒曾設立過義倉賑濟士子，陛下富有天下，何不於京師應天府附近設一義倉，專供太學諸生妻、兒廩食？」

「這個主意好！」朱元璋心想：「反正又不用我拿錢。」於是，他慨然應允。

不久，一座義倉在應天府太學附近建立，義倉係由紅色木板搭成，這些紅色木板是馬氏捐贈的宮中之物，皆係原來準備做梳粧臺的上好楠木。承建義倉的人見皇后親自捐出如此貴重之物，十分感動，奏明皇上，將義倉正式命名為紅板倉。

紅板倉建成以後，太學生們再也無後顧之憂，遂專心向學。後來，太學裡出了許多有名的文臣。他們之所以能學有所成，不能不說也有馬后一份功勞。

像這樣的義舉，馬氏一生不知做了多少！

《明史．后妃傳》中有一段對馬後的總體評價，這段評價夾敘夾議，十分精當，移錄如下：

諸將克元都，俘寶玉至。后曰：「元有是而不能守，意者，帝王自有寶歟？」帝曰：「朕知後謂得賢為寶耳！」后拜謝曰：「誠如陛下言。妾與陛下起貧賤，至今日，恒恐驕縱生於奢侈，危亡起於細微。故願得賢人共理天下。」又曰：「法屢更必弊，法弊則奸生；民數擾必困，民困則亂生！」帝歎曰：「至言也！」命女史書之冊。其規正類如此。帝每御膳，后皆躬自省視。平居服大練浣濯之衣，雖敝不忍易。聞元世祖后煮故弓弦事，亦命取練織為衾裯以賜高年……帝欲訪后族人官之。后謝曰：「爵祿私外家，非法。」力辭而止。

明太祖洪武十五年（一三八二年）八月，馬皇后身染重疾。群臣上書明太祖，請求禱祀為皇后祈福，朱元璋準備批准臣下所請。正在病中的馬氏派人請來了丈夫，對他說：「妾聞死生有命，禱祀何益？」堅決謝絕。

面對妻子瘦得有些變形的臉龐，朱元璋長歎了一聲，他知道別不過妻子，可是她畢竟才五十一歲啊。從元順帝至正十三年（一三五三年）到今天，二十九年間，風風雨雨，沒有賢良的妻子，哪有他朱元璋的今天啊！

記得那一年，在安徽懷遠，朱元璋所部突然與元軍遭遇。倉促之間，朱元璋兵敗負傷。追兵在後，行走不得，是妻子仗著一雙天足，將他背到山中躲藏，他才免於一死！

至於像什麼「懷炊餅以進，肉為焦」，什麼「居常貯糗脯以供帝」之類的種種賢德之事，更是數也數不清。

建立大明以後，皇后沒能享上幾天清福，就要去了。饒朱元璋是個冷血動物，也不能不為賢妻的苦命而暗暗傷心。

馬氏卻十分平靜。她強忍住劇痛，斷斷續續地對守在床前的丈夫說：「妾此次怕是不行了，有幾句話想對皇上說。」

「愛妻請講！」

「願陛下求賢納諫，慎終如始。子孫皆賢，臣民得所！」

見愛妻病成這個樣子，仍然關心國家大事，朱元璋也十分感動。他再一次命人下詔，延聘天下名醫進京師為皇后會診。

馬氏再一次堅決拒絕丈夫的好意，而且，到了最後，她竟連藥也不肯再服了。

聽服侍皇后的宮女報告此事後，朱元璋大驚，忙趕至馬氏床前，詢問所以。

馬氏淒然一笑，對丈夫說：「妾聞醫生治病治不了命。妾之病已入膏肓，服藥無益！」

有一句話她忍著沒有說出來，她想對丈夫說：「作為你的妻子，我太瞭解你了。那些醫生倘若治好了我的病，你會給他們一些獎賞，但若是治不好，你會將他們全部都處死的！何必因我一個病入膏肓的人連累那些無辜呢？」當然，這些話她是說不出來的，她也不願傷了丈夫的心。於是，當丈夫一再追問時，她又輕輕地補上了一句：「毋以妾故而罪諸醫！」然後，馬氏安詳地合上了雙眼。

幾天以後，馬氏病逝於應天府西宮。其時為明太祖洪武十五年八月丙戌日，馬氏其年僅五十一歲。

馬氏死後，宮中的宮女們追思不已，她們作歌懷念曰：

我后聖慈，化行家邦。撫我育我，懷德難忘。懷德難忘，於萬斯年。毖彼下泉，悠悠蒼天。

明成祖永樂元年，馬氏被追贈為「孝慈昭憲至仁文德承天順聖高皇后」。

訓子不忘田舍味的皇后

——明仁宗皇后張氏

◎「恨」夫肥，減膳食只為保夫位

◎怕兒不知稼穡，取「田家味」以餐之

◎不垂簾，三件大事未辦
王振未除留遺憾

西元一四二四年，明王朝三任帝，明成祖朱棣，在第五次親征北方少數民族首領阿魯臺的途中，突染急病，七月病死於班師途中所經過的榆木川（今內蒙古自治區多倫縣西北）。成祖死後遺留下來的皇位，有三個有力的競爭者，即他的三個兒子：朱高熾、朱高煦、朱高燧。三人之中，高熾是太子，但朱棣卻不怎麼喜歡他，因為他不善騎射，而高煦、高燧卻頗得其父的歡心。

要不是因為有一位賢內助，朱高熾說不定會敗在他兩個弟弟的手裡。當朱高熾繼承皇位成了明王朝的皇帝之後，他的這位賢內助被冊封為皇后。從《明史·后妃傳》及其他史料的有關記載中，我們發現，明仁宗朱高熾的這位皇后張氏是個十分有趣的女人。

「恨」夫肥，減膳食只為保夫位

明王朝的前三個皇帝中，首任帝朱元璋是開國之君，堪稱能文能武；二任帝朱允炆，從他的名字上就可看出其人喜文不喜武；三任帝朱棣則重武輕文。

朱棣可能是唯一親自深入沙漠，對擾邊的北方民族進行攻擊的明朝皇帝。他曾五次御駕親征：第一次是一四〇四年，親征本雅失里和阿魯臺（二人均為少數民族首領），到達成吉思汗即位的斡難河，與少數民族軍隊交戰，大敗本雅失里和阿魯臺，並使本雅失里潰不成軍；第二次是一四一四年，朱棣親征瓦剌（少數民族名），到達土拉河，大敗瓦剌首領馬哈木；第三次是一四二二年，親征阿魯臺，到達闊灤海，不見敵蹤；第四次是一四二三年，再親征阿魯臺，到達上莊堡，仍不見敵蹤；第五次是一四二四年，再親征阿魯臺，到達室韋，染病身亡。

這樣一位敢於率軍深入不毛之地進行遠征的皇帝必然長於騎射，對於子女，他也定然希望他們能騎得了馬，拉得了弓，射得了箭。

但這些，當了皇太子之後的朱高熾卻都不行，原因是他「體肥碩」──太胖了。

朱高熾也曾有過輝煌的過去。西元一三九九年靖難兵起，朱棣率軍南下，命他以世子的身分留守燕京。建文帝手下大將李景隆趁燕王朱棣不在之機，率五十萬人「圍魏救趙」──猛攻燕京。高熾以萬人之師抵擋住五十萬人的圍攻，保住了北平，使其父朱棣無後顧之憂，遂得以攻入南京。

當時，朱棣對他這個長子還是比較滿意的。所以，一四〇四年，朱棣立他為皇太子，而且，第一次出征時還命他監國。

大概就是從這個時候起，朱高熾開始胖了起來。

張氏是在洪武二十八年（一三九五年）成為燕王世子妃的。永樂二年，其夫被立為太子之後，她又被封為皇太子妃。

對於丈夫的肥胖，張氏一開始時並沒有把它當成一回事兒。古時的人沒有現代人那種審美觀念，再說丈夫並非有意為之，更何況丈夫是個不拘小節的人。

有兩件事給張氏留下了深刻的印象。

一件事發生在洪武二十九年（一三九六年）冬季。那一年的冬天特別冷。有一天早晨，朱元璋命朱高熾以燕王世子（王太子）的身分與秦、晉、周三王的世子「一起分閱衛士」——代替皇祖去檢閱衛士，這是一項說難不難、說易不易的工作。領旨後，秦、周、晉三王的世子都很快回來覆命，只有朱高熾一個人姍姍來遲，直到日上三竿才回到宮內覆命。朱元璋有些不悅，便問他的這位皇孫為什麼遲至這時方才回來覆命。朱高熾若無其事地說：「今天很冷，士卒們早晨起來肚裡無食，會凍壞的，所以，孫兒令所閱兵卒朝食而後閱之。這樣，就耽誤了！」

還有一次，朱元璋命朱高熾以皇孫的身分幫他批閱群臣的奏章。這個活兒同樣不好幹，因為朱元璋是個喜怒無常的人。不久前，一個名叫茹太素的大臣上了一道表章，先挨了一頓板子，然後又被賞了幾百兩銀子，誰也搞不清究竟是為什麼，反正「打你是對的，賞你也是對的」！朱高熾不是不知道這些，但卻照樣我行我素：只是將奏章中與軍國大事有關的揀出回奏，而對那些無關緊要的奏章則棄之不報；在回奏的軍國大事中也只是重內容而不重形式。有好幾次，朱元璋指著高熾批過的奏章問他的這個皇孫，為什麼忽視了一些很明顯的錯誤，朱高熾答：「此微小過，不敢上達天聽！」

朱元璋對這個皇孫十分喜愛，但朱棣對朱高熾不拘小節的性格卻頗有微詞。

偏偏朱高熾的兩個同父同母兄弟朱高煦、朱高燧又不顧手足之情，處處與他作對，時不時地在老爸朱棣面前打朱高熾的小報告。他們先是拿大事做文章。

記得是「靖難之役」剛起不久，建文帝朱允炆突然派人給朱高熾送去了一封密封的書信，事為朱高煦、朱高燧兩兄弟所知，他們以為這下子可抓住了朱高熾的把柄，立即遣人密報其父朱棣。朱棣聽說自己的死對頭朱允炆派人與兒子朱高熾聯絡，不由怒火中燒，暴跳如雷，剛要下令將朱高熾逮來處死，朱高熾派來的信使「湊巧」到了。這位信使呈上了朱高熾命他送來的那封沒有拆過的書信，朱棣才轉怒為喜，有些後悔地說：「幾殺吾子！」——差一點殺了我的兒子！

見離間不成，朱高煦、朱高燧兄弟兩人又生毒計。他們買通成祖朱棣的親信宦官黃儼，讓他日夜在朱棣耳邊吹風，說皇太子近些時候沉湎於酒食，荒疏了騎射，而且身體肥碩，望之不像未來的人主。一開始時，朱棣還沒把黃儼的話當成一回事，可是架不住三言成虎，謊言重複了一千遍就容易被當成真理。日久天長，朱棣也開始對朱高熾的肥胖厭惡起來。

見丈夫仍然是只知「盡人子之責」，而不管別人詆毀地我行我素，張氏這回可真的著了急。

在現代，減肥已變成了一種專門的科學。有什麼食療減肥、控制飲食量減肥、多飲水減肥、喝湯減肥、饑餓減肥、飲茶減肥、運動減肥、耳針減肥、藥物減肥、手術減肥、氣功減肥、偏方減肥，真是舉不勝舉。張氏那個時代卻沒有這麼多的講究。為了使丈夫儘快地瘦下來，她所能做的只有減少丈夫的膳食，而且還要悄悄地進行。頭幾次還好，日久天長，朱高熾就察覺出來了——以前一日三餐，頓頓有肉，但現在常常只有豆腐、青菜；以前一日三餐，晚餐最為豐盛，但現在晚餐竟不如中餐。他覺得很奇怪，於是，有一天晚上就餐時，他責問站在一旁侍膳的妻子張氏，為什麼變換他的膳食。

「沒有啊。」張氏佯作不知地答道：「誰敢隨意更動太子的飯食啊！」

「你還說沒有？」朱高熾氣哼哼地用手點著桌子說：「你看看這桌子上的飯菜，難道是讓我吃齋嗎？」

「殿下說對了！」張氏裝作恍然大悟地說：「今天是皇祖母（馬氏）的忌日，是以不敢給殿下葷腥！」

「那麼，前幾天呢？」朱高熾得理不饒人地質問：「前幾天是誰的忌日？」

「啊，這個……」張氏沉吟了一下，見丈夫一副不依不饒的樣子，毅然決然地說：「殿下實在要問，臣妾也不得不說了，不知殿下是否留意到最近父皇對殿下十分不滿？」

「唔？」

「殿下可知是為了什麼？」

「莫不仍是上次『靖難之役』時建文庶人（建文帝，成祖登基後廢為庶人）送信給我那件事？」

「不是！」張氏搖了搖頭，緩緩說道：「是高煦、高燧，還有黃儼屢次三番地在父皇面前進讒言，說殿下飽食終日，無所用心，身體肥碩，不能騎射，望之不像未來的人主！」

「有這等事？」

「臣妾焉敢胡言！要知此事關係甚大，別的讒言，殿下可以正氣處之，待其不攻自破，但體肥不能騎射，卻不能任其自然發展。是以臣妾思來想去，覓出這個減膳療法，不過是希望殿下放棄一時口腹之歡，換來日後君臨天下之樂。事先臣妾沒有和殿下說，還請殿下恕罪！」

朱高熾聽了妻子的話，想了想也有道理。大丈夫能屈能伸，想當年太祖皇帝未得天下之前，不還津津樂道用糊鍋巴、爛菜幫、菜葉做的「珍珠翡翠白玉湯」嗎？我現在為保住太子的位子不吃肉、少吃飯也不算什麼。

一場減膳減肥的風波就這樣過去了。

怕兒不知稼穡，取「田家味」以餐之

中國古代有句成語叫作「四體不勤，五穀不分」，誰都知道，這是用來形容讀書人的。讀書人如此，那麼皇族成員呢？除了那些開國的皇帝以外，太平年間的太平天子恐怕在不知稼穡之事上要遠甚於讀書人。因此，才有「青蛙叫是為公還是為私」的笑話，才有沒有飯吃「何不食肉糜」之類的奇聞。

作為一個太平天子，明宣宗（仁宗朱高熾之子，張皇后所生）朱瞻基對稼穡之事的瞭解恐怕並不比他對征戰之事瞭解得多。

他是明成祖永樂九年（一四一一年）十一月被立為皇太孫的。雖然在此之前，明成祖曾令他去燕京「觀農具及田家衣食作務」，但其後他卻一直忙於別的事情。當他十六年以後登上皇帝寶座時，恐怕那僅有的一點「田家衣食作務」知識早就忘光了。

西元一四二五年五月，在位僅一年的仁宗朱高熾病倒。同年六月辛丑日，朱瞻基從南京回到燕京附近的良鄉，受遺詔即皇帝位。

朱瞻基之繼承皇位並不順利。就在他從南京返回燕京的途中，曾有謠傳說他的叔叔，爵封漢王的朱高煦要在半路上攔截他。左右的人都勸他整頓兵馬做防範，或者繞小路趕赴燕京，他卻說：「君父在上，誰敢如此膽大妄為？」事後雖然證明他是對的，但當時隨行的人卻都為他捏了一把汗。

遠在宮中的張氏聽了別人的介紹之後，卻另有一番想法。她覺得自己的這個兒子英武有其祖之氣，靠了這種英武之氣，兒子雖然不能直追皇祖，但恐怕也無遜於其父。

果然，宣宗登基以後不久，先後平定了朱高煦等人發動的叛亂，「海內寧泰」。在別人的一片頌揚聲中，張氏卻為兒子擔起心來。她怕兒子被順境沖昏了頭腦，不知體恤民力，成為宋朝徽、欽二帝那樣的人物。

張氏的擔心絕非毫無根據。明宣宗宣德三年（一四二八年），朱瞻基陪著母親遊皇宮西苑，登萬壽山時，曾賦詩一首，詩中隱隱透露出「四海清平，正是享樂之時」的意思。當時因有兒媳在場，張氏沒有說什麼。

宣德四年（一四二九年），張氏陪兒子前往長、獻二陵（分別埋有朱棣、朱高熾的靈柩）祭祖，一路無話。回來的路上，京郊百姓夾道拜觀，宣宗手下人等竟橫衝直撞，馬匹儀仗過後，竟踏傷了許多老弱病殘。張氏看了十分生氣，她命人把坐在後面轎裡的皇上叫來，問他知不知道發生了什麼事，宣宗答曰「不知」。

「你的手下人在稠人廣眾之中竟不約束自己的馬匹，任由牠橫衝直撞，撞傷了好幾個老百姓！」張氏氣憤地說：「你現在是皇上了，皇上應該愛民如子，有這樣糟踐孩子的父母嗎？」

「兒子知錯，兒子知錯。」宣宗幾分認錯，幾分敷衍地說。

「你要知道，」張氏語重心長地對兒子說：「水能載舟，亦能覆舟。老百姓愛戴皇上，那是他們覺得皇上能使他們安居樂業，各得其所。皇上自己好好想一想看是不是這個理兒？」

「水能載舟，亦能覆舟」這句唐太宗李世民的名言，朱瞻基自小就讀到過，可是哪一次也沒有今天娘親為他親口道出印象深刻。

見兒子似有所悟，張氏決定趁熱打鐵。此時，他們這一行人恰好經過一座農舍。農舍的男主人不知避往何處，只有女主人——一個年過六旬的老婦人在家。

張氏命令車駕停了下來，派人傳來了那個老婦人，送給她一些鈔幣，然後，和她交談起來。

當張氏問起老婦過得好不好時，老婦人答道：「好，好！」

「有沒有什麼難處啊？」張氏問。

「沒有，沒有。雖說現在租子收得多了點，但比起前元（元朝）時要強多了！」老婦人知足常樂地說。

不一會兒，隨駕官員前來促駕，張氏欲要告辭。告辭之前，她對老婦人說：「哀家想朝你買點東西。」

「哀家？買？」老婦人重複了這幾個字，確信無誤後跪下說：「請皇太后明示。民婦不敢言買談賣，但只所有，唯太后之命是從。」

「快起來，快起來！」張氏一邊說著，一邊命人扶起那老婦人，對她說：「既然如此，哀家也就不再說買了。你能把你們家自己釀的米酒替哀家灌上一壺嗎？」

「只要太后想要，這還有什麼不行的！」那老婦人滿滿地替張氏灌上了一壺米酒。

回到宮中以後，張氏命人請來了宣宗皇帝，說要給他一樣好東西。

「好東西？什麼好東西？」

「酒。」

「酒？」

「對，是一壺農家自釀的米酒。這酒雖比不得宮中的瓊漿玉液，但卻有田家農夫的風味，你可知為娘為何要給你這壺『田家味』嗎？」

「兒子懂得，娘親是要兒子不忘稼穡。」宣宗答。

「對，要知道，一粥一飯當思來之不易！」張氏正色說。

不垂簾，三件大事未辦 王振未除留遺憾

西元一四三五年正月，執政十年的明宣宗朱瞻基突然病逝。宮中盛傳所遺皇位由宣宗之弟、爵封襄王的朱瞻墡繼承。但宣宗生前曾立有太子，只可惜這個太子只知有其父，不知有其母——這是宮中的一樁冤案：據史料記載，太子名義上的母親是宣宗皇后孫氏，但實際上卻是孫氏抱養來的——因而，威望不高。

國不可一日無君。如不迅速確定新君的人選，勢必給國家帶來一定的混亂。

正月壬午日，張氏急召諸大臣至乾清宮，說有要事相商。此時的張氏已成了朝廷實際的最高決策人，見她相請，諸大臣不敢不去。乾清宮內停著大行皇帝（宣宗）的靈柩，眾人入殿一看，只見淒淒青燈，香煙繚繞中有兩個人：左邊一人是張氏，她滿臉莊嚴；右邊一人是個小孩子，他身穿重孝，跪在大行皇帝的靈柩旁。

眾人正待開口，張氏那裡先說話了。她指著跪在宣宗靈柩旁的那個小孩子對眾人說：「國不可一日無君！此乃新天子也，汝等可拜之！」她一邊說，一邊用手拉起小太子。眾人一見皇太后態度明朗，加上在大行皇帝的靈柩旁，遂不敢表示異議，全都高呼「萬歲」，拜了下去，於是，這位年方九歲的英宗皇帝才得以繼位。

當時在場的大臣中，有許多人心裡都以為皇太后張氏不扶立襄王而扶立皇孫，是想要自己親自打理朝政。因此，新皇登基不久，就有善於「體察上意」的人上書，請太皇太后張氏垂簾聽政。

張氏覽罷奏章，感慨萬千。說老實話，從幫助丈夫減肥那時候起，她就以全部身心投入國事，多少次在夢裡，她都希望自己有一日能像宋朝的宣仁高太后一樣，垂簾治國。可是眼下人心浮動，眾說紛紜，有一些原來保薦襄王入承大統的官員，正眼巴巴等著她出洋相。在這種情況下，她是無論如何也不能垂簾聽政的。

思慮已定，張氏召見群臣，明確宣布自己決不破壞祖宗成法，決不垂簾聽政，國家一應大事，皆委之以三朝元老——時稱「三楊」的楊士奇、楊榮、楊溥，自己只負責督促九歲的孫子皇帝讀書向學。

時光匆匆，轉眼又是七年過去了。

這七年中，總的說來，國家倒也無事。一些「化外番邦」如于闐、琉球、占城、哈密等紛紛遣使入貢。北方的瓦剌部落雖然時時擾邊，倒也沒成為什麼心腹之患，因此，張氏很感滿意。

明英宗正統七年（一四四二年）十月，張氏突染重病。在病中，她突然命人將司禮太監王振處死。

王振何許人也？他是明代赫赫有名的大宦官。起初，曾在東宮侍奉小太子朱祁鎮（英宗），深得宣宗信用，英宗更是稱他為先生而不呼其名。

明代的司禮監是聯繫皇帝與外 內閣大學士的中間紐帶，司禮監秉筆太監更是可以替代皇帝進行「票擬」批閱檔的重要人物。

王振利用自己手中的權力，欺下瞞上，營私第、賣官鬻爵。近日有人告發王振的種種不法之事，張氏雖在病中，也不由震怒，於是才頒下鈞旨，想要嚴辦王振。

倘若張氏此時嚴辦了王振，甚或將其處死，則後來就不會有「土木堡之變」，英宗皇帝也不會為瓦剌所擒。當然，也不一定會有于謙這樣抗擊瓦剌的英雄出現。這種種「果」皆由其「因」引起。

遺憾的是歷史永遠不允許有假設。張氏沒能完成她的夙願，因為此時的她已處於半昏迷狀態，而英宗朱祁鎮已由七年前的九歲的小兒長成十六歲的青年了。他的身邊聚集了一些心腹，羽翼漸成，已有些尾大不掉了。英宗覺得自己一天也離不開王先生（王振），因此，張氏的願望也就沒有實現。

十月辛未日，張氏突然從昏迷中醒來。她自覺在世之日無多，於是，立即命人宣召三朝元老楊士奇、楊溥入宮。二楊來了以後，礙於禮儀，外官不能進入太后的寢宮，只能隔著簾子對話。張氏此時已氣若遊絲，但神智還清醒。她命侍立於側的貼身宦官問跪在外面的二楊：「國家尚有何大事未辦？」想在最後替孫子英宗皇帝分一次憂。

「依臣看來，」跪在前面的楊士奇叩了一個頭說：「尚有三件大事待辦。」

「哪三件？」

「建文庶人（即建文帝，靖難之役失敗後，下落不明，被繼他而自立為帝的明成祖廢為庶人）雖亡，當修實錄。」

——此條確實很重要。因為實錄的修成，一可以維護明代歷史的完整性，二可以嘗試著打破給建文帝平反的禁區。據《明史記事本末》記載，正統二年（一四三七年），出逃在外落髮為僧的建文帝已回到燕京。因其時彼已老邁，所以明英宗和張氏倒也都沒怎麼為難他，查驗無誤後，還將他養在宮中。據《震澤紀聞》記載，建文帝當時還有詩自記其事。詩曰：

> 流落江湖四十秋，歸來白髮已盈頭。乾坤有恨家何在？江漢無情水自流。長樂宮中雲氣散，朝元閣上雨聲愁。新蒲細柳年年綠，野老吞聲哭未休。

「這一件可以考慮。」張氏接著通過宦官轉問：「那第二件事呢？」

「太宗（即明成祖朱棣，他死後廟號太宗）曾下詔禁止方孝孺等人所遺著作傳播，現在事情已過去了這麼多年，宜應開禁！」

——這一件事也很重要。方孝孺，字希直，又字希古，號遜志，其書齋名正學，故世人又稱其為正學先生。《明史》稱他「工文章，醇深雄邁。每一篇出，海內爭相傳誦」。《明儒學案》說他的文章「持守之嚴，剛大之氣，與紫陽真相伯仲，為有明之學祖也」。與他同時代的兩個赫赫有名的人物宋濂（方的老師）、姚廣孝（方的對手）都對他的為人十分欽佩。

據說當明成祖朱棣從燕京起兵靖難時，身為朱棣總軍師的姚廣孝曾對明成祖說過這樣的話：「攻克南京時，方孝孺一定不會降伏，希望大王無論如何也不要殺他。如果殺了方孝孺，那也就斷送了天下的讀書種子！」朱棣當時也答應了。但當他攻下南京後，方孝孺堅決不為他草擬登基詔書，朱棣以禍滅九族相威脅，方孝孺竟答以「禍滅十族，我也不為亂臣賊子草詔」，結果真的被禍滅十族（傳統意義的九族之外加上方的學生、友朋是為十族）。方孝孺死後，「天下冤之」。事情過去了這麼多年，倘若能為方孝孺平反，必可激勵讀書人忠君報國。而要為方孝孺平反，首先就要為他的遺著解禁，這在當時可以說是一件思想文化戰線上的大事。

「唔！」張氏語意不清地只說了一個字。

楊士奇正待要再接著說第三件待辦的大事時，在簾內服侍的宦官突然帶著哭音高叫道：「太后，太后！」

楊士奇心裡一驚，忙止住了來到嘴邊的第三件大事，高聲問道：「怎麼了？太皇太后怎麼了？」

「回楊大人，太皇太后賓天了！」

「啊！」楊士奇這一驚可非同小可，一瞬間心裡又是傷感，又是惋惜，又有幾分惆悵。他不敢相信這是真的，但卻千真萬確。

西元一四四二年十月辛未日，身歷三朝的太皇太后張氏崩於燕京紫禁城。

死後惹出一場官司的女史

——明憲宗皇后紀氏

◎萬里離家非本願
被俘進京入掖庭

◎誤打誤撞，朱見深偶行內藏
心非死水，紀美人來亦不拒

◎萬貴妃使刁，紀氏有子稱病痞
張太監仗義，孝宗無恙得保全

◎娘不懼死懼兒生計
子一見父果母死期

◎報母心切，明孝宗兩下恩詔感天地
欺人意歹，李父貴韋父成最終現形

西元一四六四年正月，因「土木堡之變」而被其弟取而代之的明英宗朱祁鎮在復辟八年以後病死，所遺皇位由其長子朱見深繼承，是為明憲宗。

憲宗皇帝除了比他的父親在位時間多一年以外，並不比其父更有作為。他的政績實在是令人不敢恭維，倒是他的諸多姬妾中有許多傳奇式的人物。本文提到的紀淑妃紀氏就是其中之一。

紀氏，被俘進宮後授為女史，所以姑且我們稱她為紀女史。她生前並沒有享受到淑妃的頭銜，但死後，卻備享榮光。甚至為了紀念她，堂堂的大明王朝帝王竟心甘情願地賜兩個冒牌的紀氏親屬以厚祿高官，給他們漂亮的府邸、車馬、女人，給他們以名利、地位。

這一切都是為什麼？

話還得從紀氏本身說起。

萬里離家非本願
被俘進京入掖庭

在明朝的諸多后妃之中，紀氏可能算是最特殊的一個。她不同於太祖馬皇后與丈夫同起於卒伍，也不是由父母許婚嫁給皇帝，而是被俘到宮中去的。

從西元一四二〇年開始，到西元一四七〇年止，明朝治下的中國，共爆發了八次大規模的人民起義。在這八次起義中，以侯大狗領導的廣西少數民族起義最為有名。這場以廣西大藤峽為根據地的人民起義歷經代宗（朱祁鈺）、英宗（朱祁鎮）兩朝，直到憲宗繼位後的第二年（一四六六年）才被鎮壓下去。窮凶極惡的明朝官軍借著平亂之機，燒殺姦淫，不知幹下了多少壞事。

紀氏，就是官軍在平亂中俘來的戰利品。

與她的同鄉姊妹相比，紀氏還算是比較幸運的。因為至少她沒有流落街頭，而是被帶到北京，送進了皇宮。《明史．后妃傳》在提到這段充滿血腥的辛酸經歷時，只是輕描淡寫地提了一筆：「孝穆紀太后，孝宗生母也，賀縣人，本蠻土官女。成化中征蠻虜，俘入掖庭。」

從萬里之遙的廣西，被硬生生地拉到一切都十分陌生的北京，紀氏當時的不習慣是可想而知的。這種不習慣表現在各個方面：在廣西時，她可以穿當地的少數民族筒裙，也可著漢裝，而到了宮中卻只能著宮裝；在廣西，她可以大聲喧笑，而在北京則要笑不露齒，見人斂目低眉；在廣西，有真山真水真漂亮的自然風光，而在北京見到的都是些假山、死水，人工雕琢出的玩意兒。飲食起居更是大不習慣。

多虧遇上了一位好人，教她寫字讀書，她煩躁的心情才漸漸平靜下來。

這位好人就是明憲宗的皇后王氏。王氏即《明史》中所說的「孝貞莊懿恭靖仁慈欽天輔聖純皇后」，在明憲宗的妻妾群中是個性情溫和、心地善良的好人。她見紀氏孤苦無依，不由動了惻隱之心，每天教她識字讀書。

雖然生長於邊僻蠻荒之地，紀氏卻天生聰穎，常能舉一反三。開始時是王氏教她，過了一段時間是她與王氏共學，到了最後，竟整個顛倒過來：她提出的一些有關《四書》和《女四書》的見解，竟連王氏也不由歎為觀止。

王氏常常撫摸著紀氏的頭，歎息著說：「你要是生為男子，定可春風得意，進士及第，金榜題名！你為什麼要是個女子呢？」

紀氏也搞不清她為什麼會是個女的。她想「這應該問我的父母」，但只是在心裡想想而已，她不敢也不願這樣說。

見她默默不語，王皇后接著說：「我想把你安置到內藏（皇宮圖書館）去，又怕你年紀輕輕的耐不住那份寂寞！不去內藏做宮女的話，可能有被臨幸的機會，倒是可惜了你這份天資！」

「既然是魚與熊掌不可得兼，」剛剛念完《孟子》的紀氏現學現賣轉了一句文，「那就請皇后決斷吧！小女子無有不從！」

「也好，俗話說『當事者迷，旁觀者清』，我看你就去守內藏吧！」

「是，娘娘！」紀氏施了一禮，輕移蓮步走了。

望著紀氏的背影，王皇后歎息了一聲。她可能在心裡覺得紀氏此去，定難得到皇帝的臨幸，因而要青燈白髮，終其一生呢！

紀氏後來究竟有沒有得到皇帝的臨幸？倘若得到了，又是如何得到的？

誤打誤撞，朱見深偶行內藏
心非死水，紀美人來亦不拒

明憲宗朱見深在中國歷史上是一個有名的「縮頭皇帝」，他在位二十四年，基本上沒與臣子們見過面。

雖然可以說腐敗的政治必然造就腐敗的人物，但朱見深如此貪戀後宮也確實和他幼年的人生經歷有關。

朱見深的父親朱祁鎮在「土木堡之變」中為瓦剌部所俘，皇位由朱祁鈺繼承。朱祁鈺雖然是朱見深的叔叔，但這種關係反倒更加重了他和他周圍人的恐懼感：為了爭權奪勢，兄弟父子自相殘殺的事情可謂多如牛毛，何況他（朱見深）乃是其叔朱祁鈺執政的一個隱患呢！

自小在充滿兇險的環境中長大，朱見深對宮內的政治鬥爭有一種深深的恐懼感。比較而言，他更感興趣的只是什麼神仙、佛老、女謁、聲色、貨利、奇技、淫巧。

西元一四六八年初夏時節，閒得無聊的朱見深信步所至，來到了位於皇宮西北角的內藏。

「這裡誰在侍候呢？」貼身小太監細聲尖叫道。

「奴婢職守內藏。」答話的是紀氏。

聽慣了萬貴妃的嗲聲嗲氣，看慣了宮女們豔色服裝的朱見深突覺眼前一亮：只見眼前答話的這位宮女秋容淺淡，臉現端莊，真個是「胭脂洗出秋階影，冰雪招來露徹魂。淡極始知花更豔，愁多焉得人不憐」。

朱見深只覺血脈僨張，也不管紀氏是否願意，竟當著小太監的面，就在紀氏的臥榻之上把她給臨幸了。

貼身小太監趕緊退出，叫來了宮中職掌皇帝起居注（大事記）的太監，令他們記下了這次臨幸。

荒淫無度的明憲宗朱見深怎麼也沒有想到他這次臨幸竟給自己留下了一個兒子，他更沒有想到，此次臨幸會造成一個可愛又可憐的女子的死。

其實，他是應該想到的。

萬貴妃使刁，紀氏有子稱病痞
張太監仗義，孝宗無恙得保全

大約是在一個月以後的一天，早晨起來，正在做早課的紀氏忽然一陣噁心，當時，她也沒在意。可是以後接連幾天，天天如此，她才感到事情有些嚴重了。不錯，由於能讀書識字，紀氏顯得比同齡的女孩子早熟一些，但這種早熟卻只是心理上的，對於生理上的不適，她一開始是顯得有些不知所措的。

多虧一個與她比較要好、先她入宮的中年宮女的悄悄指點，紀氏才知道自己可能是有喜了。在知道自己懷孕的那一剎那，紀氏突然想到了死。這種下意識是否預示著她今後的命運呢？

寫到這裡時，有必要簡略地介紹一下明憲宗的另外一個妃子，紀氏的情敵萬氏。

萬氏是山東諸城人。她四歲時被選入宮中，長大以後，在東宮侍奉當時還是太子的朱見深。朱見深在人生最為落魄和困難的時期，萬氏一直伴其左右，不離不棄，朱見深對她的感情是極深的。所以當十六歲的朱見深被臣下扶上皇帝寶座時，已經三十五歲的萬氏，竟以大於皇帝丈夫十九歲的高齡而成為明憲宗的一個大齡妃子。

高齡的萬氏在當時絕對是寵冠後宮。恃寵而驕的萬氏在後宮飛揚跋扈，對皇帝寵幸過的其他女人大肆迫害。而憲宗皇帝卻對此置之不理，對萬氏寵愛依舊。有了皇帝的默默縱容，萬氏更加膽大。僅在後宮，被萬氏迫害的妃嬪竟有數十人之多。萬氏殘害同類的原則是，誰有可能為皇帝生下兒子，誰就是她的敵人，必欲置之死地而後快。

不知是哪個快嘴說漏了嘴，萬氏隱隱約約聽說有個姓紀的宮女新近得到皇帝的臨幸，而且有喜了。

「紀氏？哪個紀氏？」

一個被萬氏倚為心腹的宮女答道：「回娘娘，就是被王皇后派去守內藏的那個廣西賀縣的蠻土官女！」

「噢，是她啊！」萬氏撇了撇嘴，命令手下，「去查查，看看是不是真的懷上龍種了！」

也算老天有眼，被派去的宮女早就看不慣萬氏飛揚跋扈的所作所為，於是，到了紀氏所在的內藏與紀氏計議了一番之後，回來報告：「回娘娘，奴婢已查明，紀氏乃是病痞——腹部長了一個腫塊，並非有喜！」

「真的查清楚了？」萬氏有些狐疑地問。

「回娘娘，千真萬確，此乃奴婢親眼所見！」

「不是有喜就好，」萬氏惡狠狠地說：「算是便宜了她。」頓了一頓，她又惡狠狠地接著說：「死罪免去，活罪不能免。傳我的旨意，著紀氏立即由內藏遷至安樂堂，閉門思過。」

手下人立刻拿著雞毛當起了令箭，將已有幾個月身孕的紀氏遷居到安樂堂。

安樂堂的生活條件是極艱苦的。它距離關押失意宮女、失寵后妃的冷宮（學名永巷）不遠，由幾間低矮的小瓦房組成。倘非親眼目睹，誰也不會想到堂堂的紫禁城中會有這樣一個所在。此時的紀氏，正是「欲泣不成淚，悲來翻強歌。庭花方爛漫，無計奈春何。春陰正無際，獨步意如何？不及閒花草，翻承雨露多」。

轉眼幾個月過去，紀氏在百般淒苦中產下一子。一切都是自己料理，甚至連臍帶都是自己咬斷的。紀氏生產後非常之疲倦，她著人請來了安樂堂守門太監張敏，抽泣著說：「請公公來是想讓公公幫我個忙！」

「姑娘請講。」張對紀氏的處境很同情，對她的才學也很仰慕，因此很客氣。

「我，我……」紀氏咬了咬牙，狠著一顆破碎的心說：「我想請公公把這團肉抱出去丟到水裡！」

「這？」

「萬貴妃這幾日正在四處探訪，說不定哪時就會闖進安樂堂。公公知道我的意思嗎？」

「好吧！」張敏咬了咬牙，一副豁出去了的神情，「就交給老奴去辦好了！」

幾天以後，謫居在安樂堂附近西內的前皇后吳氏，突然接待了一個不速之客。

來人是張敏。

他激於一腔義憤，將紀氏入宮、懷孕、產子，以及要忍痛溺嬰的事一五一十地向吳皇后稟報了一遍。

「都是萬氏這個賤人，害了這麼多人受苦。早知這樣，當初我就一頓亂棍，把她打死好了！」吳氏恨恨地說。一絲悔恨湧上心頭……

原來，吳氏本係當朝皇帝朱見深的正妻，因看不慣萬貴妃的不守禮儀和飛揚跋扈，因而曾以夫人責打侍妾的名義，命宮監責打過萬氏。

只是由於計議不周，吳氏沒打到狐狸，反而惹了一身騷。萬貴妃惡人先告狀，挑起朱見深的無名火，將一個好端端的皇后給廢了。

吳氏從此和萬氏結下了不共戴天的仇恨。作為一個資深的老太監，張敏是熟知這些事情的。唯其熟知，他才敢來找吳氏，敢向他訴說自己對萬貴妃的不滿。

由於話談得投機，因而，當張敏說出來意：想請吳氏幫忙哺育紀氏產下的嬰兒時，吳氏連想都沒有想就答應了。

從此，吳氏與張敏合作，開始了一項他們認為是很有意義的工作。

由於吳氏進宮後沒有開過懷——沒有生育過，因此，她不可能用自己的乳汁來哺育紀氏產下的嬰兒，只能「哺粉、餌飴蜜」，用一些代乳品。

日子一天天過去，嬰兒也在一天天地健康成長。

由襁褓走向沖齡的朱祐樘，童年對於他來說意味著什麼呢？除了張敏張公公和吳皇后的哺育，他看到的常常是母親那強作歡笑的容顏。

母親為什麼要如此憂愁呢？年幼的他常想。

娘不懼死懼兒生計
子一見父果母死期

轉眼六年過去了。明憲宗成化十一年（一四七五年）五月的一個早晨，一向懶於梳洗的明憲宗朱見深一反常態，命人宣來了其時已由安樂堂門監改為梳頭太監的張敏，請他為自己「櫛髮」——梳頭髮。

梳頭本非張敏所長，但憲宗其意也不在髮。梳完頭以後，朱見深忽然從宮女手中接過打磨得很精緻的銅鏡，攬鏡自照，慨然長歎。張敏一驚，忙問其所以。

憲宗皇帝遺憾無窮地說：「老將至而無子，朕忽有感於此。攬鏡自照，見十年前的青絲，如今已半成白髮，故有此歎！」

「奴才斗膽，冒問一句。」張敏壓抑住心頭的狂喜，字斟句酌地說：「陛下可是真的為無子嗣而歎？」

「難道還能為了別的嗎？」

「臣有一言，可釋陛下之憾，但要先請陛下赦臣死罪，臣方敢講。」

「朕赦你無罪！」

「恭喜陛下，賀喜陛下，陛下已有一子！」

「有子？在何處？」

「現居西內。」

「誰人所生？」

「臣亦要請陛下保其不死，方才敢言！」

「看你這個囉唆勁！」朱見深不耐煩地說。他也不知是否注意到了張敏沒有請他「赦免」那個女子，而是請他「保護」那個女子。這個細微的區別，思子心切的朱見深根本就沒有注意到。他心不在焉地說：「朕保她不死！」

「臣還是不敢說！」

「你，你，你究竟還想要什麼？」

「臣想要陛下答應保全皇子！」

「你，好你個張敏，你想得、想得可真夠多的了！」朱見深幾乎忍無可忍了，「倘是朕的兒子，豈用你說，朕必加保全，難道還能讓他有個三長兩短嗎？真是的！」

「那好，臣好叫陛下得知，皇子係紀氏所生。」

「紀氏？哪個紀氏？」年深日久，朱見深早已把曾和他有過一夜纏綿的廣西姑娘給忘了。

「就是原來奉皇命看守內藏的那個！」

「是不是為人警敏、通文字，長得不俗的那個土官之女？」

「對！」

「但我聽萬貴妃說，紀氏在朕臨幸之後，只是病痞，而非妊娠！」

「臣願以身家性命擔保，那次所謂的病痞，就是妊娠。為什麼要對萬貴妃說謊，想陛下自然聖明。皇子的確是紀氏所生！」

「臣亦願以身家性命擔保！」侍立一側的另一個貼身太監懷恩叩頭進言：「張敏所言屬實！陛下有子，而且迄今已六歲。只是由於奴才怕惹麻煩，才一直沒敢奏明。」

「好，太好了！」朱見深一時之間好像突然年輕了好幾歲，「朕不怪你們，快擺駕去西內，朕要去見見那個孩子！」

早有人將此事飛報紀氏。

此時的紀氏，在經歷了六年的苦痛辛酸之後，對一切都麻木了。但不知怎的，在聽到曾與她有過一夜之歡的皇帝要來時，她的心中竟百感交集。

她在想些什麼呢？

是重拾往日的舊情嗎？那只不過是一場惡夢而已！俗話說「一日夫妻百日恩」，她與皇帝已有多少個「百日」沒有見面了，何談其恩，情又從何而來！

是憧憬美好的未來嗎？她根本就不敢想像自己能有什麼美好的未來。

不錯，她歷經了千辛萬苦，為尚無子嗣的憲宗皇帝生育並養大了一個活生生的兒子。此子，按外人看，將來極有可能被立為皇太子，進而由太子而成皇帝。但「太平本是將軍定，豈容將軍見太平」？皇上能饒過她，那個萬氏卻定會像對付其他妃嬪一樣對付她。當太后——倘若兒子真能承繼皇位的話——也恐怕是他生未卜此生休了。

死，紀氏並不恐懼！從官軍冒功在廣西殺人無數時起，她就見慣了人殺人、人被殺。那她恐懼的是什麼呢？

說到就到，沒容紀氏理清她的思緒，皇帝派來的使者已到了安樂堂門外。

能對兒子說什麼呢？他雖是個男子，可是卻只有六歲啊！紀氏的淚水模糊了雙眼。

「娘，你哭了？」孩子問。

「娘，聽說是爹爹來找我們了？」

「不是我們！你爹要的是你！」

「你不和孩兒一起去嗎？」

「你自己去！孩子，以後你要自己照顧自己了！」紀氏一邊叮嚀，一邊流淚，「一會兒帶你去的人沒有鬍鬚。你到前邊，見到一個穿黃袍有鬍鬚的人，那就是你的爹爹了！」

「娘，你和我一塊兒去吧！」

「傻孩子，娘不是不想，而是不能啊！不僅不能，而且兒去，吾不得生矣！」

「娘，你不能死！我不讓你死！」

紀氏長歎了一聲，暗暗在心裡說：「傻兒子，你我母子的小命都捏在萬貴妃的手裡，娘豈是輕易言死，實在是感到風刀霜劍，隱然相逼啊！這些，你什麼時候能懂呢？你又怎能現在就懂呢？」使者又在那邊催了。紀氏為兒子穿上用舊宮裝改成的小緋（紅色）袍，又替他梳了梳自生下來就沒敢剪得很長的胎髮，然後，把他交給了使者。

一乘小小的肩輿，把未來的孝宗皇帝接走了。兒行千里母擔憂，孩子此番前去認父，牽動著紀氏那顆已經破碎了的心。

傳回來的消息，倒令紀氏感到欣慰。據《明史．后妃傳》記載：（孝宗朱祐樘）「髮披地，走投帝（指當朝皇帝朱見深）懷。帝置之膝，撫視久之，悲喜泣下曰：『我子也，類我！』」接著憲宗令懷恩到宮外內閣去向外廷諸臣通報此事。外廷諸臣正為建國本而犯愁，聞聽皇帝已有子，且已六歲，個個也都高興，第二日，紛紛入賀。

然而，好景不長，就在朱見深、朱祐樘父子相認後不到一個月的時間，紀氏突然暴卒。《明史．后妃傳》孝穆紀太后一條提及此事時用的是「或曰萬貴妃致之」，還不算十分肯定。而在「萬貴妃」一條提及此事時則說：「紀淑妃之死，妃實為之。」因為萬氏不止一次地唾罵過紀氏，用的常是「賤人，汝必暴卒」一之類的字眼。

紀氏，就這樣不明不白地死了。倘若她的兒子不是一個孝子，或者雖是孝，但卻沒有登上皇帝寶座，那麼，紀氏的故事可能就會到此結束了。

然而，故事卻並沒有結束。

報母心切，明孝宗兩下恩詔感天地
欺人意歹，李父貴韋父成最終現形

西元一四八七年八月，明憲宗朱見深病死。同年九月壬寅日，紀氏所生的皇太子朱祐樘繼位，是為明孝宗。

即位後不久，為了緬懷母親，孝宗皇帝追謚紀氏為孝穆慈慧恭恪莊僖崇天承聖純皇后，這與紀氏暴卒後群臣所上謚號「恭恪莊僖淑妃」相比，不啻天壤之別。

接著又將紀氏的遺體遷葬茂陵（憲宗朱見深葬處），而且別祀奉祠殿。

紀氏與其丈夫生前不常同床，死後卻同穴，可謂備享尊榮了。

然而，朱祐樘仍不滿足。一次偶讀《漢書》，孝宗受漢朝一個皇帝為其母尋找家人的啟發，又決定派遣得力人員往母親的出生地廣西賀縣，尋訪母親的家人或親屬。

尋親專使是一個名叫蔡用的太監，素有「迷迷糊糊」的「美名」。不知朱祐樘為什麼會選中他。到了廣西，沒用上半個月的時間，蔡用就「找」到了太后的兩個「親屬」——紀父貴、紀祖旺，並用六百里加急的驛站馬將這兄弟兩人送到了北京。

明孝宗朱祐樘，雖然是紀家的外孫，但外公家裡的人，他卻一個也沒有見過。

蔡用說他找來的人是已故太后紀氏的親人，孝宗皇帝也就毫無保留地接受了。孝宗當場授紀父貴以大明王朝錦衣衛指揮同知，授紀祖旺以錦衣衛指揮僉事的顯赫官職，而且「賜子弟、宅、金、帛、莊田、婦婢不可勝數」。

孝宗皇帝還親提御筆，改紀父貴為紀貴，紀祖旺為紀旺。

忙活了半天，只因為孝宗皇帝自以為蔡用訪來的人是太后親戚的緣故。實際上，紀父貴、紀祖旺並不是紀太后的家人，甚至連親屬都不是。在紀父貴、紀祖旺之前，還有一個人曾經冒充過紀太后的親屬，而且也曾被孝宗皇帝認可過。那個人姓韋，名父成。韋父成一介平民，怎敢冒充皇親國戚呢？

事情還得從紀氏在世時的一次閒談說起。在那次談話中，紀氏「自言家賀縣，紀姓，幼不能知親族也」，當時在場的太監中有一個名叫陸愷，還有一個名叫郭鏞。明代的太監入宮之後多改姓氏，像有名的三寶太監鄭和入宮前就不姓鄭，而是姓馬。陸愷原本也不姓陸，而是姓李，廣西一帶李、紀讀音不分。見孝宗皇帝即位伊始就尋訪紀姓外戚，陸愷就叫人找來了自己的族人，請他們來京冒認皇親。經過一致推舉，陸愷的姊夫韋父成被選了出來。由於有了陸愷做內應，韋父成很快得到了皇室認可。消息傳到廣西賀縣，李父貴、李祖旺兄弟二人憤憤不平。他們覺得，這皇親也太好認了，姓韋的可以冒充姓李，我們本來就是姓李，為什麼不能冒充皇親。於是，遂有了上文提及的由明孝宗親授官職、親改名字的一幕。

只是由於分賞不均，李父貴、李祖旺與韋父成打了起來，明孝宗派人查問，這場騙局才被揭破。上過兩次大當的明孝宗「吃一百個黃豆也不嫌豆腥氣」，仍然派人繼續四處尋找外公家的人。可是，畢竟是年深日久，加上戰亂頻仍，真正紀姓外戚最終還是沒有找到。

這番萬里尋親的精誠工夫，再一次說明瞭紀氏在兒子朱祐樘心中所占的分量。

暴死的皇后和大內神祕殺手

——明世宗三后二妃十六宮女

◎小產飢餓加火燒
三位皇后命難逃

◎宮女殺皇帝極隱祕
牽連端妃種下禍因

西元一五二一年三月丙寅日，以遊玩宮外、花天酒地為樂的明武宗朱厚照病死。武宗生前的寵臣江彬等人密謀欲行篡逆之事。因為武宗皇帝沒有留下子嗣，所以，由武宗之母孝宗孝康張太后與當朝大學士楊廷和定計，迎立武宗的堂弟興獻王朱厚熜從外藩入繼大統，是為明世宗。因其登基後採用「嘉靖」作為年號，所以人們通常稱他為嘉靖皇帝。

當時，一個最為著名的清官海瑞是這樣評價這位嘉靖皇帝的：「嘉靖者，言家皆淨而無財用也。」（海瑞〈治安疏〉）——意思是說，這位明世宗皇帝當政，所做的一切，其目的就是為了把每家每戶的民脂民膏都搜刮乾淨。在封建專制時代，一個高高在上的君王在臣子的心目中成了「刮地皮者」，明世宗真是太可悲了。

然而，海瑞只是道出了世宗皇帝貪財的一面，對他好色、殘暴摧殘女人的一面卻沒有觸及。若將整個明朝十七任皇帝的百十位后妃排列起來，從整體上看，最不幸的當屬世宗皇帝的那些——上至皇后，下至宮女，有名有姓的，無名無姓的，鮮有善終者。

小產飢餓加火燒　三位皇后命難逃

明世宗的第一位皇后（孝潔皇后）姓陳，乃是河北元城縣（今河北大名縣）人氏，儒生家庭出身。其父陳正，曾任元城縣學教授。她與世宗皇帝並非青梅竹馬，之所以能嫁給世宗皇帝，純屬偶然。這裡面包含著幾個套在一起的故事。

按照「皇明祖訓」，選后工作由禮部主持，但皇太后往往出面干預其事。本來，從貌美的角度出發，江南一帶的女子是上上之選。蘇杭出美女嘛！孝惠邵太后就是浙江昌化（今浙江臨安）人，但飽嘗了宮廷生活的酸甜苦辣的邵太后卻不主張讓世宗選江南女子，用她自己的話說：「我這輩子已經苦夠了，外面的人不曉得宮中內幕，以為到了宮中就像到天堂一樣，其實宮中就是一座監牢。良家女子，一旦入宮，如長繫之囚，動輒得罪，全無一點樂趣。此次選淑女，萬勿選江南女子！」

孝康張太后（孝宗皇后）不願與自己的這位婆母意見相左，遂就坡下驢，以司天監曾奏言河北大名一帶有佳氣為由，將選后工作的範圍界定在河北大名一帶。

選后工作在迅速進行。

在封建時代，選后是一件大事。有人把它與現代的選美相提並論，其實，二者是存有本質上的不同的。選后是先把人當成牲口，而選美則不然。

據漢代人所撰的《雜事祕辛》記載，選后要把被選女子全身的衣服脫光，重點檢查她的三陰（陰部、乳房、肛門），合乎標準的是「胸乳菽發，臍容半寸珠許，私處墳起，為展兩股，陰溝渥丹，火齊欲吐」。到了明代，選后工作更是多了許多繁文縟節。

據紀曉嵐的《明懿安皇后外傳》記載，明代選后：

其父母親送之，以正月集京師，集者五千人。後亦被選入都。天子分遣內監選女，每百人以齒序立，內監循視之，曰：某稍長，某稍短，某稍肥，某稍瘠（瘦弱），皆扶出之。凡遣歸者千人。明日，諸女分立如前，內監諦視耳目、口、鼻、髮、膚、頸、肩、背，有一不合法相者去之。又使自誦籍、姓、年歲，聽其聲之稍雄、稍窳、稍濁、稍吃者皆去之，去者復二千人。明日，內監各執量器，量女子之手足。量畢，復使周行數十步，以觀其風度，去其腕稍短、趾稍巨者，舉止稍輕躁者，去者復千人。其留者亦僅千人，皆召入宮，備宮人之選。分遣宮娥之老者引至密室，探其陰，嗅其腋，捫其肌理，於是入選者僅三百人，皆得為宮人之長矣。在宮一月，熟察其性情言論而評匯其人之剛柔愚智賢否，於是入選者僅五十人，皆得為妃嬪矣。

——入選率不過百分之一。這百分之一的入選者中，當然不是每個人都能走乾清宮正門（即成為皇后）的，因為皇后只能有一個。於是，需要再選。

這最後一次篩選由坐在紗幕之後的皇太后張氏主持。經過反覆觀察，她為自己的侄兒皇帝選中了年方十五歲的河北元城縣的陳氏，因其「與帝同年，屬相相合」。

然後是行奉冊禮。奉冊禮本應以孝康張太后名義發出，但世宗皇帝為了尊寵自己的祖母，也為了與張太后較勁（張太后雖曾力主迎世宗朱厚熜入嗣皇位，但卻曾幾次傷了朱厚熜的面子），竟下令改由他的祖母邵太后簽發。邵太后早已不理朝政，而且其時已雙目失明，所以稍知內幕的人一眼就會看出這是世宗皇帝玩的權術。內閣大學士楊廷和上書力爭，朱厚熜也拒不改正，婚禮就在這種「較勁」的氣氛中舉行了。

婚後的頭幾年，朱厚熜因忙於為他的父母親爭皇考的名分，沒顧得上折磨陳氏，因此，這幾年乃是陳氏進宮後最為快樂的日子。

然而，好景不長，轉眼到了嘉靖七年（一五二八年）十月。初八日是個風和日麗的日子，一向沉迷於建醮（築壇祭神）和青詞（用紅筆把歌頌道教至尊之神的詞寫在青顏色的符策上。道教徒認為，將此紙在祭壇上焚化，神祇就可以看到）的朱厚熜難得有雅興，他來到已經很久沒有「施以雨露之恩」的陳皇后宮中。其時，陳氏已身懷六甲，再過兩個月就要臨盆了——這也是朱厚熜近一段時間很少在陳皇后宮中過夜的原因。在這段時間，朱厚熜又從上一批進宮的淑女中，選出兩個面目姣好的封為妃子，與她們晝夜淫樂，根本不去管皇后懷孕期間的種種不適。

新近被世宗皇帝晉封為妃的兩個女子，一個姓張，一個姓方。能在成百上千的脂粉叢中博得皇上的寵愛，張、方二人肯定有些不平常的功夫。

且說皇后陳氏，這幾日因飲食不周，身體欠佳。她雖然已經二十一歲了，但懷孕生孩子畢竟是頭一次，丈夫「只問耕耘，不管收穫」，更使她感到委屈。這一天她正斜倚在床上暗暗垂淚，忽聽得黃門太監高聲喊「聖上駕到」，一時間不由又喜又憂：喜的是今天不知太陽從哪邊出來，天上颳什麼風，把一向杳如黃鶴的皇上給吹來了；憂的是自己腆著個大肚子，浮腫著個臉，這副尊容怎麼好去見皇上——這不由使人想起「一顧傾人城，再顧傾人國」的漢武帝妃李夫人。

據史料記載，李夫人晚年得了一種怪病，面目全非。漢武帝曾前去看望她，但她卻用被子蒙住自己的頭，堅決不肯讓皇上看見自己的臉，弄得武帝灰溜溜地走了。李夫人的姊姊責怪李夫人為什麼吝於讓皇上一見，李夫人說：「所以不欲見帝者，乃欲以深託兄弟也。我以容貌之好，得從微賤愛幸於上。夫以色事人者，色衰而愛弛，愛弛則思絕。上（皇上）所以攣攣顧念我者，乃以平生容貌也。今見我面目毀壞，顏色非故，必畏惡吐棄我，意尚肯復追思閔錄其兄弟哉！」——那意思是說「昔日我面容姣好，可以讓皇上百見不厭，現在我面目全非，根本不宜於讓皇上看見」。應該說，李夫人是很有見地的，她的話道出了紅顏薄命的辛酸。李夫人又是幸運的，因為漢武帝雖然也「寡人有疾」，但卻還神經正常，不肯用強。而我們本文的女主角之一的陳皇后就沒有李夫人那麼幸運了。她的丈夫朱厚熜是個經常處於半瘋狂狀態的人，如果來了性慾，他可以不論何時何地，隨意臨幸宮女。對於丈夫的這一點，陳皇后早已領教，所以，她明知可能會遭到丈夫的嫌棄，也不得不硬著頭皮出來見駕。

今天還好，世宗皇帝見了皇后的面，破天荒地垂詢了幾句日常起居情況，並說：「你現在懷了朕的龍種，要好好地保養身體！」

這幾句很平常的話，把個陳皇后感動得淚如泉湧，她急忙跪在地上謝恩。

「起來吧！起來吧！」世宗不經意地說：「皇后近日有什麼樂子啊？」

「回陛下，臣妾一直在宮中保胎，害怕傷了胎氣，不敢閒逸！」

「又來了，又來了！」世宗不悅地說。陳皇后曾經規勸過他，要他不要老是閒逸，不理政務，所以一聽陳氏之言，朱厚熜的好情緒一點都沒有了，又換了一副面孔。

見皇上不願接這個話題，陳氏只好另外換了一個話題：與丈夫談起肚子裡的孩子。

「最近，朕潛心道術，頗有所得，待朕以伏羲八卦結合文王《易經》來占卜一下你肚子裡的孩子是男還是女。」

聽說皇上要排演八卦，早有人捧上六十四根御草棍，按乾、坤、坎、離、震、艮、巽、兌八個方位擺好。朱厚熜口中念念有詞，十分內行地將手中的六十四根草棍擺來擺去。看他那副樣子，如果不是穿著袞龍袍，戴著平天冠，人們一定會覺得他是個道家高手呢！

「這個卦象，」世宗沉吟說：「據《易經》中的說法，乃是『亢龍有悔』又像『潛龍在田』，以卜，所懷定係男嬰。只是陰陽之氣忽起忽伏，恐非吉兆！」

「臣妾倘能為陛下生個兒子，雖死無憾！」陳皇后也不知怎麼了，突然說起如此不吉利的話來。

夫妻二人正在交談，隨同皇帝一起前來的順妃張氏捧上兩盞茶來。倘若下面的事情不發生，這也不失為一幅「妻妾同樂圖」，可是那件事卻偏偏發生了。

且說陳氏還沉浸在能為丈夫生兒子的憧憬之中，而世宗皇帝卻定定盯住了張氏那雙捧茶的玉手。這雙手真是軟如柔荑，纖如玉筍。據說，朱厚熜每當看見這雙手時，就控制不住自己。

長時間的靜場將陳皇后拉回到現實中來，她第一眼見到的就是丈夫那副色迷迷的醜態。還沒等她說什麼呢，丈夫已當著她的面與張氏調起情來。倘若再不有所表示，說不定一會兒皇上會借她的床來個「巫山雲雨」呢。

記不得是誰說過，女人最不能容忍的就是丈夫當著她的面與別的女子調情，這話是放之四海而皆準的。

忍無可忍的陳皇后不知從哪裡來了一股勇氣，一抬手，「啪」一聲把張氏捧給她的那杯香茶全部掀翻在地上。茶水濺了朱厚熜一身。

正處在高度亢奮狀態中的世宗皇帝做夢也沒有想到，一向溫順的皇后會發這麼大的火。那「啪」的一聲巨響，還有一身茶水，使他已經被調動起來的情緒一落千丈，這簡直比要了他的命還讓他生氣。

暴跳如雷中，世宗皇帝飛起一腳，正好踢在隆起如小山狀的皇后小腹上，接著又是幾腳。待到左右太監、宮女趕來拉住時，陳皇后已倒在血泊之中。

「媽呀！」一個老成宮女驚叫道：「這是什麼？皇后早產了！」

「你嚷什麼！」世宗皇帝兇狠地說：「早產就早產，有什麼大不了的？朕有的是妃嬪，缺一個孩子有什麼打緊！」說罷，也不管皇后的死活，他拉著張氏揚長而去。

待到左右的宮女連扶帶攙把陳氏弄到床上的時候，由於驚嚇，加上小產，陳皇后下體流血不止，眼看著只有出的氣、沒有進的氣了。

當天夜裡，陳氏就崩於所在的宮中。死前，她斷斷續續地對左右的人說：「自古紅顏多薄命，外面的人不知道宮中的事，還以為一個女子到了宮中就會享大福呢！下輩子再託生，寧可變貓變狗，也不願變成皇后了！」

此話很快傳到了皇上的耳朵裡，餘怒未消的朱厚熜暴跳如雷。他一點也不顧及陳氏與他的結髮之情、夫妻之愛，一點也不想想是誰造成了已經身懷六甲，即將為他傳宗接代的皇后之死，反而黑著心肝連下幾道御旨：

一、皇后喪禮從殺（簡）。
二、皇后靈柩不准出正門，而只准走西角門。
三、皇后死後不准葬入皇家陵墓，而准其葬在西山襖兒嶺。
四、皇后死後謚號用含有貶義的「悼靈」。

世宗皇帝的第一位皇后就這樣不明不白地含冤死去了，但悲劇仍在重演。

陳皇后死後不久，朱厚熜將順妃張氏扶正，立為皇后，是為世宗的第二任皇后。

看人挑擔不吃力，沒有坐上皇后寶座以前，張氏覺得倘若自己有朝一日能夠母儀天下，決不會重蹈陳氏的覆轍。

張氏之所以有這樣的信心，是因為她自恃有一樣祕密武器：柔順。她想，不管皇上說什麼，我都唯唯諾諾，不和皇上鬥氣，不頂嘴，就能保住這一人之下萬人之上的位子。

事實證明，張氏的想法太過於天真了。因為一個人再柔順，他的忍耐也是有限度的。

當時，朱厚熜於迷信道教之餘，又迷上了古禮。《明史．后妃傳》中說：「是時，帝方追古禮。命後（張氏）率嬪御親蠶北郊，又日率六宮聽講章聖《女訓》。」像那位食古不化的新朝皇帝王莽一樣，朱厚熜為了證明自己齊家治國平天下的本領，想出了一個高招：叫剛剛當上皇后不久的張氏像古代的嫘祖一樣，整天領著宮中妃嬪們出宮到北郊養蠶織布。「皇后親蠶」說來也不是朱厚熜的發明，以前的歷朝歷代都有人如此做過。但那只不過是做做樣子，並不是真的做，而朱厚熜對張皇后等人的要求卻是必須付諸行動，而且不准由別人替代。

一直在宮中養尊處優的張氏和眾妃嬪們哪裡做過這個，一個個被弄得苦不堪言。

嘉靖九年（一五三〇年）四月，張皇后外出採桑淋了雨，大病了一場。

在病中，張氏想了許多。「這樣活是不是太累了？」張氏問自己，「可是不這樣活又能怎樣活呢？」

待張氏痊癒以後，情況又有了新的變化：世宗皇帝迷信道教達到了登峰造極的程度。像其前任明武宗曾自封為大將軍一樣，世宗竟自封為「靈霄上清統雷元陽妙一飛天真君」，又加號為「九天宏教普濟生靈掌陰陽功過大道思仁紫極仙翁一陽真人元虛玄應開化伏魔忠孝帝君」。民間百姓為了稱呼上的方便，索性戲稱他為「紫極仙翁」。

這位「紫極仙翁」不但自己一心地想求仙，而且還把陪他修行當成莫大的榮譽。

當時，有個道士向朱厚熜進言，說修仙訪道之第一步務在正衣冠。這位不辨真假的「紫極仙翁」覺得此話有理，遂絞盡腦汁設計出好幾套奇裝異服。他自己是綠帽黃袍，冠高一尺五寸，張皇后的則是一頂「垂雲冠」。該冠以天藍色紗精製而成，因上面繡雲紋圖案而得名。

準備工作完成以後，適逢道教始祖生辰，朱厚熜命張氏戴上「垂雲冠」與他一起參加祭祀。由於此冠外形過於奇怪，張氏戴了一次之後就不想再戴了——不光張氏不想戴，所有見過此冠的人，除了是寡廉鮮恥之徒，恐怕沒有一個想戴。據《明史．奸臣列傳》中記載，世宗皇帝曾把他戴的香葉冠稍加改進，製成沉香冠，分賜夏言、嚴嵩等五位閣臣，只有大奸臣嚴嵩如獲至寶，而夏言等直臣沒有一個願意戴此「奇冠」的。

在古代，婦女是不應該有個人好惡的，尤其是當她嫁了人以後，更當以丈夫的好惡為好惡，否則就要遭殃。張氏不是不知道這一點，她之所以拒絕世宗皇帝的「美意」，可能是因為她實在是忍無可忍了。

嘉靖十三年（一五三四年）正月，北京紫禁城乾清宮內，明世宗嘉靖皇帝正在捧讀一份文牘。看他那津津有味的樣子，不熟悉內情的人一定會以為他是個勤勞國事的好皇帝，其實根本不是那麼回事。因為他讀的根本不是群臣的奏章，而是奸臣寫的青詞。

這一篇充滿阿諛奉承之語的青詞出自大奸臣嚴嵩之手，詞名〈白龜靈芝頌〉。詞曰：

臣誠惶誠恐，稽首頓首。竊惟玉龜應圖，寶冊書瑞，必也時逢聖世，然後特產嘉休，用召至和平，應時昭顯，導引呼吸，與天地長久……恭惟皇上，道光帝堯，功邁神禹，皇天示象，永符萬世之斯文；洛水同符，載錫九疇之祕典……臣灼知此物，必非虛生。屬天意之攸存，精意端凝，立德昭格，兩儀既位，四海永清。適應圖籙，素質踵瑞鹿而繼至，露氣合仙芝以默通。斯皆天眷之有加，以致地寶之迭見。

這是一篇十足的「馬屁」之作。嚴嵩寫作此文有兩個目的：一個是向皇上展示他寫作青詞的才能，再有一個是為他的一個死黨邀功求賞。

嚴嵩的那個死黨，姓左名均用，時為官浙江，善於投合主意。他見皇上迷信方士道術，也想湊湊熱鬧。在不久以前，他以「八百里飛騎專遞」進獻給世宗皇帝十株靈芝，並在所附奏章上說除發現靈芝草之外，還發現千年以上的白龜一隻。

這靈芝俗名「木靈芝」，乃是擔子菌綱，多孔菌科。在道教徒眼中，靈芝乃是不可多得的聖物，據說常服可以延年益壽，白日飛升。白龜在今人看來乃是王八的代名詞，但在古人的眼裡，卻是長壽的象徵。

左均用想拍皇帝的馬屁，進呈靈芝、白龜，同時也送了許多金銀財寶給嚴嵩。左均用知道倘無嚴嵩這樣的青詞高手為他撰寫一篇阿諛吹嘘之詞，那十株靈芝和一隻白龜一定會淹沒在數不清的方物貢品之中。

這也難怪，「楚王喜細腰，宮中多餓死」嘛！當時投皇上所好進獻各種稀奇古怪之物的大臣，雖不是成百上千，但決不會僅他一個。

事實證明，左均用的如意算盤打對了。朱厚熜見了嚴嵩的青詞，覺得自己真可直追上古三皇五帝，不覺有些飄飄然。愛屋及烏，朱厚熜立即命人將左均用所進的靈芝、白龜呈上玩賞。「斯皆天眷之有加，以致地寶之迭見。」世宗皇帝越想越美，越看越愛，即刻下令，九邊十三行省所屬各州各縣，速速進獻靈芝、白龜。此舉弄得百姓怨聲載道，民不聊生。

正月十五日，朱厚熜忽然來到張氏房中，他已有好長時間沒有「降臨」這方怨土了。張氏趕緊跪地接駕。

「朕今天來，是想賜你一件寶物。」世宗皇帝「脈脈深情」地對他的皇后說。

「謝陛下。不知陛下所賜何物，臣妾能否消受得起？」張氏一邊謝恩，一邊想，可別再是什麼道袍、道冠之類的男不男、女不女的東西。

「消受得起，消受得起！」朱厚熜笑容可掬地說：「因為你是替朕享用，與朕分享道家仙品！」

「道家仙品？」

「對，不久以前，有人進獻了一支千年紫芝。據宮內的仙師們說，以之煮水服食可以白日飛升。

朕不想先皇后而成仙，是以特賜皇后一服。待皇后服食之後，朕再決定是否服食！」

「臣妾不願成仙，只願與陛下長為夫婦足矣！」張氏心想，既然可以白日成仙，你為什麼不自己服食，卻要將這一千年不遇的好機會讓給我！說不定是拿我當試驗品呢！於是，她對朱厚熜虛與委蛇。

「唉！」世宗皇帝不悅地說：「叫你服你就服嘛！」

「臣妾不敢從命！」張氏今天也不知從哪裡來了這麼大的勇氣，堅決拒絕。

「你難道想抗旨不遵？」朱厚熜換了一副面孔，「那可是殺頭之罪！」

「臣妾不敢！」張氏說著，卻沒有任何肯於服食的跡象。

「你以為你是誰？你的手長得好看，朕才封你為后的！」明世宗一著急竟說出了很沒水準的真心話，「朕不過是把你當成一個玩物罷了！能立你就能廢你！你既然不識抬舉，那就別怪朕寡情！」說到這裡，朱厚熜扯著嗓子喊道：「來人！傳司禮監秉筆太監！」

不大一會兒，司禮太監傳到。朱厚熜怒氣衝衝地吩咐道：「寫旨，廢皇后張氏為庶人，遷於別宮居住，欽此！」

時為嘉靖十三年正月十五日的事。兩年以後，無辜的張氏被活活地囚禁而死。張氏死後，另外一個女人登場了。她就是世宗皇帝的第三任皇后方氏。

方氏的資歷略遜於張氏，但也是有一定根基的。

還是在嘉靖十年（一五三一年）前後，皇帝年近三十而膝下猶虛。內閣大學士張孚敬上書，說古時候的天子「立后並建六宮」，還有三夫人、九嬪、二十七世婦、八十一御妻，其目的「所以廣嗣」，現在皇上春秋鼎盛，應當廣求淑女以為子嗣計。

這篇奏章可能是皇上最願意看到的奏章之一。朱厚熜一反過去幾個月不批覆群臣奏章的習慣，書上，當日就御筆批覆，曰「可」。

借著這股東風，方氏與鄭氏、王氏、閻氏、韋氏、沈氏、盧氏、沈氏、杜氏一起於同一天被冊封為僅次於夫人的九嬪。

雖然說穿了不過是皇上的小老婆，但九嬪的冊封儀式還是辦得鑾隆重的。行冊封禮那天，方氏等九人都戴著九翟冠，穿著大彩鞠衣，手裡拿著次玉圭。冊封她們的冊文也是金漆，只是比皇后的稍小一些罷了。樂得又多了九個女人供他享受的世宗皇帝「袞冕」告祭太廟，然後升華蓋殿傳旨，命大臣代他行冊封禮；然後再命皇后率九嬪朝拜奉先殿；最後，皇上穿上皮衣，戴上皮帽，接受百官的祝賀。

身為九嬪之中的佼佼者，方氏很早就頗能獲得皇上的歡心。

西元一五三四年張皇后被廢以後，正宮位置出現空缺。九嬪們一個個使出各種狐媚手段，明爭暗鬥。最後，方氏取得了決定性的勝利，被世宗皇帝正式立為皇后，是為孝烈皇后。

這一時期乃是方氏最為春風得意的時期。讓她感到受寵若驚的是，皇上將冊封皇后的禮儀由僅僅拜謁內廟，改為同時拜祭太廟、世廟，這在過去是只有皇上登基時才能享受到的殊榮。方氏覺得自己一定不會重蹈陳、張二后的覆轍，可憐的她也是太天真了！

西元一五四七年十一月乙未日，大內坤寧宮突然起火。

坤寧宮是皇后所居之處，向來係宮中除乾清宮以外最為安寧之地，何以會突然起火？當時，乃至以後沒有一個人能說得清楚。據一些史料記載，這場火起得十分蹊蹺：火不是從宮內燒起，而是一開始就封住了宮門；不是由小到大，而是一開始就兇猛無比。

當時，朱厚熜就宿在坤寧宮旁萬壽宮閻妃那裡。倘若以皇帝的身分發下命令，調集宮中上下人等前來救火，這場火是不難撲滅的，因為坤寧宮並非純木建築，火勢由外而內，需要很長一段時間才能將宮內房屋燒著。

但朱厚熜卻對此無動於衷。當有人向他稟報，請他下令傳旨救火時，他說：「救什麼救？舊宮燒了，再蓋新的，朕正好討厭那舊的呢！」

這時，微微颳起了一點風。透過火光，朱厚熜身邊的宮女、太監們隱隱聽到「皇上救命！皇上救命」的叫喊聲。

「是方皇后！」不知是誰喊了一聲。其實不用他喊，人們也聽出來了，因為方皇后是江寧人，而整個坤寧宮中操江寧口音者僅方氏一人而已。

眾人不約而同地再一次把目光轉向皇上。雖然剛才已經碰了一個不大不小的釘子，但一日夫妻百日恩，大家在心裡還是盼望著皇上能傳旨准他們去救方皇后。但朱厚熜卻像沒事人似的，悠哉遊哉地像是在觀賞一件西洋景一樣。

大火越燒越旺，越燒越猛。方皇后的求救聲漸漸低沉下去，空氣中彌漫著一股難聞的糊味。

「完了！徹底完了！」左右的人暗暗在心裡歎息道。

世宗皇帝為什麼會對方皇后見死不救呢？這位曾經與他同床共枕達十四年之久的皇后，難道就這樣令他這位皇帝討厭嗎？

其故何在？

宮女殺皇帝極隱祕
牽連端妃種下禍因

明世宗嘉靖二十一年（一五四二年）十月二十一日，在明朝統治的腹心地帶，大內紫禁城發生了一起駭人聽聞的未遂謀殺案。因為這一年是農曆壬寅年，所以史書上往往稱此次謀殺案為「壬寅宮變」。

說壬寅宮變駭人聽聞，是因為謀殺的物件是皇帝，殺手則是服侍皇上的宮女。因此雖然「未遂」，但卻已經為中國有史以來歷朝歷代所絕無僅有了。

宮女為什麼要殺皇上？宮女為什麼敢殺皇上？

在正史和官方記載中，我們幾乎找不到任何答案。

有些史學家認為，此次事變係由世宗皇帝的兩個小老婆王寧嬪和曹端妃爭風吃醋引起的：王寧嬪不滿意曹端妃整天纏著皇上不放，遂收買宮女們下了毒手——這種解釋易於使人想起東晉孝武帝的小老婆張貴人命宮女害死皇上的那一幕，但證以事變中的眾宮女的所作所為，此種解釋卻有些難以自圓其說。

筆者認為，促使那些平素只能拿繡花針的手拿起殺人的凶器，明世宗一定有一些舉措太慘無人道，叫宮女們活不下去了。

「靈犀一點未曾通」、「自緣身作延年藥」，這是明朝大詩人王世貞的兩句詩。這兩句詩雖然不過區區十四個字，但卻隱約道出了宮女們鋌而走險的真正原因。

大約是在嘉靖二十年（一五四一年）前後，一心渴望能夠長生不老的朱厚熜自覺遇上了兩個「異人」：一個是江寧人段朝用，一個是無錫人顧可學。

段朝用在回答皇上何以從前那麼虔誠地修煉，也不見什麼成效時，別有用心地說：「修煉有內修、外修。聖上以前勤力於內修，這很好，但見效較慢。要想速成，還必須外修！」

「外修？」

「對。」

「怎麼個外修？」

「道教寶典上說，天庭玉露，可迅速助人延年益壽。」

「天庭玉露？何處可尋？」

「按理，此物常存於深山曠野之中，但帝王乃萬乘之尊，御花園亦即皇上修煉之所，是以依臣愚見，在御花園中亦可擷取甘露。」

「請先生有以教朕！」

「其法，可廣派宮女，於每日日出之前，候於花果樹木之下，左手持杯，右手持物；當太陽欲出未出之際，將積存在花果樹木之上的晨露，輕輕撥取進杯中。聚少成多，當可收速成奇功。」

段朝用這招可真夠損的了！

負責此事的宮女們幾天下來就一個個被整得苦不堪言，因為採露水這活要心細、手巧，還要忍受蚊叮蟲咬、花木刺，而且還要起大早。一天兩天還可以忍受，長時間地周而復始，宮女們恨透了段朝用和朱厚熜這兩個害人精。

每天都悠哉遊哉地喝上一杯甘露的朱厚熜，可一點也顧不上宮女們的死活，他還有更重要的事情要做。

因為他在服用甘露的同時，還在接受另外一名「仙師」的指點。

這名「仙師」名叫顧可學，乃是江蘇無錫人氏。

顧「仙師」也是主張外修的「外家高手」。他給世宗皇帝出的主意更陰損：取未婚處女一名，待其行經（月經）時，將人參、鹿茸、靈芝、鶴頂四味名貴中藥材調好，塞入該婦女的陰道，然後封死。據說，這樣可以借處女的「天癸」，煉成長生不老之藥。每劑藥需五天才可以煉成，這五天中，該名少女的身子被當成煉藥的容器，不能排泄，加上正值行經期，往往必死無疑——這就是「靈犀一點未曾通」的真實含義。

任何一個稍有人性的帝王都不會接受顧可學的這項建議，但朱厚熜卻偏偏覺得顧可學這項建議「可學」。

方皇后曾經表示過異議，認為配一劑藥就會死一個宮女，長此以往，定會搞得陰陽失和。而且，上蒼有好生之德，損一命而延一命，恐非道家本意。

朱厚熜對方皇后的話置若罔聞，因為在他看來，宮女不過是會喘氣、能說話的「物」而已，與人參、靈芝、鶴頂等沒有什麼兩樣，甚至還不如後者。

於是，大批的無辜少女被從全國各地送入皇宮。

這些無辜少女比那些被罰為皇上採擷甘露的宮女們還要不幸。因為採集露水雖然不免要受風寒淒冷之苦，但畢竟一般並無性命之虞。而「自緣身作延年藥」的宮女們就不一樣了，輪到誰，誰就得為皇上獻出性命。真是不比不知道，一比嚇一跳啊！

嘉靖二十一年十月初一，又一批「人藥」少女被選入宮。據曾見明朝刑部「底案」的沈德符所記，這批少女共十六名。她們是：楊金英、楊蓮香、蘇川藥、姚淑翠、邢翠蓮、劉妙蓮、關梅香、黃秀蓮、黃玉蓮、尹翠香、王槐香、張金蓮、徐秋花、張春景、鄧金香、陳菊花。這十六名少女年紀大都是十四五歲，尚未盡通人事，加之大多出身貧寒，皇宮之內那種氣派和豪華的建築把她們驚得合不攏嘴。她們就像無意之中闖入野狼谷的迷途羔羊，被「谷」中的新奇景色所迷惑，而忘了恐懼，根本沒有意識到即將被皇上「生吞活吃」的危險。

這也難怪，不要說她們，整個紫禁城內真正曉得弄這批少女進宮的真實目的者，除了皇上以外，恐怕只有方皇后、曹端妃、王寧嬪等幾個人。

方皇后係正宮娘娘，端妃其時正在受寵，她們知道皇上的隱私，這沒有什麼可奇怪的。奇怪的是王寧嬪怎麼會知道這一「核心機密」呢？

說來簡單極了。這群少女進宮後被安置到她所在的元輝殿中暫住，因為她那裡人跡罕至，連老鼠都很少光顧。

應該說負責為皇上配藥的顧可學可謂深謀遠慮。但「智者千慮，必有一失」，這位顧「仙師」可能做夢也想不到新進少女中有兩個是王寧嬪的老鄉，其中名叫張金蓮的還是王寧嬪的一個多年前失去聯繫的兩姨姊妹。

王寧嬪，用她自己的話說是「心如槁木」，是已經「死」過幾次的人了。她曾偷偷地目睹過前幾批無辜少女的死。那些天真可愛的少女被「做」翻以後的慘相像千百條鞭子，無時無刻不在鞭打著她的良心。當然，噁心是噁心，良心是良心，王寧嬪不可能高尚到挺身阻止皇上胡作非為的程度，她既沒有那個膽量，也沒有那個能力——她是生活在她那個時代的人，不可能脫離她那個時代！

但有了張金蓮就不同了，她們畢竟是「打碎骨頭連著筋」的表姊妹啊！

「救還是不救她？」王寧嬪不知暗暗在心裡問了多少次，思之再三，覺得還是得救，因為她們家從前欠過張金蓮家一筆很大的人情——那是很多年以前的事了：有一次王寧嬪的叔叔失手打死了人，是張金蓮的父親代替他頂罪，被罰往軍前效力，從而使燕爾新婚的叔叔能夠保持住完整的家庭，而張金蓮一家卻飽受種種非人之苦。也正是因為叔叔沒有案底，父親又當過幾任小官，王寧嬪才能在被選入宮以後很快得到皇上的臨幸，並被封為九嬪之一。「吃水不忘打井人」，王寧嬪暗暗在心裡下定了決心，無論如何也要把金蓮妹子救出來。

「可是怎麼個救法呢？」王寧嬪苦思苦想了好幾天，最後，她終於想出了一個主意：「何不想法讓皇上臨幸金蓮妹子一次，不用多，就這麼一次就行。因為凡被皇上臨幸過的宮女就可能懷上龍種，掌管起居注的太監會記錄下此事，屆時自己也好站出來替她說話！」「對，這是個好主意！」王寧嬪自言自語道。

這個主意是不錯，無奈張金蓮並不領情。一聽表姊這個主意，她立刻急了，死活不答應。王寧嬪急了，慌不擇言地說：「我這可是為你好！」

「為我好？」張金蓮大聲搶白說，「俺才十五歲！」

「傻妹子，」王寧嬪話趕話地說：「你要是不答應就得死！」

她一邊說著，一邊用手指著外面那十五個少女待的地方：「像她們那樣一個個被折磨死……」說到這裡，王寧嬪忽覺失言，慌忙掩上了嘴。這時，她隱約聽見外面似有濁重的呼吸之聲。懷疑有人偷聽，她急忙搶前幾步，打開了房門：另一間房內的少女大都在假寐，除了楊金英提著裙子像是剛解完手回來，別人並無異狀。王寧嬪長長地籲了一口氣，她以為她剛才的話只是「出於她之口，入於金蓮妹子之耳」，並沒有被外人聽去呢！

其實不然。

剛才確實有人偷聽，偷聽的人是楊金英。楊金英雖然不是十六個少女中最大的一個，但卻是最有心計的一個。

從打入宮那天起，她就覺得有些不對勁兒。因為這些人中只有她多少讀過幾天書，隱約知道宮外女子進宮通例是「備灑掃之責」的，可是她們入宮已經十幾天了，既沒有人交代活兒供她們灑掃，也沒有人理她們。「宮中又不是粥廠，把我們這些人弄進來難道是為了吃閒飯的？」楊金英常常私下裡問自己。為了解開這個解不開的謎，她處處留心。最近這幾天，她敏感地發現王寧嬪定知內情，而據黃玉蓮說，張金蓮與王寧嬪有親戚關係。幾下綜合，楊金英決定盯住王、張兩人。她想，到了緊要關頭——倘若事情真是很壞的話——王寧嬪一定會對張金蓮說實話的。

果不其然，今天吃過晚飯後不久，王寧嬪就以讓張金蓮替她捶腿為由，把張叫到她住的裡屋關起門來密談。

「肯定有鬼！」楊金英暗暗在心裡對自己說：「要是僅僅捶個腿，關起門來做什麼？一定得聽聽她們說些什麼！」於是，她先安排那另外十四名少女替她打掩護，她潛入內室的窗口蹲下竊聽。

當聽到王寧嬪的主意時，她一開始還不明白，後來一聽張金蓮說她只有十五歲，推辭不幹時，才恍然大悟，不由也飛紅了臉，罵了一句「不正經」。剛想走開，王寧嬪的那句「像她們那樣一個個被折磨死」像五爪鐵抓似地一把抓住了她。「『她們』肯定是指我們了，誰要把我們弄死？只有皇上才有這個權力，皇上把我們弄來，原來是想要我們的命！這可如何是好？」她腦子裡閃電般地掠過了許許多多念頭。聽見裡面的聲音戛然而止，她立即反射般地趕緊跑了回去。

「臨死也要拉個墊背的！」就在縮回身子那一刻，楊金英的腦子裡突然現出不知從哪裡聽來的大逆不道的話：「捨得一身剮，敢把皇帝拉下馬！」

王寧嬪走了以後，楊金英想立即將假裝睡著了的小姊妹推醒，但忍了幾忍，還是忍住了。她知道王寧嬪就在裡屋，隔牆有耳，同情張金蓮的這位娘娘可不一定同情她們，萬一小姊妹們一聽嚇哭了，打草驚蛇，那就必死無疑了。「得找個機會！」她暗暗地想。

機會不用找，很快就來了。

十月二十日，正宮皇后方氏突然著太監來傳懿旨：將楊金英等十六人即刻由王寧嬪處移往曹端妃所居之承華宮東偏殿。

這十六個人為什麼會突然被移居他所呢？

原來，這與宮廷內后妃之間的明爭暗鬥有關。

前面我們已經說過，方后是嘉靖十三年（一五三四年）被立為皇后的。七年時間，皇上對她雖然不是「一從二厭三人木」，但也是臨幸的日子少，留下她一個人寂寞獨守空閨的時候居多。尤其是自有了端妃以後，皇上更是除了郊天、親耕、春節以外，連看她都懶得看上一眼，把個方皇后恨得牙根癢癢的。雖然在明裡不敢將端妃怎麼樣，但倘有機會，她是一定不會放過端妃的。經過一番深思熟慮，方氏想出了一箭雙雕的毒計：將楊金英等十六人從王寧嬪處移至端妃居所，並打算微露口風，促其激變，從而達到移禍於人的目的。

其實，不用等方氏派人微露口風，那些待詔宮中的無辜少女就已經知道了即將為皇上「入藥」的噩耗。

一開始還有人嚇得哭泣、發抖，後來，長得壯壯實實的山東姑娘姚淑翠說了一句話，把大家全都震住了：「哭什麼哭！讓人聽見，死得更快！」

「淑翠說得對！」早已下定決心的楊金英見時機已經成熟，立即用富於煽動性的語言說：「哭是沒有用的！誰讓我們死，我們就先要他的命！」

「但他是皇上啊！」不知道是誰怯怯地說了一句。

「皇上怎麼樣？他也是人，他不讓我們活，我們也饒不了他！」楊金英一副豁出去的架勢，「你們沒聽說過嗎？捨得一身剮，敢把皇上拉下馬！反正也是個死！你們是願意被人像小雞一樣捉去掐死呢，還是想起來拼個你死我活？」

「我們跟你幹！」其餘十五個人有十四張嘴發出了堅定的聲音，只有張金蓮一個人沒說什麼。

原來，她剛剛出去解手的時候，已經被一個突然撲上來的男人給強姦了。宮中除了皇上以外，沒有一個真正的男人，因而，這個人必是皇上無疑。張金蓮心想：「王寧嬪說得也許不會錯，那我就可以揀下一條命了！何必跟她們這幫『活死人』去冒險？」但她心裡也很猶豫，因為皇上是在黑暗中臨幸她的，她害怕那個管什麼起居注的太監不在身旁，而皇上又轉眼不認帳，再加上由少女變為少婦這一轉變等種種生理和心理上的不適應，因此，她也沒有反對眾人的提議。

事實上，人隨大流走。十六個人中十五個人想拼命，她張金蓮一個人想反對，反對得了嗎？再說，其時已屆二十一日凌晨，大家就要動手了。

農曆十月二十一日的京城，夜裡已經很冷了。如果說白天還是深秋的話，那麼，夜裡，尤其是午夜時分，那就差不多已是初冬了。

皇上這天宿在端妃的宮中。今天這個「混世魔王」可倒沒怎麼折騰，可能是剛剛襲擊完張金蓮太過疲勞，此時的朱厚熜睡得像頭死豬，而與他同床而眠的曹妃卻突然被一陣腳步聲驚醒。此時，值夜的太監和宮女們大都也昏昏睡去，還有什麼人敢在皇上的寢宮外面走動呢？

還沒容曹氏細想，門被輕輕地然而又神速地打開了。一條繩子套在朱厚熜的脖子上，七八雙手死死地按住了端妃。這真是一個奇蹟：睡夢中的皇上被人戴上「龍套」以後竟沒被驚醒，而早就被驚醒的曹妃竟沒有喊叫——按她的那幾個宮女慌亂中，根本就忘了把她的嘴堵上。

「快！」楊金英對黃玉蓮、劉妙蓮、徐秋花三個人說：「你們三個人，對了，還有張金蓮，快把端妃娘娘弄到別的屋子裡去。咱們和她無冤無仇，不要弄死她，先和我一起對付這狗皇帝！」

其實，此時已不用楊金英吩咐。當楊金英把繩子套上朱厚熜的脖子以後，楊蓮香、蘇川藥、邢翠蓮、關梅香四個人分兩人一組按住了朱厚熜的腿，黃秀蓮、尹翠香、王槐香、張春景等四人按住了朱厚熜的兩隻手，鄧金香、陳菊花按住了朱厚熜的頭，膀大腰圓的姚淑翠與楊金英合作，將事先準備好的絲帶（古時稱為「組」）準確無誤地套在朱厚熜的脖子上。

到目前為止，整個計畫都是周詳的，甚至可以說無懈可擊。

但是，她們這些「謀殺犯」畢竟只是一群十五六歲的少女，即使是她們的頭領楊金英、姚淑翠也沒見過什麼大世面，所以，不出差錯是不可想像的。

令人感到遺憾的是差錯竟出在兩個最令人想像不到的人身上。這兩個人一個是楊金英、一個是張金蓮。

我們先來說楊金英，《明史·后妃傳》中在談及這個時候的楊金英時，有這樣一段話：「金英等伺帝熟寢，以組縊帝項，誤為死結，得不絕。」要勒死人就必須用活結，這樣繩子才能殺到肉裡面去，置被勒的人於死地，這乃是常識，但楊金英卻在驚慌中一失手打了個死結。當她將繩套套進皇上的脖子，用力猛拉時才發現，可惜為時已晚。因為她和姚淑翠使出了吃奶的勁兒，死結越拉越緊，想要解開重套得費很長的時間。叫她們這些平素裡連殺雞都不敢的弱女子把一個人，一個真龍天子殺死兩次，這可不是一件容易的事。

再說張金蓮，此刻的張金蓮雖然被楊金英指派與另外三個人一起看守端妃，可是她的腦子裡卻自始至終在轉著一個念頭：「我已被皇上臨幸過了！我已是皇上的人了！」表姊王寧嬪的那番話在她頭腦裡突然變得清晰起來：「只要你答應，你就不會像她們那樣被弄死！」

「我答應！我答應！」張金蓮差點喊出聲來。她驚慌地朝四周看了看，唯恐別人窺破了她的心事。

其實，她的擔心是多餘的。徐秋花、劉妙蓮此時已跑到正房幫忙去了，看守端妃的人只剩下她本人和黃玉蓮。

「我要立功！我要像表姊那樣當主子娘娘！」張金蓮瘋狂地想，同時，她不知從哪裡來的那麼大的勁，冷不防撲上去，將身材嬌小的黃玉蓮撲倒在地，掐暈了過去。然後，張金蓮轉身往門外跑去，迎面撞上巡夜的太監，她一把抓住領頭的一個，氣急敗壞地說：「快，快帶我去見皇后，有人造反！」

「啊！」那太監一聽此話，嚇得差點摔倒，這可是了不得的大事啊。寧肯信其有，不可信其無，於是，不敢怠慢，立即穿回廊，走曲徑，來到皇后方氏所居的坤寧宮。

說時遲，那時快，方皇后聽完張金蓮的稟報，早已成竹在胸，她幾乎同時傳下兩道懿旨：

一、著值夜太監、錦衣衛立刻包圍端妃所居之承華宮，速速將大逆不道的宮女捕獲。

二、立即啟駕，她要親自拯救處在水火之中的皇帝。

其實，不用方皇后吩咐，承華宮的值夜太監和聞聲趕來的錦衣衛已經將那十五名宮女全部捕獲。這時，方皇后趕到了。

她來得正是時候，因為此時的朱厚熜已被那些憤怒的宮女折騰得奄奄一息了。那條絲帶雖然沒有要了這位「紫極仙翁」的老命，但也著著實實把他治了個苦。人畢竟不是畜生，誰願意在自己的脖子上套個繩子呢？

見皇上被弄成這個樣子，方氏多少有些心疼。她雖然恨丈夫的移情別戀，但畢竟已經是七八年的夫妻了，因此，進屋後，她立即撲上去，用十隻纖纖玉指，拼命地解開了絲帶。

此時的世宗皇帝，已完全不像什麼天子，反倒像一個長歪了的茄子，頭髮散亂，眼舌凸出。

「端華宮首領太監何在？」方皇后將皇上救下以後，立刻擺出皇后的架子。

「奴才張佐聽皇后調遣。」

「你替我把這些大逆不道的小狐狸精們都吊起來，定要問出誰是她們的主謀！」

「是！」

被捆起來的楊金英、姚淑翠一開始還以為是皇后自己發現她們謀反的呢！可是一抬頭，她們卻發現了張金蓮：她不但沒被捆起來，而且正跟在皇后後面嘰嘰喳喳不知在說些什麼呢。

「這個臭婊子！」姚淑翠暗暗罵道：「想踩著姊幾個攀高枝，我們死，你也活不成！」

不一會兒，太監頭兒張佐來審問她們。不等他們用刑，姚淑翠就大聲說道：「你們也不用動刑，姑奶奶好漢做事好漢當，你們要問什麼，就痛痛快快地問吧！」

「好，好，痛快！」張佐陰笑著問：「你們十五個人為什麼想要幹此等大逆不道之事？」

「你錯了！」姚淑翠說：「不是十五個，是十六個！」說到這裡，她把手朝張金蓮一指，說：「還有她！」

「不許胡說！」

「胡說？胡說什麼？」被捆在一旁的楊金英接著說：「公公不是要問我們為什麼要大逆不道嗎？」

「對啊，對啊！說這個！說這個！」張佐幾乎快要笑出來了，倘若不是皇上此刻尚不知死活的話。

「因為我們不想被皇上『入藥』，我們不想死！」

「胡說！」張佐色厲內荏地吼道：「誰說皇上要拿你們『入藥』？」

「是她告訴我們的！」楊金英把手指向張金蓮。

「她和你們一樣，剛進宮才幾天，怎麼會知道？」

「公公說得有理！」楊金英心想，事已至此，索性給她來個一不做，二不休，把張金蓮那表姊靠山也都咬出來。於是，她很有條理地答道：「張金蓮確實不會知道這等機密大事，可是宮中另有人知道！」

「誰？」

「王寧嬪！她，可是張金蓮的表姊！」

「此話當真？」

「姑奶奶已是死到臨頭的人了，騙你做什麼！」

「好，好！老夫一定稟報皇后，賜你一個全屍！」張佐一邊說著，一邊擦著臉上的汗水，回去向方皇后稟報。「什麼？沒有曹端妃？」方皇后用一種近乎失望的語調問。

「是。」

「事情出在她的宮中，她雖不與，亦知謀！」方皇后把牙一咬，恨恨地說：「傳我的懿旨：將王寧嬪、曹端妃，還有那十五名小害人精，對了，還有張金蓮那小騷狐狸全部給我凌遲處死，千刀萬剮，給皇上報仇！」

「回皇后的話，」張佐叩了一個頭說：「那楊金英雖係首犯，但她坦言供出了王寧嬪係本次逆案的主謀，是否可賜她一個全屍？」

「不行！」方皇后斷然拒絕，「這是大逆不道的要案。我大明開國以來上百年間也沒有此類事情發生，倘不嚴懲，何以告祭列祖、列宗於地下？倘不嚴懲，何以儆不良之徒之效尤？」這幾句話太重了，張佐有幾個腦袋，敢替這些「十惡不赦」的案犯們說話？於是，他又叩了一個頭，退下去了。

王寧嬪、曹端妃再加上十六名新進宮的宮女就這樣結束了她們的生命。

這十八名女子當中，至少有三名是屈死鬼。王寧嬪、張金蓮是被憤怒的宮女們「咬」出來的，而曹端妃則純粹是爭風吃醋的犧牲品。「紅顏禍水」在她身上得到了最充分的驗證。

方皇后終於報了曹端妃奪走丈夫之仇，但也因此種下了禍根。

明世宗朱厚熜的傷養了好幾個月才能下地。下地以後，他第一句話就問：「端妃呢？」——他還以為受到損害的只有他，而他的愛妃還健在呢。

「陛下還是不要問了吧！」方氏故意欲言又止。

「為什麼？」

「陛下難道不知道，這場謀逆大案，王寧嬪雖是主謀，但曹端妃也暗中推波助瀾！她也是要犯啊！」

「真的？」

「這還有假！」方氏鼓動她如簧之舌，煞有介事地說：「陛下請想，這群宮女進宮差不多已近一月，在別的地方待了那麼長的時間，沒有出事，可是一到了曹氏那裡就出了事，作為承華宮的女主人曹端妃難道不是很可疑嗎？」

「皇后將她怎樣處置了？」

「已將其正法以謝天下！」

朱厚熜聽了默默不語。這位糊塗君王雖然別的事情糊塗，但對這件事情卻仍然保持高度的清醒。打死他，他也不相信曹氏會謀害他。

事情很快就弄清楚了。因為曹端妃在臨終前曾大罵方皇后栽贓陷害，在場的太監將此事密報給皇上，朱厚熜聽了，心裡大為光火。在此之前，他曾因為皇后「救駕有功」而將其父晉爵為安平伯，現在恨屋及烏，一氣之下，就要將爵位追回。只因群臣苦苦相勸，此事暫告作罷。

不久，朱厚熜又有了新寵，但時不時地仍會想起曹氏，覺得不替她報那殺身之仇於心不甘。於是，才有火燒坤寧宮見死不救之舉。

《紅樓夢》中的元妃娘娘賈元春在提到女性與皇宮之關係時有一句名言：「那裡是聽得而去不得的地方！」驗諸明世宗朱厚熜的三個皇后、兩個妃子、十六名宮女的悲慘結局，筆者覺得這話真有點放之四海而皆準的味道！

秉國不貪權的太后

——明穆宗皇后李氏

◎孟母斷機，太后罰跪
望子成龍情一體

◎彼都人子，爾亦都人子
都人有何不好？

西元一五六六年十二月庚子日，在位四十六年，卻有二十多年躲在內宮不上朝的明世宗朱厚熜（嘉靖皇帝）因長期服用丹石，毒發而死。遺詔由皇三子，爵封裕王的朱載坖繼承皇位。朱載坖是為穆宗。

穆宗在明朝諸帝中可謂賢明。他繼位後嚴懲方士，取消齋醮，又採納內閣大學士高拱、張居正的建議與蒙古俺答部落互開邊市，互通有無，同時重用戚繼光、王崇古、譚倫加強北部邊防，使得北部邊疆出現少見的和平。然而，好人沒長壽，穆宗在位僅僅六年就患頭暈病不治而死。

穆宗的正宮皇后陳氏無子，所遺皇位由他的庶子朱翊鈞繼承。朱翊鈞是為明神宗（萬曆皇帝）。神宗的生母李氏，本是個「都人」（宮女）。母以子貴，她一下子連跳數級，成為皇太后。李氏在沒有生下神宗以前身分微賤，也可能正因為如此，她才能時時嚴苛要求自己和自己的兒子。而且，在成為皇太后以後，她不僅沒有放鬆對其子——時已成為皇帝的朱翊鈞的約束，反而對其更加嚴格。後人評價其為母儀天下的代表，且評以「參政不亂政，秉國不貪權」。

以宮人出身的李氏為何能得到如此高的評價呢？

孟母斷機，太后罰跪　望子成龍情一體

傳統啟蒙教材《三字經》中有這樣幾句話：「昔孟母，擇鄰處，子不學，斷機杼。」此文說的是亞聖孟子童年時的故事。據說，孟子儘管後來成了僅次於孔子的大聖人，但在小時候卻比較貪玩，因他不好好學習，其母幾次折斷織機的機杼以示儆戒。這段話告訴人們，少年兒童的早期教育是如何不容易。

就拿那位已經登基坐殿當了小皇帝的神宗皇帝朱翊鈞來說吧！他雖然六歲時就顯示出了自己的聰明才智——那時他還不是皇帝，甚至連皇太子都不是。有一次，他見其父穆宗朱載垕獨自一個人在宮內騎馬奔馳，便上前攔住諫阻說：「父皇為天下萬民之主，單人匹馬，獨馳獨往，倘有疏忽，何以謝天下？」一番話深深地打動了其父朱載垕，朱翊鈞也很快由親王升為太子，從而登上皇帝寶座。

當了皇帝之後，朱翊鈞卻並不再那樣討人——其母李氏、司禮太監馮保、大學士張居正——喜歡。原因嘛，說來極其簡單，我們這位君臨天下的皇帝不喜歡讀書。這在今天看來，不過是他這個年紀的小孩子之通病，因為滿打滿算，登基這年他才九歲。

當時，擔任這個九歲孩童侍講教師的是赫赫有名的大學士張居正。

這張居正可並非等閒人物。他字叔大，別號太岳，湖北江陵人。張居正自幼穎敏絕倫，十五歲時便考中秀才。當時的湖廣巡撫顧璘看了他的文章，很是驚訝，誇他為「國器」。二十三歲時，張

居正二甲進士及第，被選授為翰林院庶起士，不久又做了穆宗朱載垕的老師。現在，他以內閣大學士的身分再主神宗皇帝師席，儼然兩朝帝師。據說，有一次，張居正為小皇帝朱翊鈞講授《論語・鄉黨》中的「入公門，鞠躬如也，如不容。立不中門，行不履閾。過位，色勃如也」，朱翊鈞誤將「勃」字讀成了「貝」音，張居正馬上拉下臉來，很嚴厲地將神宗皇帝叫起來訓斥說：「此處的『勃』應讀『伯』！」將神宗小皇帝嚇了一跳。自此以後，小皇帝再也不願上學。

此時，朱翊鈞的生母李氏（孝定貞純欽仁端肅弼天祚聖皇后）尚居住在慈寧宮，與穆宗的另一位皇后陳氏（孝安貞懿恭純溫惠佐天弘聖皇后）比鄰而居。當李氏聽貼身宮女稟報說小皇帝不喜讀書時，她十分著急。為了晨昏課兒子讀書方便，李氏決定搬家，從慈寧宮搬到乾清宮，與兒子住在一起。

李氏的這一良苦用心沒有被她的皇帝兒子理解。幾天過後，朱翊鈞又鬧著不願上學。

「不上學？」李氏面寒似冰，對左右的宮女說：「好啊，你們去把皇上給我叫來！」

「是！」

不一會兒，朱翊鈞蹦蹦跳跳地跑了進來。他衣冠不整，穿的既不是朝服，也不是讀書時該穿的服裝，手裡還提著個蟈蟈籠子。本來就怒火中燒的李太后見兒子這樣一副君不君、臣不臣的打扮，氣更是不打一處來，她問兒子：「你今天怎麼不去上學？」

「今天……今天老師有事。」朱翊鈞支支吾吾道。

「那昨天呢？前天呢？」李氏帶有幾分調侃地問兒子：「老師天天有事？」

「是，也有事。」

「胡說！」李氏這下子可真的發怒了。剛才她對兒子還抱有幾分希望，現在一下子絕望了。「這麼點兒的小孩子就說謊，那怎麼得了！」越想越氣，她立即高聲喝道：「你這個逆子，竟敢欺騙娘親，還不快給我跪下認錯！」

一見老娘生氣，朱翊鈞也慌了手腳，忙直挺挺地跪了下去。

李太后像孔夫子教訓兒子孔鯉那樣，談古說今，給兒子講「萬般皆下品，唯有讀書高」的古訓，講古人頭懸梁、錐刺股、囊螢映雪讀書的艱辛，最後落實到日後朱翊鈞所要面臨的治理天下國家的重任。談到不學無術要遭人看不起，李太后絮絮叨叨地講了大半天，可憐神宗小皇帝只好跪在那裡，恭聆母訓。

罰跪事件過去不長時間，神宗小皇帝就瞞著太后，在西城擺下曲宴。

酒過三巡，菜過五味，朱翊鈞把不知從哪裡看來的兩句詞「花影重疊香風細，庭院深沉淡月明」吟了出來，並高聲叫道：「良辰美景，美酒佳餚，不可無曲。」他指著侍立在身旁的幾個內侍說：「你們就把朕剛才吟出的兩句詞度成曲唱一遍！」

這可是向未出閣的大姑娘要孩子——哪壺不開提哪壺。那些小內侍們平日裡除了幫主子穿衣戴帽、提壺倒水、張傘拉輦、值夜站班以外，哪裡練過這一口啊！

皇上可不管你這些。他的話就是聖旨，你聽也得聽，不聽也得聽；會也得會，不會也得會。會不好瞎會吧！誰讓他是皇上呢！

幸虧有個名叫李六的小內侍，平素裡常愛插科打諢什麼的，人還算機靈。眾人見皇上趕著鴨子上架，不由把目光集中到他的身上。李六心想：「你們看我幹什麼？我又不會度曲唱詞！」

璫頭（宮官小頭目）見狀拉了李六的衣襟一下，懇求說：「六子，今天趕到這裡了，皇上要聽新曲，又不想驚動太后，所以不想傳樂工。哥兒幾個看你平日裡嘴挺溜的，你就幫哥兒幾個一把，等應付下來，我們湊份子請你的客！」

見頭兒都低三下四地求自己，又答應請客，李六子好不得意，腦袋一熱，也就不管三七二十一了。於是，他清了清嗓子，拿腔拿調地唱起了《西廂記》中的那兩句詞。要說李六子也算「見多識廣」，趁不當值的時候，他曾偷偷溜出宮去聽過幾回「西廂」，因此，依稀記得「花影重疊」兩句唱法，一字一句唱來，倒也合轍押韻。唱完之後，李六子模仿伶工叉手道了個萬福，等著皇帝的誇獎。誰料，誇獎沒得來，李六子反倒得了一頓叱罵。

這是怎麼一回事呢？

原來《西廂記》本源於唐代元稹的傳奇小說《鶯鶯傳》，至金、元時期，一些劇作家紛紛將其改成雜劇，搬上舞臺。比較有名的有金人董解元的《西廂記諸宮調》和元代王實甫的《崔鶯鶯待月西廂記》兩種。李六子唱的是董解元的「西廂」，而神宗皇帝卻想聽王實甫的「西廂」，兩個西廂名同曲異。朱翊鈞沒有那麼多的知識，聽李六子唱的與自己聽過的不同，又見他一副得意揚揚的樣子，以為這小傢伙有意欺君，不由大怒。他隨手抽出身邊的佩劍，舉步上前，就要斬掉李六子的項上人頭。

李六子這一驚可非同小可。侍立於側的璫頭、內侍更是嚇得魂飛天外，「刷」地一下全都跪下，替李六子苦苦求情。十歲的小皇帝覺得李六子必須嚴懲，璫頭和其他小內侍則苦苦求情，雙方僵持不下。喜怒無常的神宗小皇帝最後突然轉變主意，決定免去李六子一死。「但死罪可免，活罪難饒！」朱翊鈞斬釘截鐵地說。

「活罪？什麼活罪？」璫頭、眾內侍心想，「莫不成要將李六子『修理』一頓？」眾人正疑惑間，只見朱翊鈞左手仗劍，右手一把揪住了李六子的頭髮，念念有詞地說：「古時有個曹孟德割髮代罰，現在有個李六子，割髮代替挨打！」一邊說著，一邊割下李六子的一綹頭髮。

李六子哪裡知道什麼曹孟德割髮代罰，他還以為小皇上要把他給宰了呢！所以，朱翊鈞的寶劍剛一搭上他的脖子，就把他給嚇傻了。

此事很快就傳到了李太后的耳朵裡。聽說兒子越來越胡鬧，不但翹課，而且還敢酗酒、「殺人」，李太后氣得臉紅脖子粗。她一迭聲地喊道：「反了！反了！快拿家法來，我要好好教訓教訓這忤逆不孝的東西！」

一見太后動了真格的了，宮裡的太監、宮女們可就害怕了。他們知道，太后不怒則已，一怒恐怕就是大如雷霆，憑宮中的人沒有誰能勸阻得了。「快去請張居正！」有人腦瓜轉得快，喊了一聲。這一喊給大家提了個醒，誰也不想看到皇上被太后打殘或打死。於是，有太監用最快的速度傳來了正在御書房待命的張居正張大學士。

待張居正趕到時，李氏已將朱翊鈞罰跪了很長一段時間了——皇上畢竟是皇上，貴為太后也只能罰他的跪。所謂「動家法」者，不過如此，打是不合適的。李氏之所以不阻止宮女、太監們去搬張居正這個救兵，實際上也為了給自己找個下臺階的機會。

「臣張居正叩見太后、皇上！」張居正忙中不忘禮儀。

「張愛卿，快請起！」李太后換了一副面孔說道。

「這是？」張居正指了指跪在太后面前的皇上，明知故問道。
「皇上越來越出息了！」李太后餘怒未消，「翹課、飲酒、聽曲、亂整治人，占全了！」
「皇太后聖明，」張居正心裡急速地盤算了幾次，也沒有想出個兩全其美的好主意，只好自責道：「老臣忝列師傅之職，而教育無方，罪該萬死！」
「這與老先生無干！」
「無論如何請太后責罰老臣，勿罰皇上！」
「好吧，就看在張先生的面上，再寬恕他一次！」說到這裡，李氏頓了一下，接著說：「我想好了，就由張先生代皇上草擬一份罪己詔，明發天下！」言畢，李氏擺了擺手，在兩個宮女的攙扶下走了。
只有朱翊鈞還跪在那裡發愣。

彼都人子，爾亦都人子都人有何不好？

明神宗萬曆十年（一五八二年）四月，北京紫禁城大內慈寧宮中，李太后正在苦苦地思索一個問題：別的宮女早都脫下了冬裝，換上了夏裝，為什麼貼身女婢王氏還捂著一身臃腫的冬裝呢？別的宮女都行動輕捷，為什麼王氏幹起事來卻一副懶洋洋的樣子，而且茶飯不思呢？

難道……

李太后腦子裡閃過一個奇怪的念頭，轉瞬她又自己否定了自己：「不能啊！此事要慎之又慎，且觀察幾天再說！」

又過了幾天，王氏的變化更明顯了。連那些未涉世事的宮女都在私下裡傳言，說王氏有喜了。

「喜」從何來？李太后很奇怪，宮中只有一個正常的男人，那就是自己的兒子神宗皇帝，莫不成……

李氏傳來了王氏，決定問個究竟。

王氏一開始時只是掩面而泣，跪在地上一句話也不敢說。

等到李氏反覆曉以利害，並一再聲明願為她做主，王氏才吞吞吐吐地說她的「喜」乃皇上所賜。

「你說的可是真的？」李太后覺得很奇怪，所以趕緊叮問了一句。

「奴婢不敢說謊！」

根據明朝宮中的規矩，皇上臨幸哪個女子，都要由隨侍太監詳細記載時間、地點和賞賜之物（皇帝臨幸之後，為了表示對所幸女子的獎勵，常要賜給她一些小玩意兒）。李太后立即命人找來主管皇帝起居記事的太監，命他速將王氏所說的那段時間，神宗皇帝的起居實錄調來。李太后驗看完畢，與王氏所說絲毫不差。李氏真是又生氣又高興：高興的是兒子神宗皇帝九歲登基，至今十一年過去，已是二十歲的「大齡」（古人的看法）青年，膝下猶虛，今天王氏身懷有孕，乃是兒子的親生骨血；生氣的是，王氏本是自己的貼身侍女，兒子竟連這一點也不顧及，即將其強行臨幸，事後又一個招呼也不打，對老娘封鎖消息。

又過了幾日，眼看不能再拖下去了，而兒子又沒有一點表示，李氏決定強行攤牌。

五月初五端午節，慈寧宮中大擺宴席。酒菜上齊以後，李氏揮了揮手，命環侍於側的眾宮女退下，然後示意兒子近前。

「娘親有什麼事兒要吩咐兒臣？」朱翊鈞一副赴湯蹈火在所不辭的樣子。

「也沒什麼事，」李太后故意用一種不經意的口吻說：「就是我的一個貼身侍女，近日來茶飯不思，渾身乏力，又時常嘔吐。噢，對了，這個小女子皇上是認得的，她姓王……」說到這裡，李太后故意頓了頓，看看兒子有什麼反應。說實話，她也不想太傷皇上的自尊心。雖說是自己的兒子，但畢竟已是二十來歲的人了，又貴為天子。倘若兒子此時能有所表示，那麼，李氏一定會點到為止的。

可惜，李氏是個好母親，朱翊鈞卻不是一個好兒子，至少不是一個善解人意的兒子。面對母親的暗示，朱翊鈞做出一副渾然不覺的表情，裝傻道：「是嗎，我認識嗎？」

「我這幾天閒來無事看了一下皇上這兩年來的起居實錄，」李氏一字一句地對兒子說：「看了以後，我發現皇上不僅認識王氏，而且……不用我說了吧？」見人證、物證俱在，神宗皇帝不敢再行抵賴，「嗵」地一下跪在母親的身邊，一言不發。

「我老了！」李氏沒有像以往那樣責罵兒子，而是以十分傷感的語調陳述著一個頗為嚴酷的現實，「可是現在連個孫子都沒有，將來誰來承襲我們家的香火呢？你一時糊塗，將我的貼身宮女臨幸，我並不怪你。但王氏如今已有身孕，你難道能漠然置之嗎？我的意思是，你將王氏接出慈寧宮，為她另闢一個淨所，好好將息。將來倘若她能生下一個男孩，不也是我們大明江山社稷的福分嗎？

古語說『母以子貴』，你萬不可因為王氏出身低賤，就拋棄她，始亂而終棄。要是這樣，為娘可第一個不放過你！」

見母親措辭強硬，神宗只好揑著鼻子應承了下來，將王氏接出慈寧宮，封為恭妃。

明萬曆十年（一五八二年）八月，王氏產下一嬰，果然是個男孩！

舉宮上下為之歡慶。朱翊鈞一開始時也很高興。

然而，王氏的命卻沒那麼好。她產下兒子四年後，宮中另外一個女人也生下一個兒子。這個女人論身分、論地位都是王氏望塵莫及的。她就是神宗皇帝最寵愛的鄭貴妃。鄭貴妃，《明史》上有傳，係北京遠郊大興縣人，萬曆初年進宮，不久，被封為貴妃。她為朱翊鈞生的這個兒子，名叫朱常洵，亦即日後以蠢笨貪財聞名於世的福王。

鄭氏生了福王，即被皇上晉封為僅次於皇后的皇貴妃，而王氏卻仍然不過是一個恭妃而已。

鄭氏是日夜承寵於神宗皇帝身邊，而王氏卻被軟禁在景陽宮。可憐頂著貴妃頭銜的她只能對著四面高牆，一盞孤燈，淒苦而孤寂地度過不幸的一生。

愛屋及烏，神宗皇帝對他的第三個兒子（二兒子朱常漵夭折）福王朱常洵青眼有加，有求必應；恨屋及烏，朱翊鈞打從心底裡看不上他的皇長子朱常洛。

按照立嫡以長的規矩，朱翊鈞應當立朱常洛為皇太子，可是這條規矩到了神宗皇帝那裡，卻似乎失去了效力。

從朱常洛五歲的時候起，就不斷有群臣上書，請神宗皇帝立皇長子為皇太子，神宗皇帝屢屢以「孩子還小，體質又弱，過幾年再說」的託詞搪塞了事。

轉眼到了萬曆二十八年（一六〇〇年），戶科給事中姜應麟上書，言「陛下雖春秋鼎盛，但皇長子已長大成人，故應早立之以定國本」。

給事中，官職名，始於秦代，西漢沿置。它本為將軍、列侯、九卿，以至黃門郎、謁者等的加官，職責是常隨皇帝左右，在殿中備顧問應對——與皇帝討論政事，有點類似於今天的諮詢委員或智囊團。給事中晉代時已為正官，到了唐代，更是門下省之要職，位在侍中及門下侍郎之下，掌駁正政令之違失。元代門下省廢，給事中掌修起居注。到了明代，吏、戶、禮、兵、刑、工六科，每科設給事中一人，主要職責是抄發章疏，稽查違誤，換句話說是用來監察大臣的。現在姜應麟不去彈劾戶部官員的是非過失，反倒越級管起皇上立儲之事，可見十幾年間，該站出來說話的人已經站出來不少了。這下連不該站出來的人都站出來說話，按理說朱翊鈞該好好地反思一下了，但他沒有。

由於有鄭貴妃日夜吹枕邊風，朱翊鈞鐵了心地想拋開大兒子，而立福王常洵，礙於朝議，一直沒敢輕舉妄動。現在見姜應麟這個戶科給事中都來管他的家事——朱翊鈞一直以為，立不立太子，立誰當太子都只是他的家事，外臣無權干涉——不由大怒。朱翊鈞立降聖旨，把姜應麟貶為廣昌典史。

這件事很快又傳到李太后的耳朵裡。六月的一天，朱翊鈞進宮給母親請安。娘兒倆寒暄了幾句之後，李氏十分嚴肅地問兒子：「聽說皇上最近處理了一個戶科給事中，將他貶官為廣昌典史，可有此事？」

「有。」

「為什麼？」

「叵耐那姜應麟戶部的事他不去管，反倒管起兒子的家事來。」

「是不是他上書請你早立常洛為太子？」

「是。」

「太子乃是國儲，豈是家事？給事中本來就有規諫君王得失之責，怎麼能說亂管你的家事呢？」李氏委婉地對兒子說：「事情既然已經過去了，我也就不再追究了。倒是依為娘看來，常洛這孩子的確不錯，能立他為太子還是早一點立吧！」

「常洛不行，兒臣不想立他為太子！」朱翊鈞毫無表情地說了一句。

「為什麼？」

「他不過是個都人生的孩子！」

「混蛋！」李太后「啪」地一拍桌子，厲聲罵道：「不錯，常洛是個都人子，你呢？你是什麼？別忘了，你娘也曾經是個都人！你這個忤逆不孝的東西，竟敢在我面前說這種話！來呀，你去找條繩子來，先把我勒死，然後你這個都人子再去找那不是都人生的兒子去立太子！去呀！快去呀！」

朱翊鈞可能自記事以來，從未見過娘親生這麼大的氣，發這麼大的火。他嚇得大氣都不敢出，「惶恐伏地不敢起」！

幾天以後，朱翊鈞迫不得已宣布，立皇長子朱常洛為皇太子，而封鄭貴妃所生之子為福王。其時為西元一六〇一年十月。

按理說，神宗已經立長子常洛為太子了，李氏這個當祖母的，就應該高枕無憂了，實際情況卻遠非如此。

以福王之母鄭貴妃為首的一群人仍賊心不死，日夜窺伺機會，準備下手。

事情要從太子冊立的三年前，即明神宗萬曆二十六年（一五九八年）秋說起。那時北京城內流傳著一本私刻的書，這本書名叫《閨範圖說》。書名在當時的那個時代太普通了，不普通的是該書後面無名氏所寫的跋語，篇名「憂危竑議」，還有書中首篇文章的主角——東漢明帝明德皇后馬氏。熟悉東漢歷史的人都知道，馬皇后是由貴妃而進位中宮（皇后）的。因此，當時京城人都私下裡議論，說這本《閨範圖說》乃是鄭貴妃出資刊刻的，目的是為其子爭太子位，以及為鄭氏位主中宮做輿論上的準備。

此事越傳越盛，越傳越玄。鄭貴妃為了掩人耳目，就指使其兄鄭國泰、其侄鄭承恩拉了個人當替罪羔羊。

說來也巧，《閨範圖說》還有一個同名之作。其同名作的著者呂坤，原為按察使，現在官居侍郎。兩本《閨範圖說》名相同，而內容有異，最明顯的區別是呂本沒有「憂危竑議」。但鄭國泰、鄭承恩兩人哪裡管這些。「反正要找個人當替罪羔羊！」他們心想，「現在現成地有這麼一個，幹嗎不拉來替罪？」鄭承恩善於察言觀色，把曾經上書指責鄭貴妃的全椒知縣樊玉衡也拉來湊數。一場「文字獄」就這樣被他們羅織而成了。

「狗咬呂洞賓，不識真假人」的朱翊鈞接到鄭氏父子的奏報後，他想也沒想，就將呂坤、樊玉衡兩人貶官，重譴。但此事仍未完結。

萬曆三十一年（一六〇三年），剛剛平靜下來的北京，又流傳著一本新書，這本書的書名是《續憂危竑議》。除了內容與《憂危竑議》有相同之處外，這本書的流傳更具神祕色彩。

七月的一天，深居慈寧宮的李太后派人叫來了朱翊鈞，問他是否聽說坊間流傳一本新書，名叫《續憂危竑議》。朱翊鈞答曰不知。

「這麼大的事情怎麼皇上還不知道呢？」李太后有些激動地斥問。

「待兒臣去查一查！」

「不用查了，」李太后擺了擺手，說：「據為娘所知，這本新書乃是大學士朱賡從坊間買來的。書中採取的是問答方式，說的是『鄭福成』之事。據我的身邊人告訴我，『鄭』者，鄭妃；『福』者，福王；『成』者，成大事之謂也。全書大略說皇上雖立皇長子常洛為太子，但實屬意於福王，『鄭』加上『福』將來必成大事。還有，這本書不是別人購得，而是大學士朱賡購得，也有深意……」

「什麼深意？」朱翊鈞裝傻道。

「『朱賡內閣大學士』，即我們朱家將要更換內閣之意啊！這樣的一本書，皇上竟然不知！倘若令其繼續在坊間流傳，那後果可不堪設想啊！」

「兒子這就去查！兒子這就去查！」朱翊鈞心裡氣得鼓鼓的。

幾天以後，朱翊鈞派人胡亂找來一個讀書人，把他殺了應付了事。

李太后知道了暗暗搖頭。

作為神宗之母、光宗之祖母，李氏生前所管的最後一件大事是號稱明宮三大案的「梃擊案」。那件事發生在西元一六一五年。那一年，有一個名叫張差的男子，手裡拿著一根大木棍，闖進了太子朱常洛所住的東宮，被把門武士逮捕。這是一件說大不大、說小不小的案件。

負責審理此案的官員對該案存在著兩種截然相反的看法：

一派以為張差只不過是個精神不正常的瘋子。他闖入東宮，目標不一定是太子，因此，這只不過是一件普通的刑事案件。

另一派則認為，事情遠非人們想像的那麼簡單。東宮在大內之中，張差若只是一個瘋子，何以能避開那麼多的守軍？何以紫禁城中九千九百九十九間半的房子，他哪間也不去，偏偏闖入太子的居所？因此，他們堅持，這是一樁有計畫的陰謀，涉及爭奪太子之位的陰謀。

兩派相持不下，誰也說服不了誰。

由於神宗皇帝遲遲不予表態，因而，後一種說法漸漸占了上風。外面甚至有傳聞說鄭貴妃就是這場梃擊案的幕後主謀。

當時朝議洶洶，連一向驕橫跋扈的鄭貴妃都有些害怕了。她幾次向神宗皇帝哭訴，請求神宗為她洗清罪名。

「這件事恐怕不太好辦！」朱翊鈞憂心忡忡地說：「外面的那些廷臣執拗得很，屢次三番頂撞我。現在我的話，恐怕他們都不怎麼相信了！」

「那臣妾該怎麼辦啊？」鄭貴妃帶著哭腔問。

「只有去求母后！」

「求母后？」鄭貴妃聽了皇上的話，心裡可真是一百個不願意。

原來，就在前不久，為了兒子福王就藩（到他的封地去）一事，鄭貴妃還差點和李太后鬧翻。

當時，也是有許多人上書，請福王快快就藩，但鄭貴妃卻以不久就是李太后的生日，待福王給太后拜過壽以後再就藩為辭，拒絕了群臣的請求。

李太后當時很生氣。她對鄭氏打著自己的旗號慫恿福王滯留京師十分反感，就將鄭氏叫來問道：「聽說福王滯留京師是為了給我祝壽？」

「是！」

「那好，先讓他就藩！現在距我的生日差不多還有半年的時間呢，屆時，福王若有這個孝心，再回來也不遲！」

「此去洛陽，將近千里，到時恐怕路程太遠趕不回來！」鄭貴妃眼珠一轉，隨口找了個理由。

「遠？我兒潞王，遠在衛輝之地，屆時他也要回來祝壽的。何況洛陽並不怎麼遠！若是真有孝心，遠點怕什麼！」

婆媳兩個當時鬧了個半紅臉。

每當想起這件事，鄭氏都又氣又怕。現在，叫她去求太后，可真比要她吃一副苦藥都難受，但外面風聲這麼緊，不去求太后，又有什麼別的法子呢？

太后倒是不計前嫌。不管怎麼說，鄭氏也是她的兒媳，兒媳丟了醜，當婆婆的臉上也不會有光。思考了半天之後，李氏為兒子和兒媳出了個主意。

幾天以後，李太后在慈寧宮裡，大擺宴席。六部諸卿、內閣大學士、監察御史等均應召而來。

待大家到齊以後，已有很長時間不出來接見群臣的神宗皇帝朱翊鈞與皇太子朱常洛一起走了出來。

待群臣三拜九叩已畢，朱翊鈞拉著太子的手說：「這孩子十分孝順，我怎麼會有換掉他的意思呢？」他又招了招手，示意朱常洛的三個兒子（其中有一個即後來的崇禎皇帝）近前，對群臣們說：

「孫兒輩都已經長這麼大了，大家不該再有什麼閒話！」

朱常洛見父親這樣說，也上前跟著說道：「你們看，我們父子如此親愛，群臣們卻胡猜亂疑，這不是成心要離間我們的父子之情嗎？」

見正主兒都不把「梃擊案」當成一回事兒，六部諸卿、當朝大學士誰還願意再多事。這樣，一場風雨被李太后略施小計消弭於無形之中。

處理完這最後一樁家事兼國事之後，李太后突然染上了一場時疾。

西元一六一五年二月，李太后崩於慈寧宮中，死後的謚號為孝定貞純欽仁端肅弼天祚聖皇太后。

為保子位委身於人的太后

——清太宗孝莊皇后

◎姑侄姊妹共嫁一夫　博爾氏唯她受寵

◎解夫憂計誘洪承疇　定鼎中原出偉力

◎保子位色動多爾袞　誰言女貌無奇功

◎出奇謀叔嫂成婚配　害死堂姊氣走兒

西元一六四六年，剛剛登上皇位不久的清世祖愛新覺羅．福臨突然頒下一道手詔：

「太后盛年寡居，春花秋月，悄然不怡。朕貴為天子，以天下養，乃獨能養口體而不能養志，使聖母以喪偶之故，日在愁煩抑鬱之中，其何教天下之孝？皇叔攝政王，現方鰥居，其身分容貌，皆為中國第一人。太后頗願紆尊下嫁，朕仰體慈懷，敬謹遵行。一應典禮，著所司預辦。」

這道手詔可以說是千古奇文了。說它奇，並不是說它行文奇，而是指它的內容。自從盤古開天地，還沒有人看到過子勸母嫁，詔告天下的——尤其是這個「子」係天子。於是，朝野為之大譁。但不久，風波也就平息了。那些把矛頭指向天子的言臣和一向在街頭巷尾臧否人物的市井小民們發現，所謂皇帝手詔云云者，實際上不過是太后的懿旨。

這個已有兒子做天子、母儀天下的太后竟授意自己的兒子下這樣的詔書，無乃「臉皮太厚」乎？

太后是誰？她，就是人們通常所說的莊妃，確切的稱呼應該是「孝莊仁宣誠憲恭懿至德純徽翊天啟聖文皇后」。這種既長又繞口的名銜太囉唆，我們還是隨俗把她稱作孝莊皇后吧。

孝莊皇后，蒙古族，生於西元一六一三年，死於西元一六八七年，活到七十五歲。她曾歷清太宗、世祖、聖祖三朝，由妃而皇后，由皇后而皇太后，由皇太后而太皇太后。這位博爾濟吉特氏走過了一段頗為「羅曼蒂克」的路。

姑侄姊妹共嫁一夫 博爾氏唯她受寵

入關以前，清王朝（含後金）幾任帝王的婚姻狀況有兩大特點：一是絕不與漢人通婚；二是隨興之所至，沒有漢人那種倫理綱常的限制，這一點太宗尤為明顯。太宗皇太極連后帶妃共有十四人。這十四人分別出自科爾沁、葉赫、烏拉、札魯特、察哈爾、阿霸垓等少數民族部落，沒有一個是漢人。排在最前面的三人：孝端正敬仁懿哲順慈僖莊敏輔天協聖文皇后、孝莊仁宣誠憲恭懿至德純徽翊天啟聖文皇后，以及敏惠恭和元妃竟是姑侄。她們都姓博爾濟吉特。三個博爾濟吉特中，孝莊皇后輩分最小，她是第一個博爾濟吉特氏（孝端皇后）的親侄女，是後一個博爾濟吉特氏（敏惠恭和元妃）的親妹妹。

這位「黃花最年少」的蒙古族少女，是怎樣成為君臨天下的皇太極的寵妃的呢？

至少有兩種說法較為流行。

一種說法是崇德元年（一六三六年），皇太極在伯都納治軍，準備大舉進犯明朝邊境（伯都納在今內蒙古科爾沁草原，是皇太極的第一個皇后孝端皇后的家鄉）。練兵閒暇，皇太極的妻兄宰桑

（又稱寨桑）設宴招待妹夫。孰料，酒過三巡，菜過五味之後，這位妹夫竟然看上了前來勸酒的妻侄女，也就是宰桑的女兒。所謂「普天之下，莫非王土；率土之濱，莫非王臣」，一心渴望攀龍的宰桑，哪敢拒絕皇太極的美意，只得將他的這個女兒盛裝進獻。皇太極如願以償，不久就因該女有宜子之相，將其冊封為莊妃。這種說法較為文雅，但若較起真來，則難以自圓其說。最大漏洞是年齡。莊妃的年齡按此說，進獻皇太極時為十八歲，考崇德元年為西元一六三六年，倘時年莊妃博爾濟吉特氏年方十八的話，那麼她卒於一六八七年，其享年就不是七十五歲而應是六十九歲了，而孝莊皇后享年七十五，又是持這種說法的人一直承認的。

另外一種說法則較為浪漫。

據故老相傳，孝莊皇后最初本是一個牧羊女，只是因為她「資質濃豔，氣體芳馥，見者無不魂消」，才聲名遠播。明朝崇禎初年，清太宗將圖大舉，治兵伯都納。一日，太宗與部下出遊，瞥見山阪石壁下，一垂髫女子，辮發盛裝，容華絕世，不禁目蕩神移。太宗回顧左右，問道：「豔哉此雛，誰氏子也？」手下人會意，將該女帶到行營，遂成其好事。據說，該女不僅有傾國傾城之貌，而且還頗工於心計。在與皇太極行夫婦之禮前，她曾自言「出身微賤，不足偶至尊。今蒙賞及蒲柳，獲采葑菲，固非所望。但慮天威不測，一旦色衰，恩移情替，使女蘿無托，秋扇見捐，此身渺渺，其何以堪」。逼著皇太極「指誡日月，引諭山河」般地發誓，她才以身相許。

這後一種說法出自燕北老人所著的《清代十三朝宮闈祕史》，雖然不免有些筆記小說的味道，但我們也不應懷疑其中必有的某些真實。不管怎麼說，一弱小女子能夠寵冠後宮，使朝三暮四的皇帝十數年恩寵不絕，個中奧妙，是頗堪玩味的。燕北老人稱「女之獲寵也，不僅妖豔尤態，丰姿過人，其才智明慧，善巧便佞，每能先意承旨，有足多者」，確非泛泛之論，有事實為證。

解夫憂計誘洪承疇　定鼎中原出偉力

西元一六四二年二月，塞外奉天（今瀋陽），登基六年，且用兵無往而不勝的清太宗愛新覺羅．皇太極緊鎖愁眉，茶飯不思，似有滿腹心事。孝端皇后、敏惠恭和元妃等一班後宮佳麗百思不得其解：皇上不是剛打了一個大勝仗嗎？聽說還俘獲了明朝經略使洪承疇了呢，幹嗎要不高興呢？她倆公推莊妃（皇太極稱帝後，小博爾濟吉特被冊封為永福宮莊妃）前去解勸。

「姑媽和姊姊都不能使天子展顏，我何德何能，能釋主上之憂啊？」孝莊皇后婉言推辭道。

是啊，皇帝乃萬民之主，是僅次於天的神，天意最難測，誰知道皇帝葫蘆裡賣的是哪幾味藥啊。不錯，她是能猜出主上似乎得上了「思南病」，連晚上睡覺都惦念著中原「立馬關山第一峰」，但怎樣對症下藥，她是沒有多大把握的。再說，炒豆大家吃，炸鍋一個人，皇帝的後宮佳麗又不光我一個，外面還有那麼多大臣，「食君祿、忠君事」，他們是幹什麼吃的？

「哎呀，我的好姑奶奶，」兩個大博爾濟吉特氏一齊向這個小博爾濟吉特氏央求道：「我們是茶壺煮餃子，有嘴倒不出來。你聰明，就能者多勞，幫皇上分分憂吧！」

見姑媽和姊姊滿臉懇求的神色，孝莊皇后不好再拒絕。

正在養心房踱來踱去的皇太極突聞孝莊皇后求見，很是詫異。儘管此時沒有一絲一毫的遊樂心情，但他還是允許他最寵愛的妃子走了進來。

進得屋來，先請了安，孝莊皇后悄聲地問道：「皇上，臣妾這些天來一直見您悶悶不樂，似有隱憂在心，深以為惑。」

「唔！」皇太極目光複雜地瞥了孝莊皇后一眼。

「想皇上虎長百蠻，威凌華夏，卻入宮發歎，憂何深也？」

「你一個女子，哪裡知道什麼國事！」皇太極不耐煩地說。

莞爾一笑，孝莊皇后接著開言：「察哈內附，朝鮮已平。錦州、松山，名城迭克。長城而外，悉屬我朝矣。唯長城以內，未隸版圖。國主之意，其在斯乎？」

皇太極瞿然答道：「只有你才知道我的心曲啊！不錯，我最近打了一個大勝仗，俘獲了南朝的洪承疇。」

「洪承疇？」

「對，是洪承疇。此人是明朝的經略使，任過南朝的兵部尚書，總督河南、山西、陜、川、湘軍務，係彼邦英才，我甚愛之。蓋欲有事中原，非羅致此輩不足以展吾之志。但洪承疇竟矢志不降，奈何他不得啊！」

「何不動之以利祿，威之以刀斧？」

「沒有用的！據洪的僕人金升稟報，其主除了喜歡女色以外，別無弱點。」

「那何不試之？」

「我派了幾個美女前往，都無功而返！難啊！」

聽太宗說出因由，孝莊皇后悄然不語，似有所思。良久，她頻頻以目視太宗，兩頰暈紅，似欲有所陳白。

皇太極見狀，開言問道：「愛妃莫不是有什麼好主意？」

孝莊皇后眼波流轉，似有難言之隱。

「能為我想出收降洪承疇的計策，不管怎樣都可以，快說吧！」

聞聽此言，孝莊皇后附於太宗耳邊，悄聲細語說出了她的計畫。太宗聞言色變，叫道：「朕貴為一國之主，豈能出此下策，招惹一頂綠頭巾上頭！」

見皇帝不喜，孝莊皇后婉言道：「主上勿怒，妾豈自謀，為國計耳。言出妾口，入於君耳，決於君心，賤妾豈敢自專？」

見孝莊皇后一臉正氣，皇太極反倒釋然了。他尋思了半晌，終於下定了決心：「好吧，既然愛卿肯為朕分憂，那就好自為之吧！只是別做得太過分了，以免後人齒冷！」

辭別皇帝之後，孝莊皇后豔裝盛服，摒去從人，悄悄地來到了關押洪承疇的牢房。但見洪承疇正襟危坐，道貌岸然，凜然似不可侵犯。於是，她啟朱唇，開玉口，問道：「這位大人莫非南朝洪總督？」本正一心待死的洪承疇聞嬌聲頓觸素好，不由心頭一動。

「先生，請問您是不是想為國殉職盡忠？」見洪承疇未答言，孝莊皇后又加上了一句。

「你是什麼人？來幹什麼？」洪承疇色厲內荏地問。

「喲！我又不吃人，幹嗎那麼凶，那麼怕啊？」

「我怕？怕什麼？只是覺得你來得太過孟浪，好奇問問罷了！」

「不怕就好！其實，我來並無惡意，實在是想救先生脫離苦海啊！」

「你莫非想來勸降？告訴你，趁早死了這份心吧！詩云『我心匪石，不可轉也』，請緘口，勿多談！」

「喲，瞧您說的！我雖是個女子，但也頗識大體、明大義。先生既然決心死節，聞者無不敬愛，我怎麼會忍心奪先生之志呢？」

「那你來幹什麼？」

「我來是想助先生速死。常聽人說起凡絕食者，非經七八日不能氣絕。當將死未死之際，餓火中燒，心緒潮湧，其苦處猶百倍於死者。妾心慈善，不忍見先生受苦，因而手煎劇毒湯藥一壺，來敬獻給先生。先生如果怕死那就罷了，倘若不怕死，請盡飲此壺！」

洪承疇此時已身不由己，一股女性的幽香使他心激神蕩，於是他連呼「好好」，接壺狂飲，流急氣促，不禁大吐，藥沫濺了面前這位麗人一身。自慚孟浪，承疇不禁老臉飛紅。孝莊皇后渾若無事，談笑自若。她一邊掏出一方絲帕為洪拂拭口邊穢物，一邊徐徐言道：「先生不能死，而且，先生也不像個想求死之人！」

洪承疇一聽就急了：「你這是什麼話？我立志已決，不死不休！」說罷，他再次接壺狂飲。

「藥」一入口中，他覺得似有一股老山參的味道。

「好，好極了！先生視死如歸，小女子不勝欽佩。然而賤妾尚有一言相勸，不知先生肯聽否？」

「講！」

「想先生去家萬里，身喪異邦，可以說是為個『忠』字。而家中深閨少婦，帳內美人，秋風春月，夢想為勞，此情此境，將何以堪？多情如先生，能忍心撒手人間嗎？」

一番話勾起洪承疇滿腹心事。他本就是個視色如命、貪生怕死之人，於是，慨然長歎：「死到臨頭，想憐香惜玉也力所不及了！唉，『可憐無定河邊骨，猶是春閨夢裡人』啊！」

「我看不然。死有重於泰山，有輕於鴻毛，想先生系南朝重臣，該國棟樑，不求忍辱於一時，效申包胥泣秦庭之舉以滅流賊，反倒欲效匹夫匹婦之愚忠，一可笑也！聞先生素有憐香惜玉之美名，今卻忍讓『春閨夢裡人』變為『無定河邊骨』，一可恨也！」

「我的美人，」既已醉其貌，又已服其言的洪承疇聞言大慟，「我已服下毒藥，此時想要不死，行嗎？」

「先生真的不想死了？」

「真的！」

「那好，我給先生解藥……」

這時，一直潛隨其後的宮女發現牢房裡的那盞燈突然熄了……

第二天一早，大明朝經略大臣，竟與清妃連袂朝清帝矣！有人說，清朝之能入主中原，卒賴洪承疇等漢人擘劃導引之功。大而言之，大清朝後來能夠一統天下，這位博爾濟吉特氏是出有一番「偉力」的。

保子位色動多爾袞 誰言女貌無奇功

西元一六四三年秋八月，清朝第二任皇帝皇太極突然病死，清朝的權力出現真空。十七年前，老王努爾哈赤死時，為了爭奪帝位，朝廷曾有過一場風暴。皇太極之死，使風暴再起。最有希望承襲帝位的是皇太極的長子豪格和皇太極的弟弟多爾袞，結果，皇位卻是由剛滿六歲的小皇子福臨繼承的。

這種反常的結果，說明了帝位之爭的激烈。據說皇太極的親兵曾包圍正在舉行會議的親王們，提出警告說，如果不立福臨當皇帝，就殺死諸王。

不明真相的人可能會問：皇太極的親兵怎麼有這麼大的膽子？難道他們吃準了福臨一定能坐上皇帝寶座？不錯，的確是的。因為他們已經得到了手握重兵、大權在握的多爾袞明示。多爾袞為什麼要保福臨呢？說來說去也還是因為孝莊皇后。

原來，早在太宗皇帝晏駕之前，孝莊皇后就已與多爾袞搭上了關係。

據說皇太極多年用兵於外，內政煩務盡委託多爾袞辦理，這樣多爾袞就不免與深居宮中的孝莊皇后有了接觸。在接觸中，孝莊發現這位九王爺多爾袞是一個幹才，於是傾心結納，以為自己尚在沖齡的小皇子福臨尋找一個靠山。

當時有孝莊皇后「往往留多（爾袞）居宮中，經旬不歸邸第」的傳聞。據說他們的關係還引起太宗及多爾袞夫人的不滿。

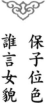

由於有了這層關係，所以當皇太極剛一嚥氣，孝莊皇后就派人來請九王爺入宮。摒去從人之後，這叔嫂二人開始了一番推心置腹的「會談」。

「九王爺，論功勞、論地位，你是有資格入承大統的，但咱們大清祖訓是傳子不傳弟。先帝有子，你若繼位，大阿哥豪格就不會甘心，其餘的幾個阿哥，還有皇弟代善，必將群起而攻之。那時，你的寶座就坐不穩了！」

「老皇在日之時就已有立我的說法。我已讓了一次，這次可不能讓了！」

「倘不讓，王爺估計，你能有幾成的把握承繼大統？」

認真地想了想之後，多爾袞吞吞吐吐地答道：「七八成吧！」

「我倒有個十全十美的主意，不知王爺願意聽否？」

「皇嫂請講！」雖然是一百個不願意，但礙於特殊的交情，加上這位皇嫂如此楚楚動人，多爾袞只得放緩一下語氣。

「我兒福臨，年方六歲，素為先皇所喜愛，這是人所共知的事實。我可以傳先皇遺命，讓他入承大統，而以王爺為攝政王。」

「攝政王？我可不幹！我現在已經是睿親王了。費了半天心，勞了一番力，不過將『睿親』換成了『攝政』，我不幹！」

見多爾袞一副「秀才遇見兵，有理講不清」的架勢，孝莊皇后心裡暗歎，非得拿出「看家本領」不可了。於是，她從貼身衣襟裡掏出一方香帕，解開一個紐扣，故意擦了擦汗。近在咫尺的多爾袞聞到一種說不出的脂香、粉氣，頓感馥鬱襲人。俗語云「女人三十一朵花」，孝莊這朵花雖已綻放，但仍能招蜂引蝶。雖是行伍出身，但也頗懂得憐香惜玉的多爾袞不由心軟下來。見時機成熟，孝莊皇后嬌聲開言：「王爺可不要小看了這攝政王啊！表面看來，睿親王與攝政王只兩字之差，但實際上二者之權勢、地位卻有天壤之別。睿親王不過一普通王爵，功勳再多，也只能隨班見駕，行三跪九叩之禮；攝政王就不同了，該職雖不居帝位，但卻有帝位之權。我們孤兒寡母的，國政可由王爺你做主，這樣，王爺是雖無皇帝之名，而卻有皇帝權位之實，再加上我從中支持，豈不善哉！這樣做，眾阿哥無法反對，大清也不會發生內亂，一舉而數得。王爺！你看如何？」

「皇嫂計議得這麼周詳，我除了佩服以外，還能說什麼？罷了，罷了，我多爾袞就再讓一次。只是我有一個小小的請求，請皇嫂千萬不可推辭。」

「唔？」孝莊皇后明知故問。

「我的請求是……」

「九王爺，不，攝政王，你就不要說了，你要什麼，我都給你，這還不行嗎？」

這一番叔嫂密談，奠定了大清近三百年的基業，時人稱「凌煙高閣上，宜繪美人圖」，信非虛言！

出奇謀叔嫂成婚配 害死堂姊氣走兒

孝莊皇后與小叔子多爾袞的暧昧瓜葛是為大多數人所公認的。

由於孝莊皇后不能容人的氣量，連帶著搭上了好幾條絕色女子的性命。

首先受害的是她的堂姊博爾濟吉特氏（即文學作品中的小玉兒，其爺爺與孝莊皇后的爺爺是親兄弟，生於一六一〇年，大孝莊皇后三歲）——多爾袞的元配妻子。

那是在清朝剛剛入關後不久，以攝政王身分代行朝政的九王爺多爾袞，忽然接得手下密報，說是太后宮中時常有陌生男子出入。聞聽此言，多爾袞不由得火冒三丈：「好你個賤人，當初我答應扶立你子時，你是怎樣答應我的？現在竟敢如此羞辱於我！」思及於此，不待手下人通報，他舉步闖進太后的寢宮。

孝莊皇太后突見多爾袞闖入，不禁一愣。此時她衣衫凌亂，如梨花帶雨，海棠春睡，多爾袞見了不禁一陣心動，但他還是強撐著「興師問罪」道：「聽說皇嫂宮中近日常有男子來往？」

「男子？有啊。」孝莊一副滿不在乎的神情。

「誰這麼大膽？」

「你啊，我的九王爺，就是你啊！」

「我？」

「對，不是你還有誰，」孝莊鶯聲燕語道：「還有誰敢在我衣衫不整時，闖進我的寢宮？」

「我可是來『興師問罪』的。」多爾袞半開玩笑、半認真地說。

「怎麼個『問』法啊？」

「這就要看皇嫂的表現了。」

「我可以叫我兒下一道手詔促成你我之事，今天是不是就算了？」孝莊欲擒故縱。

多爾袞那裡早已等不及，縱身撲上前去……

幾天以後，孝莊皇后果然召漢人大臣范文程（曾任大學士、太傅兼太子太師），使他昌言於朝，說：「攝政王功高望重，而謙抑自持，有扶立今上登基之大功。皇上日夜思念用什麼來報答，思來想去，覺得攝政王雖本係今上之叔父，但援立之事，卻猶如以父傳子。攝政王既然以子視皇上，那麼皇上也應當以父視攝政王，眾議以為如何？」當時的朝廷，名義上是福臨稱帝，而實際上卻由孝莊垂簾，多爾袞又權傾內外，因而哪個敢說個不字。

見眾人沒有異議，范文程接著說道：「我聽說攝政王夫人突然辭世，而我皇太后又寡居無偶。老朽愚見，以為皇上不宜使父、母異居，宜請太后與皇父同宮，眾議以為如何？」

見老於世故的范太師敢於如此放言無忌，眾人還能再說什麼。只是眾人心裡還有一事不明，那就是攝政王的元配夫人為什麼會突然辭世。

這件事《清代十三朝宮闈祕史》中曾有過記載，大意為多爾袞當上了攝政王以後，整日泡在宮裡與皇嫂取樂。孰料其妻突抵京師，得悉其事，醋勁大發。按家禮，多爾袞的妻子也應入宮謁見太后，但酸溜溜的勁一上來，這位博爾濟吉特氏就不肯去朝拜皇太后了。後來經過左右苦諫，博爾濟吉特氏才動身前往。誰知她來的時候，恰巧遇見她的丈夫正與她的堂妹調情。有什麼比看見自己的男人和別的女人親熱，更讓妻子不能容忍的呢？於是，博爾濟吉特氏不管不顧就在宮裡大罵起來，太后聞言，大怒。其貼身太監進言「此事可請攝政王自己處理」，孝莊想想也對，於是，她施展出渾身解數，說動了多爾袞。是夜，多爾袞一反常態，沒有留宿宮中。第二天一早，博爾濟吉特氏就含恨離開了人世。

除去了情敵，孝莊皇后自與原來的皇叔、現在的皇父快活。這且按下不表，不知不覺之中，小皇帝已經長大成人，也到了談婚論嫁的年齡。

一心想保家族榮光的孝莊皇后授意多爾袞為兒子聘了一個博爾濟吉特氏。這個博爾濟吉特氏雖然不是貌比天仙，但卻門庭顯赫，因為她是孝莊的親侄女。孰料福臨並不給娘親面子，不久就把這位新皇后廢為靜妃。之後，雖然又有兩個博爾濟吉特氏入宮（一個是「孝惠仁憲端懿慈淑恭安純德順天翼聖章皇后」，一個是淑惠妃，二人係親姊妹），但福臨卻仍然對他的這些表姊、表妹們提不起什麼興趣。所有後宮佳麗中，福臨最喜歡的是董鄂氏。

這位董鄂氏是清初宮廷中一個頗富傳奇色彩的人物。說她頗富傳奇色彩，並不是因為她十八歲時才入選宮廷，也不是因為她與另外兩個皇妃寧妃和貞妃同姓，而是因為有許多人曾把她附會成名妓董小宛。

將董鄂妃附會成董小宛，最早見於清初吳梅村所著的〈清涼山贊佛詩〉。後來如《清代十三朝宮闈祕史》等書，亦力主有其事。

考董小宛生於一六二四年，卒於一六五一年，而董鄂氏其時正在清宮中受寵，剛剛被封為賢妃；且小宛死時，順治皇帝福臨年方十四，他不可能愛上一個二十八歲的「大」美人的。好在有福臨親筆所撰的《董妃行狀》可以說明此董非彼董。福臨說：「后董氏，滿洲人也，父內大臣鄂碩，以積勳封至伯，歿贈侯爵，謚剛毅。後幼穎慧過人，及長嫻女工，修謹自飭，進止有序，有母儀之度，姻黨稱之。年十八，以德選入掖廷，婉靜循禮，聲譽日聞，為聖皇太后所嘉譽……」

福臨這段話基本上是大實話，因為董鄂氏在皇帝的眼中確實是一不可多得的佳人，而在皇太后的眼中卻是一個威脅親侄女皇后之位的勁敵（因為寵上了董鄂氏，福臨興起了廢掉太后侄女孝惠皇后的念頭），又奪走了自己親生兒子之愛的妖物。於是，孝莊不遺餘力地予以打擊。所以，所謂「為聖皇太后所嘉譽」者，不過是為親者諱的一句虛辭。

要知道，孝莊整起人，尤其是整起女人來的本領是難以想像的。據史載，有一次，董鄂氏突患重病，不能按規矩前往太后宮中晨昏定省。按人之常情，皇太后應該遣人前去探視以示關心，孰料這位半老徐娘偏要去洗湯泉，並且要董鄂氏陪同。董鄂氏辭以有病不能前往時，太后竟冒出：「你就不能挺著點陪我去一次？還說要做我的孝順媳婦呢！哼！」

一向爭強好勝的董鄂氏受不了這種侮辱，加上剛剛生下來的兒子（尚未命名）突然夭折，心裡十分難過。儘管順治皇帝為了安慰她，將這個夭折了的小王子追謚為莊親王，但由於孝莊皇太后「一年三百六十日，風刀霜劍嚴相逼」，董鄂氏最後竟以英華之年而猝然辭世。董鄂氏死後雖被追贈為孝獻莊和至德宣仁溫惠端敬皇后，但皇太后卻不准愛妻如命的福臨哭靈，說什麼「吾哀已釋矣，帝其毋過傷」！

由於積思成疾，福臨帝染上了一種虛幻症。他夢到自己到了一個地方，但見該處高山重疊，巒壑幽深，上有積雪，皚皚照耀，如琉璃世界。方回顧之間，頓見琳宮梵宇，金碧閃爍，奪人眼目。忽聞耳畔有人叫道：「主上難道不想見見孝獻皇后嗎？」回頭一看，果然見到了朝思暮想的董鄂氏。但見她風鬟霧鬢，淚眼婆娑，只說了一句「皇太后好……」，沒待說完，忽然似被人逼下萬丈深淵。福臨一驚，瞿然而醒。醒來之後，福臨將孝莊皇太后的所作所為前前後後想了一遍，終於明白了愛妻那句沒說完的「皇太后好……」後面應該出現的是什麼。於是，福臨「即日微服出宮，留一書報太后，請立太子為帝」。

見兒子出走，孝莊皇太后只好策劃扶立八歲的孫兒愛新覺羅．玄燁登基，是為康熙皇帝。直到西元一六八七年，這位說不盡的太皇太后才一命歸西，享年七十五歲。

玩紙牌、吸洋菸、養戲子的老佛爺

——清文宗皇后慈禧

◎由秀女而歌女，以善謳吸引帝目
從貴人到貴妃，因生子一步登天

◎熱河逃難，結怨肅順心懷恨
祺祥政變，垂簾兩宮喜洋洋

◎逼死一帝立一帝，一帝不如一帝
七十年萬壽無疆，果然萬壽無「疆」

清德宗光緒三十四年（一九〇八年）十月初十日，德宗皇帝載湉率領文武百官晨賀太后萬壽，侍班官但見皇上精神甚好，步行從薰風門外，穿過南海，入德昌門。禮拜完畢，皇上還扶著兩個小太監的肩膀做起落、舒筋骨的體育活動。可是，早朝剛畢，太后忽然傳下懿旨，說皇上沉屙在身，需立即請醫診治。

德宗皇帝聽了太后的這道懿旨，竟爾伏地大哭，口裡連聲高叫：「我沒病！我沒病！」哭聲傳進太后宮中，這位被皇上稱為皇阿瑪的女人，竟惡狠狠地對左右的人說：「皇上這是怎麼了？有病就是有病，幹嗎這樣諱疾忌醫啊？」

十月二十一日，本來身子骨還很硬朗的德宗皇帝一命歸西。

聲稱「我不能先爾死」的皇太后臉上露出奸計得逞後的獰笑。兩天以後，她也嚥了氣。

這位非讓自己的兒子（並非親生）死在自己之前的皇太后不是別人，她就是有清一代，乃至整個中國歷史上都赫赫有名的葉赫那拉氏。其徽號「慈禧端佑康頤昭豫莊誠壽恭欽獻崇熙皇太后」，簡稱慈禧太后，又稱西太后或老佛爺。

佛爺是最講究慈悲的，但有「老佛爺」美稱的慈禧卻十分殘忍。為了滿足自己的一時之需，她可以逼死自己的親生兒子；為了滿足自己的口耳眼目之慾，她可以把用於國防的海軍經費挪為修建遊樂園之用。

佛爺是如來佛，亦即釋迦牟尼。「老佛爺」亦即慈禧，真名叫葉赫那拉蘭兒。

這位改寫了中國近代史的女人都做過些什麼呢？

由秀女而歌女，以善謳吸引帝目
從貴人到貴妃，因生子一步登天

慈禧本姓葉赫那拉氏。其父惠徵，曾任安徽徽寧池太廣道。

惠徵為官比較清廉，在慈禧十六歲那年死於任上，死後身無長物。沒有辦法，慈禧之母只好四處求親告友，將惠徵的屍體草草地裝入一口白木棺材裡，準備返回老家下葬。

就在這時，咸豐皇帝（文宗）愛新覺羅．奕詝接替其過世的父親道光為帝。登基之初，咸豐皇帝便下令在江南選秀女充實後宮。

這秀女雖然是生活在宮中，但由於很少有機會與家人見面，因而是一個誰也不願意去的苦差事。

慈禧當時也不怎麼想去，但她這個人生性好強，受不了別人的閒言閒語，哪怕這個人是親人。

惠徵謝世，家徒四壁，慈禧之母於四處求告之餘，忍不住常發牢騷。因為慈禧是老大，母親便常指著她嘮嘮叨叨：「咳，生個女兒就是沒有什麼用！若是生個兒子，這時候豈不能幫老娘的大忙！」

「我現在雖然出不了什麼力，但焉知將來我不能替咱們家掙回一些面子？」

「哼，說得好聽！你要是能夠讓我省一筆嫁妝錢，我就念佛了！」

「好，娘您也不用再說了，朝廷不是正在選秀女嗎？得，我去應選，這樣不就既嫁了出去，又為您省下了一筆嫁妝了嗎？」

「不識羞的死妮子，你以為你是誰？選秀女是選秀女，嫁到宮裡是嫁到宮裡，二者差了十萬八千里。你以為點了秀女就是皇后了嗎？」

「皇后是人，秀女也是人，西天那麼遠，唐僧還能取回真經呢！當皇后也不是去登月亮，有什麼高不可攀的！」

「好，我也說不過你，你要『嫁』到宮中，我也不攔你，你就去吧！」

「去就去！」慈禧賭氣地說。緊接著，她真的一賭氣點了秀女，不遠千里，從安徽來到北京。時為清文宗咸豐元年（一八五一年）。

《清史稿．后妃傳》上說，慈禧「咸豐元年被選入宮，號懿貴人」。這段記載基本上是一段信史，但它卻模糊了一個最重要的史實，即慈禧是不是一入宮就被封為貴人。

當然不是。

按照清朝慣例，民間秀女入宮一般都充任宮女，實際上也就是去當奴才，百十個人裡邊有一個能得到皇上的寵幸就不錯了。

清文宗咸豐皇帝自幼身體孱弱，因為老師杜受田一番「春天係萬物復甦之機，不願殺生」的教誨，博得了其父道光皇帝的歡心，是以才得以入承大統。

當了皇帝之後，他的身子骨卻不見硬朗，常靠飲鹿血壯身強體。因而，咸豐於男女之間的事情並不十分在意。

在這種情況下，慈禧要想一下子引起皇上的注意，且被加封為貴人，恐怕比登天還難。但慈禧卻做到了。

她是怎樣達到目的的呢？

說來人們也許不信，她靠的竟是唱歌。

慈禧自幼生長於南方，「雅善南方諸小曲，凡江浙盛行諸調，皆朗朗上口，曲盡其妙。」入關以後，清朝諸帝無不喜歡南曲，那「二十四橋明月夜，玉人何處教吹簫」的唯美意境，那「日出江花紅勝火，春來江水綠如藍」的江南風景，更是令愛新覺羅氏的子孫們無一不心嚮往之。

從安徽來到北京以後，慈禧被分到圓明園充當宮女。

圓明園儘管今天只是一座存在於人們想像中的皇家園林，但在當時卻是道道地地存在的。正如當時的人所記述的那樣：「是時英法同盟軍未至，園尚全盛。」

這座占地很廣的巧奪天工之園林真正是「藏美臥鳳」之地，園中各處的管理人員都是由宮女們充任的。慈禧當時被編入桐陰深處，生性好強的她一直在等待機會。

不久，機會來了。

其時，太平天國起義勢頭正旺，「兵革遍天下，清兵屢戰北」——在平民百姓面前不可一世的大清軍隊屢戰屢敗，敗北的戰報不斷。才智平平的咸豐皇帝應付不了，而且也不願意去想下一步應該怎麼辦，所以整天只是泡在圓明園中找樂子。

有一天早朝以後，咸豐皇帝來到圓明園內閒遊，忽聽桐陰深處傳來一陣歌聲。其歌曰：

楊柳青青江水準，聞郎江上唱歌聲。
東邊日出西邊雨，道是無晴卻有晴。

唱的原來是唐代大詩人劉禹錫的那首有名的〈竹枝詞〉。

咸豐皇帝正待進去看看，忽聽曲詞有變：還是那個唱歌人，但所唱之曲卻已由唐而宋。但聽她放開歌喉唱道：

浮生長恨歡娛少，肯愛千金輕一笑？
為君持酒勸斜陽，且向花間留晚照！

「好！」咸豐皇帝這下子可找到了一個知音，不由得擊掌叫絕：「好一個『浮生長恨歡娛少！』說到這裡，他把手一揮，對隨行的太監下命令道：「去看看，誰唱得這麼好！」

那小太監剛想說什麼，另一個大太監忽然把他的手一撚，說道：「你這個懶傢伙，皇上叫你去，你還不趕快去！」

見自己的頂頭上司發話了，那小太監張開的嘴又合上了，趕緊循聲找去。其實，他根本不用去找，因為他早就知道唱歌的人是誰。

不一會兒，小太監回報說唱歌的人姓葉赫那拉氏，閨名蘭兒，乃是不久以前新選進宮的秀女，現在園中桐陰深處當差。

「桐陰深處？」咸豐眉開眼笑地說：「好一個幽雅的名字！咱們這就來個『曲徑通幽』，前去訪美！」

聽說皇上要親自前往，那些人哪敢怠慢，急忙前去布置。是以，皇上一到，宮人立刻就準備了暖炕侍候。

坐定不久，執事太監入報，說葉赫那拉蘭兒求見。

「宣她進見！」

只見門簾一挑，咸豐頓覺眼前一亮。一個明眸皓齒、眉清目秀的二八佳人走了進來：「奴才蘭兒給主子爺請安！」

「起來，你就是剛才唱歌的那個人？」咸豐皇帝有些不信地問。

「奴才唱得不好，請主子爺指點。」蘭兒一邊說著，一邊向主子拋了一個媚眼。這一眼可強似「臨去秋波那一轉」，勝過萬語千言，把個咸豐皇帝看得心裡癢酥酥的。

「難得這小妞歌唱得好，人長得也俊。」咸豐皇帝心想：「她現在又求我指點，這可是個叫人快活的好機會！」

於是，他悄聲說道：「你讓我給你指點？好，朕給你『指點，指點』！」

左右的小太監、大太監見狀，都知道皇上想幹什麼，一個個都很知趣地退了出去。

咸豐皇帝的這一番「指點」，竟足足花了好幾個時辰。自此以後，蘭兒也就由桐陰深處搬到了皇上的身邊，以便皇帝隨時「點撥」。

細心的讀者看到這裡肯定會提出這樣一個問題：蘭兒早不唱，晚不唱，為什麼偏偏趕上咸豐皇帝來的時候唱歌，而且她所唱的又是咸豐皇帝最愛聽的。這裡面一定有什麼奧祕。

這個問題提得好！

奧祕在蘭兒本身。

原來，她早已買通了咸豐皇帝身邊的太監，所謂「宮殿深邃，非有內侍牽引，皇帝不能至」是也。這種吃小虧占大便宜的做法，在慈禧其後的生涯中始終能得到「創造性」的運用。

吸引皇帝的注意，並不是慈禧本人的最終目的。透過與皇上的接觸，最終出人頭地，才是她人生的最大追求。

要做到這一點，光會唱歌顯然是不夠的。白居易的名篇〈琵琶行〉中的那個琵琶女，若論起色藝來恐怕只會在慈禧之上，而不在其下。她那「大珠小珠落玉盤」的技藝，惹得「五陵年少爭纏頭」。無奈一旦人老珠黃之後，她卻只能「老大嫁作商人婦」。結果，由於「商人重利輕別離」，更由於琵琶女沒有為商人生下個一男半女，最終她只能在「楓葉荻花秋瑟瑟」的潯陽江頭賣藝，以度餘生。讀過幾天書的慈禧別的記不住，但對「以色侍人者，人老則色衰，色衰則愛弛」這句話卻是熟記在心的。

要拴住皇帝，自己就要為皇上生個一男半女，當然，最好是為皇上生個兒子。

說來有趣，在中國歷史上占地很廣的大清王朝，自咸豐皇帝以後，基本上都是一脈單傳。到了穆宗（同治）皇帝之後，更是斷了嫡親的香火：光緒、宣統皆非其前任皇帝的親生兒子。不明白這一點的人們閱讀官修的《清史稿．諸王傳》時常會感到困惑，因為「諸王傳」的「諸王」指的是皇上親生，但沒有登基承大統的皇子，所以，只是到了「文宗一子」。以後的穆宗、德宗均無子，故也就無傳。

嚴格地說，清文宗奕詝（咸豐皇帝）一生共有兩個兒子。第一個兒子是玫貴妃所生的憫郡王，這位小郡王未滿百日就夭折了。到了慈禧進宮以後，奕詝膝下猶虛。在這種情況下，慈禧倘若能給皇上生個男孩，那麼，不但可以保證自己長寵不衰，而且將來甚至還可能當太后。

這些都是慈禧打的如意算盤。

這個「宏偉」設想能否實現呢？從當時看來比較困難。清代雖然不講究多納妃嬪，後宮佳麗也沒有三千人之多，但只要皇上應付得了，弄十幾、二十幾個美人也是不費什麼事的。

問題是文宗應付不了。

據清代人的記載，咸豐皇帝「體多疾，面常黃。時問醫者以療疾法，醫者謂鹿血可飲。蓋藉以補陽分之虛也」——實際上患有陽虛之症。這種病的一個最直接的後果就是很難生育。因此，這些「久旱」的後宮佳人們，輕易難得一次「甘雨」，慈禧雖得專寵，也要等待時機。

多虧她有的是時間和耐力可以等下去。這一等，就等了六年。直到咸豐六年（一八五六年），這個機會才姍姍而來。

這一年的三月庚辰日，慈禧十月懷胎，一朝分娩，為思子心切的文宗皇帝產下一子。這就是後來的穆宗（同治）皇帝。

物以稀為貴，人又何嘗不是如此。就在慈禧產下同治之後不幾日，文宗皇帝親自下旨，加封慈禧為懿貴妃。

貴妃是當時後宮中僅次於皇后的封號，可謂普天之下的第二夫人。遍觀文宗諸美，只有兩個女人在其有生之年享受過這一殊榮：一個是生有憫郡王的那拉氏玫貴妃，再一個就是慈禧這位懿貴妃。

按理說，慈禧該滿足了吧！沒想到她卻把眼光盯到了更高處。那裡有些什麼呢？

熱河逃難，結怨肅順心懷恨
祺祥政變，垂簾兩宮喜洋洋

清文宗咸豐四年（一八五四年），英吉利、美利堅、法蘭西三國在上海擴大租界並把持海關後，向清政府提出修改《南京條約》等無理要求，企圖擴大侵略權益未果。兩年以後，英國藉口「亞羅號事件」，進犯廣州，被當地軍民擊退。次年（一八五七年），英法侵略者組成聯軍，十二月份攻陷廣州。清咸豐八年（一八五八年）五月二十日，英法艦隊在俄美的支持下，攻陷大沽炮臺，逼近天津。清政府派桂良、花沙納為欽差大臣前往天津談判，六月分別與俄、美、英、法等國代表簽訂《天津條約》，隨後又在上海簽訂中英、中法、中美通商章程。與此同時，沙皇俄國也趁火打劫，用武力迫使黑龍江將軍奕山與其簽訂《中俄瑷琿條約》，割去我國黑龍江以北、外興安嶺以南的大片領土。一八五九年，英、法、美又藉口換約率軍艦到大沽口，六月二十五日進攻大沽口炮臺，清軍提督史榮椿下令開炮還擊，重創英法艦隊，擊沉敵艦四艘，擊傷六艘，重傷英艦隊司令何伯。英法聯軍本已潰不成軍，後在美軍艦隊的掩護下狼狽逃走。

咸豐十年（一八六〇年）八月，不甘心失敗的英法聯軍又糾集了一萬八千多人，再度進犯大沽口。此次他們接受了上次的教訓，改由北塘登陸，攻陷了大沽炮臺後進逼天津。九月，英法聯軍在通州（今北京通縣）八里橋擊敗清兵，前鋒逼近北京。

外國人已經打到了眼皮底下，咸豐皇帝再要龜縮在北京已經不安全了。匆忙中，他帶著一部分親信大臣和一部分比較受寵的后妃「駕幸」熱河（今河北承德）。承德，是清王朝的皇室避暑勝地，離京城雖然遠一點，但每年七、八、九三個月卻是皇室成員的駐蹕之地。文宗來熱河，當然不是為了避暑，他是為避難。當然，說避難不怎麼好聽，說避暑時令又不對，所以，咸豐皇帝只能以「行幸」一詞遮人耳目。

眾人的耳目是遮不住的，因為誰都看得出，這次巡幸實際上就是出逃。

由於事先沒有任何準備，所以，除了皇帝和幾位隨行的親信大臣如肅順等人有現成的車馬侍候之外，其餘的人，包括慈安和慈禧都只能乘坐臨時搶來的小騾車。

「車既敝舊，騾尤羸瘠，且急驅兼程，乘者不勝其苦。」從北京到承德，今天既有鐵路，又有公路，而在當時，卻只有一條所謂的騾馬大道。

這條騾馬大道在平原地區還說得過去，但到了山地，卻立刻崎嶇升降，難以行走。自從咸豐六年產下同治以後，慈禧這位懿貴妃——雖然還是個貴妃，但卻處處儼然是以準皇后自居——那本來曾吃過不少苦的身體也變得怕顛怕盪，日益嬌貴起來。

說來也巧，這天車隊在爬一個名叫「彎彎繞」的陡坡時，眼尖的懿貴妃突然見車前一陣馬踏鑾鈴，遠遠地跑過幾匹馬來。為首的一匹馬上，巍巍然地坐著一人。

此人五十左右的年紀，紫紅臉膛。一張大馬臉上，兩道眉毛像兩把掃帚。慈禧仔細一看，不是別人，正是協揆尚書、入贊樞密的肅順。

肅順是滿洲鑲藍旗人，姓愛新覺羅氏，字雨亭，與其兄鄭親王端華，以及怡親王載垣相互倚重，在咸豐初年權勢曾經煊赫一時。太平天國亂起，他曾力主重用曾國藩、胡林翼、左宗棠，用湘軍平定了太平軍。在第二次鴉片戰爭中，他參與對外交涉：在與俄國使臣伊格那提也夫在北京談判時，嚴詞拒絕了沙俄對我國烏蘇里江以東地區的侵略要求。

坐在小騾車中的慈禧可不想知道得這麼全面，她只是知道眼前的這位肅六爺（肅順排行第六）是這次出巡的總管，要想改變自己目前的顛簸窘境，非走他的門路不可。於是，她急忙掀開了車簾，高聲叫道：「六爺？是肅六爺嗎？」

肅順聽有人在喊自己，忙一勒馬韁，停下來問：「誰在叫我？」

「六爺，是我，我是懿貴妃。」

肅順「哼」了一聲。他對慈禧向無什麼好感，現在見她居然稱自己為「貴妃」，心裡老大不快，想道：「你和老子打什麼官腔，別人理你，我可不理你！」

見肅順沒有什麼反應，慈禧也有些生氣，她提高了聲音說：「六爺，我坐的這輛小騾車，車子舊得厲害，坐在上面簡直要把骨頭都給顛碎了，您能不能替我換一輛好一點的馬車啊？」

肅順又「哼」了一聲，心裡暗暗罵道：「這個騷貨，整天就知道纏著皇上，以為生出一個阿哥（皇子）來，就無大無小了！今天你擺譜擺到我肅六爺的頭上來了，我可不吃你這一套！」

但慈禧畢竟還是貴妃，肅順罵她也只能在心裡罵，表面上還得敷衍她。於是，他口裡漫應著：

「現在出行在外，哪裡比得上在城裡？有一輛騾車坐已經很不錯了，你沒看見皇后主子（當時對皇后的一種尊稱）坐的不也是騾車嗎？」

「肅六爺，您幫幫忙。」慈禧再一次低聲下氣地乞求說：「我懷裡抱著的可是今上的骨肉啊！」

「懿貴妃，」肅順冷冷地說：「你不想坐騾車，這也不難！現在我們這行人馬中倒是有一輛馬車，不過那是萬歲爺專乘，您要是想坐，就去坐吧！讓皇上來坐您的騾車！」

這番話可真是太陰損了。要知道，慈禧當時雖然尊貴，皇上對她也格外地恩寵，但是要她去換乘皇上的車，明顯是想給她「空洞橋」走，讓她犯大逆不道的罪。

大逆不道是要殺頭的，慈禧的心裡此時沒有別的，只是充滿了對肅順的仇恨。她暗暗在心裡發誓，有朝一日，肅順若是撞在她的手裡，一定剝了他的皮！

一路無話。到了承德之後，咸豐皇帝的病時好時壞，而清王朝當時的國運也和咸豐皇帝的病情一樣不可捉摸。留在京城的咸豐皇帝之弟，人稱「假洋鬼子」的恭親王奕訢通過俄國公使的「調停」，與英法談判。這一年（一八六〇年）的十月二十四日和二十五日清政府分別與英法代表簽訂中英、中法《北京條約》，並批准了中英、中法《天津條約》。沙皇俄國也想分一杯羹，大肆訛詐，迫使清政府與之簽訂了《中俄北京條約》，割去了我國烏蘇里江以東的大片領土。

此訊傳來，咸豐皇帝急火攻心，連連吐血。

據親近他的人事後回憶，當逃離北京，前往承德時，文宗曾命人帶上幾頭鹿，以備飲取鹿血，但事為肅順所阻。「外兵已逼京師，」肅順向理不向情地大聲抗旨說：「方避寇之不暇，何必帶著這些畜生，待幾日事平後，再取鹿血也未為晚也！」

咸豐當時也誤聽誤信了肅順的話，以為果真多則半月，少則十天就可以返回北京，哪知道在承德一住就是一年多。現在「咯疾大作」，咸豐命左右去尋鹿血，可倉促之間到哪裡去找？在位十一年，年僅三十一歲的咸豐皇帝就這樣病死於熱河行宮。

國不可一日無君，臨死前，咸豐皇帝連下兩道遺詔。其一，立懿貴妃所生之皇阿哥載淳為皇太子，承繼大統；其二，著載垣、端華、景壽、肅順、穆蔭、匡源、杜翰、焦佑瀛盡心輔弼，贊襄一切政務。

這第二道諭旨即所謂指派顧命八大臣的遺詔。這道遺詔中「贊襄一切政務」六個字乃是杜翰自己擬旨時塞進去的「私貨」，而且「顧命八大臣」中沒有咸豐皇帝的同父異母弟弟恭親王奕訢。這兩個漏洞很快被慈禧發現了。

跟著咸豐皇帝歷練了好幾年的慈禧，決定抓住這漏洞進行反擊。

她先是派自己的貼身太監安德海喬裝返京送信給恭親王奕訢，曉以利害，請他速來熱河商議大事。待恭親王到了熱河以後，她又設法將他請入宮中，定下了剷除肅順等人的計謀。

在護送咸豐皇帝的靈柩返京的路上，慈禧可謂忍辱負重。面對肅順等人的一再挑釁，她始終保持著清醒的頭腦。

清文宗咸豐十一年（一八六一年）九月二十八日，慈禧一行回到了京城順義縣西北的南石槽，這裡距故宮只有一天的路程了。在這裡，慈禧見到了剛從城裡趕來接駕的恭親王奕訢。經過一番密謀以後，他們商定於十月十一日動手。結果，先由恭親王下令，拿住了正在宮裡議事的端華和載垣，然後，又由醇親王出面，拿住了還在回京途中的肅順。

這一場政變端的是迅雷不及掩耳。因為在此之前，由「顧命八大臣」提議，給新登基的小皇帝改定年號為「祺祥」，所以這場政變就被後人稱為「祺祥政變」。

俗話說，勝者王侯敗者寇。勝利者一方：慈禧、慈安（東太后）、恭親王奕訢、文祥、寶鋆、桂良、曹毓瑛等人在討論如何處置敗者一方時卻起了爭論。大學士周祖培等人覺得肅順曾經力折俄使，又護駕熱河，所以認為他雖然罪不可赦，但也可免於一死。這話傳到慈禧的耳朵裡，輕易不動肝火的她忍不住「龍顏」大怒。

她沒有一點商量餘地地對左右的人說：「誰都可以不死，但肅順必須得死！」

十分明顯，慈禧自始至終也沒有忘了從北京逃往熱河的途中，肅順對她的「大不敬」，她是個錙銖必較的人。記得有一本寫她的傳記文學作品中，說她有一句「名言」，叫作：「誰要是讓我一時不快活，我就要讓他一輩子不快活！」

周祖培聽說慈禧為自己的一句話勃然大怒，嚇得戰戰兢兢，再也不敢說什麼。

慈安太后本是個心腸頗軟的人，她原來也想替肅順說兩句好話，但一見「西邊的」（即西太后，係當時宮中人的昵稱）發了話，自然也就不好再說什麼。

恭親王奕訢本來也恨肅順，自然不會替肅順說什麼好話，更何況這時他還要想辦法保全他的妹夫顧命大臣之一的景壽。

慈禧早就看出恭親王的這個弱點，因此，她才敢於如此強硬。當然，她也不想把事情做絕，對於自己陣營的人，她總是要給一點甜頭的。見恭親王不再反對殺肅順，慈禧也就很「體貼」地決定赦免「從逆」的六額駙。有些心虛的恭親王為了掩天下人的耳目，又提出請慈禧下詔給景壽找一個

「難兄難弟」一同赦免以分謗。

這個人可不太好找，找來找去找到了杜翰的頭上。

杜翰也是「顧命八大臣」之一，而且是八大臣中除肅順以外，反對慈禧最有力的人。

慈禧對杜翰素無好感，甚至也是恨之入骨。一聽恭親王說要赦免杜翰，她十分不解地問：「赦免六額駙就赦免六額駙唄，憑什麼要赦免杜翰？」

「回聖母皇太后（宮中人對慈禧的另一種稱呼），杜翰是杜師傅的兒子。」

慈禧聽了，不再說話。坐在另一旁的慈安太后卻開口問道：「杜師傅是誰？為什麼是杜師傅的兒子就該赦免呢？」

見東太后問出這樣沒有水準的話來，慈禧忍不住臉上一紅，輕輕一拉慈安的衣袖，說：「姊姊，我們也有點累了，先到養心閣歇息一下回來再議吧！」說完，她沖恭親王使了個眼色，示意他們跪安（清代大臣覲見皇上、皇太后時，談話結束使用的專門術語，有點類似於官場中的「端茶送客」）。

恭親王等人會意，叩了一個頭，退了出去。

見人們都走了，慈禧這才給慈安講起了杜師傅。

原來，這位杜師傅，姓杜名受田，曾經當過咸豐皇帝的老師。

當過皇上老師的人很多，何況杜受田當咸豐的老師時，咸豐還是個普普通通的皇阿哥，連皇太子也不是。他做了些什麼了不起的大事，使得後人對他如此顧忌呢？

說來話多，當時在位的道光皇帝年近花甲而儲位未定，諸位皇阿哥們為了能夠承襲大統用盡了心機。道光皇帝本來屬意於皇六子奕訢，多虧了杜受田的一番教誨才使得本無登龍之望的咸豐登上了龍位。

那是一次由道光皇帝親自組織，並由所有皇子參加的春獵活動。

清朝以兵馬武藝起家，其前幾任皇帝武藝功夫都頗了得。道光本人就曾在林清之變時，手持火槍，打死數名闖入宮中的凶徒。道光的這些皇阿哥們雖然自幼錦衣玉食，但受其父的薰陶，倒也個個拉得了弓，射得了箭。一見皇阿瑪要帶他們去打獵，個個都躍躍欲試，摩拳擦掌，準備一顯身手。

咸豐也不能免俗，但他的老師杜受田卻另有主張。

「四阿哥（咸豐排行第四）今天要去參加春獵，對嗎？」杜受田問。

「是，所有的阿哥們都去，今天有的獵可打了！」咸豐興奮地說。

「這麼說四阿哥你也準備『左挽弓，右牽黃』，到獵場上一顯身手了？」

「那當然，機會難得嘛！」

「這確實是個機會！」杜受田十分嚴肅地說：「關鍵是看你怎麼把握了……」

見師傅一臉的莊嚴肅穆，咸豐有些好奇，忙請師傅道其所以。

「天機不可洩露！」杜受田帶有幾分神祕又帶有幾分賣弄地說：「老臣只請四阿哥做一件事。今天這次春獵，無論其他阿哥們做什麼，四阿哥你都要端坐於馬上不動！不光自己不動，而且還要約束手下侍人不得發一矢！」

「倘若父皇要是問起來，我怎麼回答？」

咸豐雖然摸不準老師葫蘆裡究竟裝的是什麼藥，但知道聽老師的話不會有什麼錯。只是父皇太嚴厲了，他想像不出，一天的獵場馳騁之後，別的皇阿哥們都滿載而歸，唯有他本人一無所獲時，父皇會怎樣責怪於他，更想像不出該如何回答父皇必定會有的責問。所以，他才接著問了老師一句。

「這正是老臣接著所要說的。」杜受田四下瞧了瞧，見左右無人，遂壓低聲音對咸豐面授機宜，告訴咸豐當皇上詢問時必須「如此，如此」地回答，定會有意想不到的收穫。

咸豐聽了，思謀了片刻，重重地點了點頭。

第二天春獵，由道光皇帝親自率先垂範，諸位皇子們一個個精神抖擻，爭相使出十八般武藝。一天下來，其他人都有多多少少的收穫，只有咸豐兩手空空，最後一個來到道光皇帝的面前。

「你這是怎麼一回事？」道光皇帝不解地責問道：「別的阿哥們或多或少都有一些收穫，怎麼你卻兩手空空地回來見我呢？難道說你整整一天連一隻兔子都沒碰上嗎？」

「父皇且息雷霆之怒，請聽兒臣解釋。」咸豐一見道光發了怒，心裡有些緊張，多虧了杜師傅早就教給他一番話。於是，他將那番話倒背如流地講了出來。他說：「兒臣雖然不肖，但手下侍從也不算少，焉有花了整整一天的時間而打不到一點獵物的道理？只是由於現在正是春季，萬物復甦，鳥獸繁育，兒臣實不忍傷鳥獸以干犯天和，此兒臣一無所獲原因之一；再有，今天這場春獵，父皇御駕親征，諸位皇兄、皇弟誰都希望能在父皇前顯露一下自己的才能，他們的這種心理，也屬人之常情，兒臣年齒虛長皇弟們幾歲，不願意與他們一較短長，這是兒臣一無所獲原因之二。」

「好！」沒等咸豐說完，道光皇帝就叫起好來。

這位道光帝雖然會些刀馬弓箭，但卻希望他的繼承人能做個宅心仁善、不嗜殺戮的君王。所以，聽了這一番話，他立即在心裡決定立老四為太子。

咸豐當上了皇帝之後，飲水不忘掘井人，對杜受田恩禮有加，不但贈他協辦大學士的高官，而且杜死後還親往致奠。

杜翰是杜受田唯一的兒子，看在死去的咸豐皇帝面上，也不能殺他。當慈禧把這一切和慈安講清楚之後，慈安也就釋然了。

由於慈禧幫了恭親王的忙，作為回報，由恭親王策劃並倡議，慈禧和慈安正式以兩宮皇太后的名義垂簾聽政。

儘管在宣布兩宮垂簾聽政的當日，慈禧曾親筆草擬了一道詔書，詔書中十分謙遜而又清高地說：「垂簾非所願為，唯以時事多艱，王、大臣等不能無所秉承，是以姑允所請。俟皇帝典學有成，即行歸政。」但這位一心嚮往攫取最高權力的葉赫那拉氏女子的心裡卻是喜洋洋的。以後她更是利用自己手中的權力幹了不少壞事。

逼死一帝立一帝，一帝不如一帝 七十年萬壽無疆，果然萬壽無「疆」

清穆宗同治十三年（一八七四年）十二月，由慈禧親自下令，發下一道詔書，宣布她本人再度垂簾聽政。這是慈禧第二次垂簾聽政了。

在談到垂簾聽政的原因時，詔書中有這樣幾句話：「今皇帝紹承大統，尚在沖齡，時事艱難，不得已垂簾聽政。」

何謂皇帝尚在沖齡？慈禧一年以前不是已經把政務交給自己的親生兒子了嗎？為什麼說他剛紹承大統？

原來，此帝非彼帝，其時，穆宗同治皇帝已經病死。慈禧這道詔書中所說的「帝」乃是德宗，亦即人們通常所說的光緒。

同治皇帝六歲登基，在位十三年，真正親政不足一年。雖說陰間路上無老少，但按理說同治皇帝是不應英年早逝的。

他之夭折，多半應歸罪於慈禧。同治本是慈禧的親生兒子，慈禧之能由一個普通的宮女最後爬上垂簾聽政的皇太后寶座，追本溯源，還得說是因為有了同治這個皇帝兒子。

但由於慈禧天性涼薄，對兒子從不假以辭色，所以，同治小皇帝反倒與慈安比較親近。

有幾件見諸史籍的事情，加深了慈禧與同治母子之間的矛盾。

一件是「安德海事件」。安德海是慈禧手下的大太監，這是見諸史籍的官方說法，而在晚清的一些筆記小說中，卻有許多人認為他不是個太監，而把他比作嫪毐（ㄌㄠˋㄞˇ），認為慈禧與他關係暖昧。「時穆宗（同治）年逾十齡，知二人所為，心恥之。嘗因事斥安德海，旋為孝欽所責，因是恨之益甚。於宮中時以小刀斷泥人首。內監請其故，則曰：『殺小安子！』」這個機會真被他等來了。當然這也多虧了慈安皇太后和山東巡撫丁寶楨的鼎力相助。

他們君臣合謀，趁安德海去山東替慈禧搜刮民脂民膏之機，密令手下總兵官王正起將安德海拘捕，並以清皇祖制「太監不得出京城，出城者斬」為由，將安德海就地正法。

見兒子殺了自己的親信，慈禧「啞巴吃黃連，有苦說不出」！